国学经典详注·全译·精解

山海经

冯国超——译注

华夏出版社
HUAXIA PUBLISHING HOUSE

前 言

《山海经》共十八篇，主要记述了自上古至秦汉时期中华大地上的山川、动物、植物、矿物、历史、风俗、神话传说等。《山海经》成书于西汉以前，今本《山海经》的格局，主要是由西汉时的刘歆(xīn)奠定的。

《山海经》问世后，因书中有不少内容过于怪诞、神奇，故历代对它作认真研究的人少之又少。研究《山海经》，最难解决的问题，便是如何看待书中提到的大量的怪物、怪人和怪神，如九首人面的九凤，三首六足的鸺鹠(chǎngfū)，一首三身的三身国人，九首人面的相柳，等等。因它们与人们的常识迥异，故很容易被视为无稽，并被斥为荒诞。

然而，在《山海经》的主要编纂者刘歆看来，《山海经》中所记载的内容均为客观事实，他在《上山海经表》中明确说："《山海经》皆贤圣之遗事，古文之

著明者也，其事质明有信。"而且，为了证明这一点，刘歆在《上山海经表》中还专门举了这样一个例子：汉宣帝时，在上郡的一块巨石中发现了一间石室，里面有一具身戴刑具、双手被反缚的尸体。关于这具尸体的来历，刘歆的父亲刘向认为其名叫危，是贰负的臣子，他因为犯了杀人之罪，而被天帝囚禁。汉宣帝问他这么说有何依据，刘向说在《山海经》中有相关的记载："贰负之臣曰危，危与贰负杀窫窳(yàyǔ)，帝乃梏之疏属之山，桎其右足，反缚两手与发，系之山木上。"当时的君臣对此大感惊异，但对刘向的说法均深信不疑，从而使《山海经》一书受到时人的追捧："上大惊，朝士由是多奇《山海经》者，文学大儒皆读学，以为奇，可以考祯祥变怪之物，见远国异人之谣俗。"从现代人的眼光来看，刘向对石室之尸的解释颇为

牵强，并不足信，而古人之所以会信之不疑，当与当时之人的认识水平、思想观念等有关。

笔者认为，对于《山海经》中记述的大量怪物、怪人和怪神，至少应该从以下五个方面去认识：一是它们是原始宗教或巫术的反映，如书中提到的各种山神及祭祀这些山神的具体仪式，即属此类内容。二是它们包含图腾崇拜的内容，如三足乌，龙凤，六足四翼、混沌无面目的帝江，等等，很有可能就是古代氏族的图腾。当然，在远古时期，原始宗教、巫术与图腾崇拜往往结合在一起，很难作出明确的区分。三是属于远古时期的神话传说，如夸父逐日、精卫填海、鲧腹生禹、形天无首持干戚而舞等等，当属古代神话无疑。四是它们包含古人因错觉或凭想象力而创造的内容，如穿匈国、三首国、无肠国之类，此正与现代有人认为神农架有野人、尼斯湖有怪兽、火星上有怪人相似。五是不排除是对一些怪胎的描述，如前后有头的并封猪，一身三头的三首人，兽身人面的奢比尸等，并不能武断地认为就是古人的凭空杜撰，因为在现实生活中，我们也

常常可以看到类似的动物乃至人物，其作为生命中出现的特异现象，是十分正常的，不值得大惊小怪。

研究《山海经》，还要面对的一个重要问题，就是如何认识"山海图"即《山海经》中的图画。据考证，《山海经》成书时，是一部典型的"图文书"，不仅"山经"部分附有相关的记述山川、里程的地理图，"海经"部分更是依图为文，即"海经"的大量文字是对图的内容的说明。据史载，《山海经》在晋代尚有图，因为晋代的郭璞曾作《山海经图赞》，晋人陶渊明在《读〈山海经〉十三首》诗中亦有"泛览周王传，流观山海图"之句。但是，晋代的"山海图"与汉代的"山海图"已不相同。至梁代，著名画家张僧繇绘有《山海经图》十卷，北宋时期的校理舒雅又据之重绘，但他们所绘的图与晋代的图又有区别。南宋时朱熹读《山海经》，已不见有"山海图"，他说："予尝读《山海》诸篇，记诸异物飞走之类，多云'东向'，或云'东首'，皆为一定而不易之形，疑本依图画而为之，非实记载此处有此物也。"（《朱子语类》卷一三八）到了明清时期，则出现

山海经

了一大批"山海图"，其中较具代表性的有明代胡文焕的《山海经图》，明代蒋应镐、武临父的《山海经（图绘全像）》，清代吴任臣的《增补绘像山海经广注》，以及《清代宫廷版画》和《古今图书集成》中的"山海图"，等等。但是，这些"山海图"是怎么画出来的，是纯粹根据《山海经》的原文而绘呢，还是有古本"山海图"的依据，对此，目前尚不得而知。但是，认为"山海图"对于我们认识《山海经》有极其重要的价值，则是目前学界的共识。

在对《山海经》中的怪物、怪人、怪神及"山海图"有了正确的认识之后，再来审视《山海经》全书的内容，我们便会发现，《山海经》中蕴藏的知识和智慧是极其丰富的：经中记述的大量山川、植物、动物、矿物，向我们展示了上古时期中华大地的原始风貌；经中关于黄帝、帝颛顼（zhuānxū）、帝喾（kù）、帝舜、禹、夏后启的事迹以及"黄帝生苗龙，苗龙生融吾，融吾生弄明，弄明生白犬"等的记载，为我们了解上古时期的历史传承提供了十分丰富的资料；经中称后稷降百谷、叔均始耕、太子长琴始作乐风、

石夷司日月之长短等，向我们揭示了中国古代农业、音乐、天文学等的起源；经中关于苦辛能治疟疾、雕棠能治耳聋、豪鱼能治白癣、鬼草能使人忘掉忧愁等的记述，则为中华医学最早之资料……据此，我们完全可以得出这样的结论：《山海经》是我国历史上最早的一部百科全书，它包罗极广，诸如天文、地理、历史、生物、医药等，应有尽有；又充满想象，书中众多神奇诡异的怪物怪人、怪神怪事，令人目不暇接，心驰神往。因此，《山海经》充分反映了我们的祖先既重实证，又好幻想的思维特点。

笔者曾在十多年前出版过一部《山海经》的注译作品，因采取图文并茂的方式，且注释较为详细，受到不少读者的欢迎。此后，图书市场上此类作品层出不穷，对《山海经》一书的研究、推广起了很大的促进作用。但是，纵观近年来出版的诸多《山海经》作品，可以发现，其中至少有以下三个方面的问题，尚待改进。

一是《山海经》中涉及大量的山、水、动物、植物、人物等，但或因山川变迁、地名沿革，或因年代久远、流传讹

误，或本来就系古人凭想象而为之，因此，其中起码有三分之二以上的山川、动植物名及人名已无法确考。对此，现有的《山海经》作品大多予以回避，也就是一律不注；亦有少数的作品对此做烦琐的引证，但引而不论，使读者难明究竟。

二是《山海经》中有不少山川、动物、植物、人物等的名字常常在文中反复出现，且有时同一名称所指并不相同，加上《山海经》中某些地方的文字编次较为混乱，这就给《山海经》的注解工作带来了诸多麻烦。现有的《山海经》作品，常常是对首次出现的疑难字词作注，对再次出现者即不再作注，因此，这样的作品对于读者真正读懂《山海经》，帮助并不大。

三是《山海经》中有不少文字系依图像而作，若撇开图像来注解《山海经》，会闹出不少笑话。但是，现在有不少的《山海经》作品，或对图像只字不提，纯凭文字内容进行注译；或脱离《山海经》的语言生态，天马行空，完全凭自己的想象来绘制各种怪物图，从而走向了另一个极端。

正是针对目前不少《山海经》作品中存在的上述问题，同时根据笔者多年来研究《山海经》之心得，笔者写作了这本《国学经典详注·全译·精解·山海经》，本书主要有以下五个方面的特点。

第一，本书的原文以现存最早的《山海经》——《宋本山海经》为底本，参考并综合了清代郝懿行的《山海经笺疏》，当代学者袁珂、张步天等的相关研究成果，并努力在保留《山海经》古本原貌的基础上，充分反映《山海经》研究的最新进展。

第二，为了使读者能真正看懂《山海经》，本书对《山海经》中难解的字词或句子一律作注；与此同时，本书又本着实事求是的原则，秉承"知之为知之，不知为不知"之古训，把《山海经》研究中已经解决的问题、仍然存在的困难及其原因向读者和盘托出，从而让读者能客观地了解《山海经》研究的现状和方向。

第三，一个生僻难懂的字词在书中反复出现，若每处都作注，则会显得十分烦琐；若只在首次出现时作注，则其在相隔较远处再次出现时，读者又会不知其所指，这就是上文所说的第二个难题所在。为了解决这一难题，本书根据《山海经》一书的特点，同时考虑到现代读者的阅读习惯，把全书分为 862 个小节，视每个小节为一个独立的单位，只要在该小节中有生僻难解的字词，就一律进行注解（若紧邻的上节已有注解，则不再作注）；若前面对此已有注解的，则以"见……"来表示（注解文字十分简短的，则仍作完整注解，以避免读者翻找），从而真正能让读者对《山海经》一书进行无障碍的阅读。

第四，针对古本《山海经》属于"图文书"的特点，本书力图从形式上"恢复"古本《山海经》的原貌，为此，本书从明清时期的"山海图"及相关名家绘画中精选了 200 多幅绘画，插入《山海经》的相关位置，并与《山海经》原文一一对应，既有助于读者更好地理解原文意思，亦有很好的欣赏价值。

最后，为了使读者能对《山海经》原文有深入的理解，本书还写作了大量的"解读"，置于书中的相关位置，其中既有对每章每节内容的综合性介绍，亦有对书中重要的疑难问题的贯通性解释，还有现代学者对《山海经》研究的最新成果。如最近几十年，四川广汉三星堆遗址的出土文物震惊世界，其中的青铜神树、青铜面具等与《山海经》中的相关记载十分相似，应该如何正确看待这一现象，本书的"解读"中都有详细的分析和说明。

冯国超
2024 年 6 月于北京

目 录

山海經

南山经第一

【解读】

　　南山经包括南山一经、南次二经、南次三经三篇，叙述了位于中国南方的一系列山，以及发源于这些山的河流，在这些山上生长的植物、动物及其形状、特点，出产的矿物，掌管这些山的山神的形状、祭祀这些山神的方法等。南山经共叙述了三十九座山，其中大多数山的位置都难以确考，但它们大致位于今浙江舟山群岛以西、湖南西部以东、广东南海以北的地域中。

　　需要说明的是，"南山经"中的"经"，包括《山海经》、"西山经""中山经"等中的"经"，人们通常会很自然地把它理解为"经典"，正如我们理解《易经》《孝经》《道德经》等中的"经"一样。然而，迄今为止，有不少学者认为它们不应被理解为"经典"，理由是著《山海经》的人不可能称自己的作品为"经典"，因此，他们或释此"经"为"经历""经过"，或释此"经"为"经纪"即条理、秩序，或认为此"经"除指"经过"外，还包括"勘划""治理""筹划"诸义，莫衷一是。笔者认为，关于此"经"字的确切含义，我们固然可以作多方面的考察，但是，相对说来，理解为"经典"，似更为恰当。理由是：（1）称自己的作品为"经"，历史上亦有先例，如《墨子》一书中即有《经上》《经下》等篇；（2）《山海经》的成书经历了一个漫长的历史过程，最后的编定者（或其间的编纂者）在编写时称之为"经典"，亦是很自然之事，与中国历史上一些著作如《易经》《诗经》等被称为"经"的情形相似；（3）更有利于理解原著，如"山海经"即"山和海的经典"，"南山经"即"中国南方山系的经典"，等等，若把"经"理解为"经过"，则意思没有这么顺畅。

一、南山一经

【解读】

　　《山海经》原书无"南山一经"之标题，此系笔者所加，目的是与下面的"南次二经""南次三经"相统一，并方便读者在阅读时检索。

在"西山经""北山经""东山经""中山经"中，也分别加了"西山一经""北山一经""东山一经""中山一经"之标题。

南山一经共记述了招摇山、堂庭山、猿翼山等九座山，宪翼水、英水、沶（fāng）水等七种水体。几乎所有山的位置都难以确考，但有较多的学者认为，它们应在今广东、广西、福建等境内。

在南山一经中，最引人注目的除了随处分布的黄金、白玉外，就要数那些形状奇特、功能神异的动植物了。如在1.7中，介绍了一种名叫猼訑（bóyí）的兽，形状像羊，有九条尾巴，四只耳朵，眼睛长在背上，人们若佩带上它的皮毛，就会无所畏惧；在1.1中，介绍了一种名叫迷穀（gǔ）的树，形状像构树，有黑色的纹理，它发出的光芒可以照亮四周，人们把它佩带在身上，就不会迷路……它们与我们的常识大相径庭，人们很容易会斥之为怪诞、荒谬。但是，我们最好还是暂时抛弃成见，在充分了解整部《山海经》所述内容的基础上，再下结论吧。

1.1 南山经①之首，曰䧿（què）山②。其首曰招摇之山③，临于西海④之上，多桂⑤，多金玉。有草焉，其状如韭而青花⑥，其名曰祝余⑦，食之不饥。有木焉，其状如穀（gǔ）⑧而黑理⑨，其华四照，其名曰迷穀⑩，佩之不迷。有兽焉，其状如禺（yù）⑪而白耳，伏行人走，其名曰狌（xīng）狌⑫，食之善走。丽麂（jǐ）之水⑬出焉，而西流注于海⑭，其中多育沛⑮，佩之无瘕（jiǎ）⑯疾。

狌狌

【译文】

南山经中的首列山系叫作䧿山。䧿山中的首座山叫作招摇山，它耸立于西海边上，山中生长着很多桂树，还有很多金和玉。山中长着一种草，它的形状像韭菜，开青色的花，名字叫祝余，人吃了它后就不会感到饥饿。山中长着一种树，形状像构树，有黑色的纹理，它发出的光芒可以照亮四周，名字叫迷穀，把它佩带在身上就不会迷路。山中有一种兽，形状像猴，耳朵白色，趴着身子走路，又能像人一样行走，它的名字叫猩猩，人吃了它的肉后就擅长奔跑。丽麂水从这里发源，向西流入大海，水中有很多育沛，把它佩带在身上，不会得腹中结块的病。

【注释】

①经：经典或某些专门性的著作。一说指经历；一说为衍文。　②䧿山：山系名，具体所指未详。䧿：有的本子作"鹊"。　③招摇之山：即招摇山，山名，具体所指未详。一说即今广东连州市北湘粤界上的方山；一说可能是今广西兴安县的苗儿山。　④西海：水名，具体所指未详。⑤桂：木名。有肉桂、桂花、月桂等。⑥花：有的本子作"华"。　⑦祝余：植物名，具体所指未详。一说指山韭菜；一说指天门冬。　⑧穀：树名，即构树，落叶乔木，叶子卵形，开淡绿色花。⑨理：纹理。　⑩迷穀：传说中的一种植物。一说即穀树。　⑪禺：兽名，猴属，似猕猴而较大，赤目，长尾。⑫狌狌：即猩猩。　⑬丽麂之水：即丽麂水，水名，具体所指未详。一说指今广东的连江；一说指漓江。　⑭海：一说指西海；一说指南海。　⑮育沛：所指未详。一说指琥珀；一说指玳瑁（dàimào）；一说指一种水生植物。⑯瘕：病名，指腹中结块的病。

1.2　又东三百里，曰堂庭之山①，多枏（yǎn）②木，多白猿，多水玉③，多黄金。

【译文】

再向东三百里是堂庭山，山中生长着很多枏木，生活着很多白猿，还有很多水晶和黄金。

【注释】

①堂庭之山：即堂庭山，山名，具体所指未详。一说在今湖南境内，"堂庭"即"洞庭"。堂：有的本子作"常"。　②枏：果木名，具体所指未详。一说即苹果。　③水玉：即水晶。

【解读】

对于《山海经》中所说的里数不应拘泥。因古人多为步行考察，故说从某山到某山有多少里，均系约数，与今天用比例尺量两山之间的距离有很大的差别。另外，所谓向东多少里、向西多少里之类，也是一个大致的方向，并非十分精确。

1.3　又东三百八十里，曰猿翼之山①，其中多怪兽，水多怪鱼，多白玉，多蝮虫（huǐ）②，多怪蛇，多怪木，不可以上。

【译文】

再向东三百八十里是猿翼山，山中有很多怪兽，水中有很多怪鱼，山中还有很多白玉、蝮蛇、怪蛇及怪异的树木，人无法攀登上去。

【注释】

①猿翼之山：即猿翼山，山名，具体所指未详。一说应在今湖南境内；一说因此山极险，连猿亦须有翼才能登上，故名。猿：有的本子作"猨"，"猨"同"猿"；有的本子作"即"。

②蝮虫：即蝮蛇，一种毒蛇。虫：毒蛇名，后写作"虺"（huǐ）。晋代的郭璞则说，蝮虫又叫反鼻虫，鼻上有针，大的可达百余斤。

1.4　又东三百七十里，曰杻（niǔ）阳之山①，其阳多赤金，其阴多白金。有兽焉，其状如马而白首，其文②如虎而赤尾，其音如谣③，其名曰鹿蜀④，佩之⑤宜子孙。怪水⑥出焉，而东流注于宪翼之水⑦。其中多玄龟⑧，其状如龟而鸟首虺（huǐ）⑨尾，其名曰旋龟⑩，其音如判木⑪，佩之不聋，可以为⑫底⑬。

鹿蜀

旋龟

【译文】

再向东三百七十里是杻阳山，山的阳面有很多赤金，阴面有很多白金。山中有一种兽，形状像马，脑袋白色，身上有像老虎一样的斑纹，红色的尾巴，发出的声音像人唱歌一样，它的名字叫鹿蜀，佩带它的皮毛能多子多孙。怪水发源于这里，向东流入宪翼水。水中有很多黑色的龟，形状与乌龟相似，却长着鸟一样的头，蛇一样的尾巴，它的名字叫旋龟，发出的声音像劈开木头一样，把它佩带在身上就不会耳聋，还可以用来治疗手脚上的老茧。

【注释】

①杻阳之山:即杻阳山,山名,具体所指未详。一说指今广东连县北的方山。

②文:通"纹",指花纹。　③谣:歌谣;歌曲。这里指像唱歌一样。

④鹿蜀:动物名,具体所指未详。一说指斑马;一说是鹿的一种。　⑤佩之:这里指佩带鹿蜀的皮毛。

⑥怪水:所指未详。一说指形状十分怪异的河流;一说指位于今广东的北江及其支流连江。　⑦宪翼之水:即宪翼水,水名,具体所指未详。

⑧玄龟:黑色的龟。一说指大龟。

⑨虺:一种毒蛇。　⑩旋龟:龟名,一说指大头龟,头较大,呈三角形,颌部如鹰嘴。　⑪判木:劈开木头。

⑫为:治疗。　⑬底:同"胝(zhī)",指手脚上的老茧。

1.5　又①东三百里,曰柢(dǐ)山②,多水,无草木。有鱼焉,其状如牛,陵居,蛇尾,有翼,其羽③在鲯(xié)④下,其音如留牛⑤,其名曰鯥(lù)⑥,冬死⑦而夏生,食之无肿疾。

【译文】

再向东三百里是柢山,山间多水,不长草木。山中有一种鱼,形状像牛,生活在丘陵上,长着蛇一样的尾巴,有翅膀,翅膀长在肋下,叫声像留牛一样,它的名字叫鯥,冬天蛰伏,夏天醒来活动,吃了它的肉后不会得身上发肿的疾病。

【注释】

①又:《宋本山海经》无该字,应补。

②柢山:山名,具体所指未详。一说在今广东境内。　③羽:鸟类或昆虫的翅膀。　④鲯:鱼的肋骨。

⑤留牛:即牦牛。一说指犁牛,即杂色牛。　⑥鯥:鱼名,具体所指未详。一说即穿山甲。　⑦冬死:指冬眠。

鲑　　　　　　　　　　　　　　类

1.6 又东四百里，曰壹爰（chányuán）之山①，多水，无草木，不可以上。有兽焉，其状如狸②而有髦③，其名曰类④，自为牝牡⑤，食者不妒。

【译文】

再向东四百里是壹爰山，山间多水，不长草木，人无法攀登上去。山中有一种兽，形状像狸猫，头颈上有长毛，它的名字叫类，一身兼具雌雄两性，人吃了它的肉后就不会忌妒。

【注释】

①壹爰之山：即壹爰山，山名，具体所指未详。一说在今广东南雄市境内。②狸：狸猫，也叫豹猫、山猫，毛棕黄色，有黑色斑纹。③髦：动物头颈上的长毛。④类：动物名，具体所指未详。⑤牝牡：雌性和雄性。

1.7 又东三百里，曰基山①，其阳多玉，其阴多怪木。有兽焉，其状如羊，九尾四耳，其目在背，其名曰猼𧴛（bóyí）②，佩之③不畏。有鸟焉，其状如鸡而三首、六目、六足、三翼，其名曰鹐鹐（chǎngfū）④，食之无卧⑤。

【译文】

再向东三百里是基山，山的阳面有很多玉，山的阴面长着许多怪树。山中有一种兽，形状像羊，有九条尾巴，四只耳朵，眼睛长在背上，它的名字叫猼𧴛，佩带它的皮毛就会无所畏惧。山中有一种鸟，形状

【注释】

①基山：山名，具体所指未详。一说在今广东境内。②猼𧴛：传说中的一种兽。③佩之：这里指佩带猼𧴛的皮

像鸡,有三个头,六只眼睛,六条腿,三只翅膀,它的名字叫鸱鸺,人吃了它的肉后就不思睡眠。

④鸱鸺:传说中的一种鸟。

⑤无卧:不思睡眠。

狰地

鸱鸺

1.8 又东三百里,曰青丘之山①,其阳多玉,其阴多青䨼(huò)②。有兽焉,其状如狐而九尾,其音如婴儿,能食人,食者不蛊③。有鸟焉,其状如鸠,其音若呵④,名曰灌灌⑤,佩之⑥不惑。英水⑦出焉,南流注于即翼之泽⑧。其中多赤鱬(rú)⑨,其状如鱼而人面,其音如鸳鸯,食之不疥⑩。

赤鱬

【译文】

　　再向东三百里是青丘山,山的阳面有很多玉,山的

【注释】

①青丘之山:即青丘山,山名,具体所指未详。一说在今广东境内;一说在今江

阴面有很多可作青色颜料的矿物。山中有一种兽，它的形状像狐狸，有九条尾巴，叫声像婴儿啼哭，会吃人，人吃了它的肉后就不会得蛊疾。山中有一种鸟，它的形状像鸠，叫声像人在大声斥责，名字叫灌灌，把它的羽毛佩带在身上就不会迷惑。英水发源于这里，向南流入即翼泽。水中有很多赤鱬，它的形状像鱼，却长着人一样的脸，叫声与鸳鸯相似，人吃了它的肉后不会生疥疮。

苏境内。　②青䨼:可作青色颜料的矿物。䨼:《宋本山海经》作"䕓(hù)"，植物青者作"䕓"，矿物青者作"䨼"，这里应作"䨼"。　③蛊:病名。指神经错乱。也指一种腹部膨胀的疾病。一说指迷乱。　④呵:大声斥责。　⑤灌灌:鸟名，具体所指未详。一说指鹳。　⑥佩之:指佩带灌灌的羽毛。　⑦英水:水名，具体所指未详。　⑧即翼之泽:指即翼泽，也就是即翼山中的湖泽。一说即翼山即猿翼山。　⑨鱬:传说中的一种鱼。一说即儒艮，生活在海中或河口。又叫人鱼。　⑩疥:疥疮。

1.9　又东三百五十里，曰箕尾之山①，其尾踆(dūn)②于东海，多沙石。汸(fāng)水③出焉，而南流注于淯(yù)④，其中多白玉。

【译文】

　　再向东三百五十里是箕尾山，山的尾部蹲踞于东海之滨，山中多沙石。汸水发源于这里，向南流入淯水，水中有很多白玉。

【注释】

①箕尾之山:即箕尾山，山名，具体所指未详。一说可能在今福建东部。一说即今黄山与天目山之合称。　②踆:同"蹲"。　③汸水:水名，具体所指未详。　④淯:水名，具体所指未详。一说可能指闽江;一说即今白河，流经河南、湖北两省。

【解读】

　　东海所指因时而异，先秦古籍中的东海，多相当于今之黄海。秦汉以后，始以今黄海、东海同为东海。明代以后，北部称为黄海，南部仍称为东海，其海域始和今东海相当。

1.10 凡䧁(què)山①之首,自招摇之山②以至箕尾之山,凡十山,二千九百五十里。其神③状皆鸟身而龙首。其祠④之礼:毛⑤用一璋⑥玉瘗(yì)⑦,糈(xǔ)⑧用稌(tú)⑨米,一璧,稻米,白菅(jiān)⑩为席。

南山一经山神

【译文】

总计䧁山这个山系,从首座招摇山到箕尾山,共有十座山,长为二千九百五十里。每座山的山神的形状都是鸟身龙头。祭祀这些山神的仪式是:把带毛的动物与一块璋玉一起埋入地下,用粳米或糯米作祭神用的精米,把一块璧和稻米供在山神前,用白茅铺成山神的座席。

【注释】

①䧁山:见1.1注②。　②招摇之山:见1.1注③。　③神:指山神。　④祠:祭祀。　⑤毛:用于祭祀的带毛的动物,如猪、牛、羊等。　⑥璋:举行典礼时所用的一种玉器,形状像圭的一半。　⑦瘗:埋葬。　⑧糈:祭神用的精米。　⑨稌:粳稻。也指糯稻。　⑩菅:菅茅,一种多年生草本植物,叶子细长而尖,开绿色花。

【解读】

《山海经》的五篇山经由二十六篇小的山经组成,在每篇小的山经的结尾,都会有一段总结性的文字,它包括两个方面的内容:一是统计该山经所介绍的山的数目以及从首山至尾山的总里数;二是介绍该山经中提到的每一座山的山神的形状(西山一经、西次四经、东次四经、中山一经、中次五经、中次六经除外),以及祭祀这些山神的方法。这些山神或为鸟首龙身,或为羊身人面,或为人面蛇身,或为猪首人身，形状各异，千奇百怪，反映了古代人类图腾崇拜的状况。祭祀这些山神的方法也各不相同，或用太牢，或用少牢，或用雄鸡，或用玉璧，现代人看着觉得烦琐之极，古人则是奉之为圭臬，遵行不误。

二、南次二经

【解读】

在《山海经》的南、西、北、东、中五篇山经中，除了每篇山经的第一系列山称为"南山经之首""北山经之首""东山经之首"等外，其余系列的山都采用"……次……经"的格式，如"南次二经""东次三经""中次六经"等等。那么，它们都代表什么意思呢？对此，学者们歧见迭出。以"南次二经"为例，有的学者认为，这里的"次"有停留、居住之意，因此，"南次二经"即人们居住在南方的第二系列山；有的学者认为，"南次二经"即南方之山经第二条考察路线；有的学者认为，"南次二经"中的"经"应作"山"，"南次二经"即南方第二列山系。笔者认为，"南次二经"中的"次"应表示次序，因此，"南次二经"即南山经中的第二经，具体则指南山经中的第二列山系。

南次二经共记述了十七座山，其中大部分应在今浙江境内。能为大多数学者认同且知道其确切方位的山只有一座，即 1.19 中的会稽山。这些山上生长着狸力、长右、猾襄（huái）、蛊雕等怪兽，它们或天生没有嘴，或长着人一样的手，或长着四只耳朵……均属匪夷所思之怪物。

1.11 南次二经①之首，曰柜（jǔ）山②，西临流黄③，北望诸毗④，东望长右⑤。英水⑥出焉，西南流注于赤水⑦，其中多白玉，多丹粟⑧。有兽焉，其状如豚⑨，有距⑩，其音如狗吠，其名曰狸力⑪，见（xiàn）⑫则其县多土功⑬。有鸟焉，其状如鸱（chī）⑭而人手，其音如痹（bēi）⑮，其名曰鴸（zhū）⑯，其鸣⑰自号也，见则其县多放士⑱。

【译文】

南山经中第二列山系中的首座山叫作柜

【注释】

①南次二经：南山经中的第二经，指南山经中的第二列山系。一说此处的"经"应作"山"

山，它西面靠近流黄，北面能看到诸毗，东面能看到长右。英水发源于这里，向西南流入赤水，水中有很多白玉和细丹砂。山中有一种兽，它的形状像小猪，有鸡一样的爪子，发出的声音像狗叫，它的名字叫狸力，它在哪个县出现，哪个县就会大兴土木。山中有一种鸟，它的形状像鹞鹰，长着人一样的手，叫声像雌鹌鹑，名字叫鹎，它的叫声像在喊自己的名字，它在哪个县出现，哪个县就会有很多被放逐的人。

字。　②柜山：山名，具体所指未详。一说当指今湖南西部某山。　③流黄：古国名，即 11.7 中的流黄酆氏、18.15 中的流黄辛氏。　④诸毗：山名，亦为水名，具体所指未详。毗：有的本子作"毗"。　⑤长右：山名，见 1.12 注 ①。　⑥英水：见 1.8 注 ⑦。　⑦赤水：水名，具体所指未详。⑧丹粟：细粒的丹砂。丹砂又叫朱砂或辰砂，一种无机化合物，红色或棕红色，是炼汞的主要矿物，也用作颜料或入药。　⑨豚：小猪；也泛指猪。　⑩距：雄鸡爪后面突出像脚趾的部分。　⑪狸力：传说中的一种兽。一说即猪獾，别名沙獾，吻端与猪鼻相似，四肢粗短有力。　⑫见：同"现"，指出现。　⑬土功：指治水、筑城等工程。⑭鸱：鸟名，指鹞(yào)鹰。种类较多。⑮鸲：鸟名，指雌的鹌鹑。　⑯鹎：传说中的一种鸟。　⑰鸣：有的本子作"名"。⑱放士：被放逐的人。

鹎

1.12　东南四百五十里，曰长右之山①，无草木，多水。有兽焉，其状如禺(yù)②而四耳，其名长右③，其音如吟④，见(xiàn)则其郡县大水。

【译文】

向东南四百五十里是长右山，山中不长草木，山间多水。山中有一种兽，形状像猴，有四只耳朵，它的名字叫长右，叫声像人在呻吟，它在哪个郡县出现，哪个郡县就会发大水。

【注释】

①长右之山：即长右山，山名，具体所指未详。一说在今湖南雪峰山中段。右：有的本子作"舌"。　②禺：见1.1注⑪。　③长右：兽名，因其生活在长右山，故名。具体所指未详。一说是猴属动物。　④吟：呻吟。

长右

猾裹

1.13　又东三百四十里，曰尧光之山①，其阳多玉，其阴多金。有兽焉，其状如人而彘（zhì）②鬣（liè）③，穴居而冬蛰，其名曰猾裹（huái）④，其音如斫⑤木，见（xiàn）则县有大繇（yáo）⑥。

【译文】

再向东三百四十里是尧光山，山的阳面有很多玉，阴面有很多金。山中有一种兽，它的形状像人，长着猪一样的鬣毛，居住在洞穴里，冬天蛰伏，它的名字叫猾裹，叫声像人在砍木头，它在哪个县出现，哪个县的人就会服很重的徭役。

【注释】

①尧光之山：即尧光山，山名，具体所指未详。一说可能指湘赣边界的景阳山。　②彘：猪。
③鬣：兽类颈上的长毛。
④猾裹：兽名，具体所指未详。裹：同"怀"。　⑤斫：砍；削。
⑥繇：通"徭"，指徭役。

1.14　又东三百五十里，曰羽山①，其下多水，其上多雨，无草木，多蝮虫（huǐ）②。

▲浮玉山居图（局部），元代钱选绘。

国学经典详注·全译·精解

【译文】

　　再向东三百五十里是羽山,山下多水,山上经常下雨,山中不长草木,有很多蝮蛇。

【注释】

①羽山:山名,具体所指未详。一说在今浙江境内;一说应在今江西境内。
②蝮虫:见1.3注②。

【解读】

　　据传说,尧时洪水泛滥,大禹之父鲧(gǔn)奉尧命治理洪水,九年未治平,被舜杀死在羽山。此羽山在今山东境内,一说在郯(tán)城东北,一说在蓬莱市东南。但据上下文推断,此处的羽山不应在今山东境内。

1.15 又东三百七十里,曰瞿父之山①,无草木,多金玉。

【译文】

　　再向东三百七十里是瞿父山,山中不长草木,有很多金和玉。

【注释】

①瞿父之山:即瞿父山,山名,具体所指未详。一说当指今浙江衢州的三衢山。

1.16 又东四百里,曰句余之山①,无草木,多金玉。

【译文】

　　再向东四百里是句余山,山中不长草木,有很多金和玉。

【注释】

①句余之山:即句余山,山名,具体所指未详。一说在今浙江境内。

1.17 又东五百里,曰浮玉之山①,北望具区②,东望诸毗③。有兽焉,其状如虎而牛尾,其音如吠犬,其名曰彘(zhì)④,是食人。苕(tiáo)水⑤出于其阴,北流注于具区,其中多鮆(jì)鱼⑥。

【译文】

　　再向东五百里是浮玉山,北面能看到太湖,东面能看到诸毗。山中有一种

【注释】

①浮玉之山:即浮玉山,山名,具体所指未详。一说即今浙江境内的天目山。
②具区:水名,即今浙江和江苏两省间的

兽,它的形状像虎,长着牛一样的尾巴,发出的声音像狗叫,它的名字叫彘,会吃人。茗水发源于山的阴面,向北流入太湖,水中有很多鲨鱼。

③诸毗:见 1.11 注 ④。 ④彘:兽名。一说指野猪;一说疑为华南虎之类。 ⑤茗水:即茗溪,在今浙江境内。因两岸多茗,秋后花飘水上如飞雪,故名。 ⑥鲨鱼:鱼名,即刀鱼,体长约 10 厘米,侧扁,银白色。

彘

【解读】

今所说的浮玉山指江苏省镇江市的金山、焦山。宋代周必大的《二老堂杂志·记镇江府金山》中说:"焦山大江环绕,每风涛四起,势欲飞动,故南朝谓之浮玉山。"不过,有不少学者认为,《山海经》中所说的浮玉山非江苏的金山、焦山,而是指浙江境内的天目山。如吴任臣《山海经广注》中说:"山在具区南,非金山,明矣。《一统志》:'浮玉山在湖州城南七里,玉湖中巨石如积,波不以水盈缩,故名天目山。'"张步天《山海经解》亦说:"浮玉之山当在天目山脉西段求之"。元代画家钱选绘有《浮玉山居图》,其中所说的浮玉山,即在浙江境内。

1.18 又东五百里,曰成山①,四方而三坛②,其上多金玉,其下多青膜(huò)③。閷(shǐ)水④出焉,而南流注于虖(hū)勺⑤,其中多黄金。

【译文】

　　再向东五百里是成山，山呈四方形，像三个重叠的坛，山上有很多金和玉，山下有很多可作青色颜料的矿物。閝水发源于这里，向南流入虖勺，水中有很多黄金。

【注释】

①成山：山名，具体所指未详。一说在今江西境内。　②三坛：指像三个重叠的坛。　③青䨼：见1.8注②。　④閝水：水名，具体所指未详。　⑤虖勺：水名，具体所指未详。

1.19　又东五百里，曰会（kuài）稽之山①，四方，其上多金玉，其下多砆（fū）石②。勺水③出焉，而南流注于湨（jú）④。

【译文】

　　再向东五百里是会稽山，山呈四方形，山上有很多金和玉，山下有很多像玉的石头。勺水发源于这里，向南流入湨。

【注释】

①会稽之山：即会稽山，山名，在今浙江境内。　②砆石：一种像玉的石头。　③勺水：水名，在会稽山中。④湨：水名，具体所指未详。一说应作"湖"。

1.20　又东五百里，曰夷山①，无草木，多砂石，湨水②出焉，而南流注于列涂③。

【译文】

　　再向东五百里是夷山，山中不长草木，到处是砂石，湨水发源于这里，向南流入列涂。

【注释】

①夷山：山名，具体所指未详。一说应在今福建境内。　②湨水：水名，具体所指未详。　③列涂：水名，具体所指未详。

1.21　又东五百里，曰仆勾之山①，其上多金玉，其下多草木，无鸟兽，无水。

【译文】

　　再向东五百里是仆勾山，山上有很多金和玉，山下草木茂盛，

【注释】

①仆勾之山：即仆勾山，山名，具体所指未详。一说应在今福建境内。

山中没有鸟兽，也没有水。　　　　　勾：有的本子作"夕"。

1.22 又东五百里，曰咸阴之山①，无草木，无水。

【译文】

　　再向东五百里是咸阴山，山中不长草木，也没有水。

【注释】

①咸阴之山：即咸阴山，山名，具体所指未详。一说应在今浙江境内。

1.23 又东四百里，曰洵山①，其阳多金，其阴多玉。有兽焉，其状如羊而无口，不可杀②也，其名曰𤟤（huàn）③。洵水④出焉，而南流注于阏（è）之泽⑤，其中多芘蠃（píluó）⑥。

𤟤

【译文】

　　再向东四百里是洵山，山的阳面有很多金，阴面有很多玉。山中有一种兽，它的形状像羊，没有嘴，却不会饿死，它的名字叫𤟤。洵水发源于这里，向南流入阏泽，水中有很多紫色螺。

【注释】

①洵山：山名，具体所指未详。一说应在今江西境内。洵：有的本子作"旬"。　②不可杀：一说指不可捕杀；一说指不会死。③𤟤：传说中的一种兽。　④洵水：水名，具体所指未详。　⑤阏之泽：即阏泽，水名，具体所指未详。　⑥芘蠃：应作"芘（zǐ）蠃"，指紫色螺。芘：通"紫"，指紫色。蠃：同"螺"。《宋本山海经》作"蠃"，应改。

1.24 又东四百里,曰虖(hū)勺之山①,其上多梓②楠③,其下多荆④杞⑤。滂(pāng)水⑥出焉,而东流注于海。

【译文】

再向东四百里是虖勺山,山上长着很多梓树和楠木,山下长满了荆和枸杞。滂水发源于这里,向东流入大海。

【注释】

①虖勺之山:即虖勺山,山名,具体所指未详。一说应在今浙江境内。 ②梓:梓树,一种落叶乔木,叶子卵形,开淡黄色花。 ③楠:楠木,常绿乔木,是一种贵重的建筑材料。 ④荆:落叶灌木,枝条可用来编筐、篮等。 ⑤杞:指枸杞。 ⑥滂水:水名,具体所指未详。一说即瓯(ōu)江,是今浙江的第二大河。

1.25 又东五百里,曰区吴之山①,无草木,多砂石。鹿水②出焉,而南流注于滂水。

【译文】

再向东五百里是区吴山,山中不长草木,到处是砂石。鹿水发源于这里,向南流入滂水。

【注释】

①区吴之山:即区吴山,山名,具体所指未详。一说在今浙江境内。 ②鹿水:水名,具体所指未详。有的本子作"丽水"。一说应作"丽水",丽水是瓯(ōu)江的支流。

1.26 又东五百里,曰鹿吴之山①,上无草木,多金石。泽更之水②出焉,而南流注于滂水。水有兽焉,名曰蛊雕③,其状如雕而有角,其音如婴儿之音,是食人。

蛊雕

【译文】

　　再向东五百里是鹿吴山，山上不长草木，有很多金和石头。泽更水发源于这里，向南流入滂水。水中有一种兽，名字叫蛊雕，它的形状像雕，头上有角，叫声像婴儿发出的声音，会吃人。

【注释】

①鹿吴之山：即鹿吴山，山名，具体所指未详。一说在今浙江境内。
②泽更之水：即泽更水，水名，具体所指未详。一说当为瓯（ōu）江的支流。　③蛊雕：兽名，具体所指未详。

　　1.27　东五百里，曰漆吴之山①，无草木，多博石②，无玉。处于海，东望丘山③，其光载④出载入，是惟日次⑤。

【译文】

　　向东五百里是漆吴山，山中不长草木，有很多可用于博戏时做棋子的石头，没有玉。山处在海中，向东可以望见一座山，上面的光闪烁不定，这是太阳止宿的地方。

【注释】

①漆吴之山：即漆吴山，山名，具体所指未详。一说指今浙江东部海外诸岛，如舟山群岛等。　②博石：用于博戏（古代的一种棋戏）时做棋子的石头。　③处于海，东望丘山：有的本子作"处于东海，望丘山"。　④载：又；且。
⑤次：特指太阳运行时止宿之所。

　　1.28　凡南次二经之首，自柜（jǔ）山①至于漆吴之山，凡十七山，七千二百里。其神②状皆龙身而鸟首。其祠③：毛④用一璧瘗（yì）⑤，糈（xǔ）⑥用稌（tú）⑦。

南次二经山神

【译文】

总计南山经中第二列山系中的山，从首座柜山到漆吴山，共有十七座山，长为七千二百里。每座山的山神的形状都是龙身鸟头。祭祀这些山神的仪式是：把带毛的动物与一块璧一起埋入地下，用粳米或糯米作祭祀用的精米。

【注释】

①柜山：见1.11注②。
②神：指山神。　③祠：祭祀。　④毛：见1.10注⑤。　⑤瘗：埋葬。
⑥糈：祭神用的精米。
⑦稌：粳稻。也指糯稻。

三、南次三经

【解读】

南次三经共记述了十三座山（1.42中称是十四座山），位于南山一经中所记的山列之南，几乎每一座山的地理位置都无法明确界定，但有较多的学者认为，它们大致在今广东、广西境内。南次三经中也记述了不少怪异神奇的动物，如身上长着猪毛的鲑（tuán）鱼，三足人面的瞿如，人面四目的颙（yú），身上的羽毛形成文字图案的凤凰，等等。

1.29 南次三经之首，曰天虞之山①，其下多水，不可以上。

【译文】

南山经中第三列山系中的首座山叫天虞山，山下有很多水，人无法攀登上去。

【注释】

①天虞之山：即天虞山，山名，具体所指未详。一说应在今广西境内。

1.30 东五百里，曰祷过之山①，其上②多金玉，其下多犀兕（sì）③，多象。有鸟焉，其状如鵁（jiāo）④而白首、三足、人面，其名曰瞿如⑤，其鸣自号也。泿（yín）水⑥出焉，而南流注于海。其中有虎蛟⑦，其状鱼身而蛇尾，其音如鸳鸯，食者不肿，可以已⑧痔⑨。

【译文】

向东五百里是祷过山，山

【注释】

①祷过之山：即祷过山，山名，具体所

上有很多金和玉,山下有很多犀牛、兕和大象。山中有一种鸟,它的形状像鸡,长着白色的脑袋,三条腿,人一样的脸,名字叫瞿如,它的鸣叫声像在喊自己的名字。泿水发源于这里,向南流入大海。水中有一种虎蛟,形状是鱼身蛇尾,发出的声音像鸳鸯鸣叫,人吃了它的肉后不会得肿病,还可以治愈痔疮。

指未详。一说应在今广西境内。
②上:《宋本山海经》作"状",应改。
③兕:古代兽名。皮厚,可以制甲。一说指雌性犀牛。　④鴸:鸟名。3.11中有鴸,称其身上的毛与雌野鸡相似。
⑤瞿如:传说中的一种鸟。　⑥泿水:水名,上游即今广西东北部的洛清江,是融江的支流。　⑦虎蛟:动物名。一说指鰕(xiā)虎鱼,体侧扁,长20厘米,牙细尖或分叉,生活在海水或淡水中。　⑧已:治愈。　⑨痔:痔疮。

瞿如

1.31　又东五百里,曰丹穴之山①,其上多金玉。丹水②出焉,而南流注于渤海③。有鸟焉,其状如鸡,五采而文④,名曰凤皇⑤,首文曰德,翼文曰义,背文曰礼,膺⑥文曰仁,腹文曰信。是鸟也,饮食自然,自歌自舞,见(xiàn)则天下安宁。

【译文】
　　再向东五百里是丹穴山,山上有很多金和玉。丹水发源于这里,向南流入渤海。有一种鸟,它的形状像鸡,身上的羽毛色彩斑斓,花纹像文字的形状,它的

【注释】
①丹穴之山:即丹穴山,山名,具体所指未详。
②丹水:水名,具体所指未详。　③渤海:此处当

名字叫凤凰，它头部的花纹像"德"字，翅膀上的花纹像"义"字，背部的花纹像"礼"字，胸部的花纹像"仁"字，腹部的花纹像"信"字。这种鸟，悠闲自如地进食，自由自在地唱歌、跳舞，当它出现时，天下就会安宁太平。

指南海，非今日所指之渤海。　　④文：通"纹"，指花纹。　　⑤凤皇：即凤凰，传说中的百鸟之王，羽毛美丽，雄的叫凤，雌的叫凰。　　⑥膺：胸。

1.32 又东五百里，曰发爽之山①，无草木，多水，多白猿。泛水②出焉，而南流注于渤海。

【译文】

　　再向东五百里是发爽山，山中不长草木，有很多水，还有很多白猿。泛水发源于这里，向南流入渤海。

【注释】

①发爽之山：即发爽山，山名，具体所指未详。一说在今广西境内的大瑶山中段。　　②泛水：水名，具体所指未详。

1.33 又东四百里，至于旄山①之尾，其南有谷，曰育遗②，多怪鸟，凯风③自是出。

【译文】

　　再向东四百里，就到了旄山的尾部，它的南面有一个山谷，名叫育遗，谷中有很多怪鸟，南风从这个谷中吹出。

【注释】

①旄山：山名，具体所指未详。一说可能是今广东的罗浮山。　　②育遗：山谷名。　　③凯风：和暖的风；也指南风。

1.34 又东四百里，至于非山①之首，其上多金玉，无水，其下多蝮虫（huǐ）②。

【译文】

　　再向东四百里，就到了非山的前端，山上有很多金和玉，没有水，山下有很多蝮蛇。

【注释】

①非山：山名，具体所指未详。　　②蝮虫：见1.3注②。

1.35 又东五百里,曰阳夹之山①,无草木,多水。

【译文】
　　再向东五百里是阳夹山,山中不长草木,有很多水。

【注释】
　　①阳夹之山:即阳夹山,山名,具体所指未详。一说在今广西境内。

1.36 又东五百里,曰灌湘之山①,上多木,无草;多怪鸟,无兽。

【译文】
　　再向东五百里是灌湘山,山上长着很多树,不长草;山中有很多怪鸟,没有兽。

【注释】
　　①灌湘之山:即灌湘山,山名,具体所指未详。一说在今广西境内。

1.37 又东五百里,曰鸡山①,其上多金,其下多丹腹(huò)②。黑水③出焉,而南流注于海。其中有鱄(tuán)鱼④,其状如鲋(fù)⑤而彘(zhì)⑥毛,其音如豚⑦,见(xiàn)则天下大旱。

鱄鱼

【译文】
　　再向东五百里是鸡山,山上有很多金,山下有很多可作红色颜料的矿物。黑水发源于这里,

【注释】
　　①鸡山:山名,具体所指未详。一说应在今广西境内。　②丹腹:可作红色颜料的矿物。

向南流入大海。水中有一种鲑鱼，它的形状像鲫鱼，身上有猪一样的硬毛，发出的声音像猪叫，只要它一出现，天下就会大旱。

③黑水：水名，具体所指未详。

④鲑鱼：传说中的一种怪鱼。

⑤鲋：鲫鱼。　⑥彘：猪。

⑦豚：小猪；也泛指猪。

1.38 又东四百里，曰令丘之山①，无草木，多火。其南有谷焉，曰中谷，条风②自是出。有鸟焉，其状如枭（xiāo）③，人面四目而有耳，其名曰颙（yú）④，其名自号也，见（xiàn）则天下大旱。

颙

【译文】

　　再向东四百里是令丘山，山中不长草木，有很多燃烧的火。它的南面有一个山谷，名叫中谷，有东北风从这里往外吹。山中有一种鸟，它的形状像猫头鹰，长着人一样的脸，四只眼睛，有耳朵，名字叫颙，这个名字是根据它的叫声而取的，只要它一出现，天下就会大旱。

【注释】

①令丘之山：即令丘山，山名，具体所指未详。一说在今广西境内。　②条风：东北风。　③枭：鸟名，指猫头鹰一类的鸟。

④颙：传说中的一种怪鸟。有的本子作"颙（yú）"。

1.39 又东三百七十里，曰仑者之山①，其上多金玉，其下多青䨼（huò）②。有木焉，其状如榖（gǔ）③而赤理，其汗④如漆，其味如饴⑤，食者不饥，可以释劳⑥，其名曰白䓘（gāo）⑦，可以血⑧玉。

【译文】

　　再向东三百七十里是仑者山,山上有很多金和玉,山下有很多可作青色颜料的矿物。山中有一种树,它的形状像构树,有红色的纹理,流出的汁液像漆,味道像糖浆一样,吃了它可以不感到饥饿,还可以消除辛劳,它的名字叫白䓘,可以用来给玉染色。

【注释】

①仑者之山:即仑者山,山名,具体所指未详。有的本子作"仑山"。
②青䧹:见1.8注②。　③穀:见1.1注⑧。　④汗:应作"汁"。
⑤饴:糖浆;糖稀。　⑥释劳:消除辛劳。一说指解除忧愁(劳:忧愁)。　⑦白䓘:植物名,具体所指未详。　⑧血:染上色彩。

　　1.40　又东五百八十里,曰禺槀(gǎo)之山①,多怪兽,多大蛇。

【译文】

　　再向东五百八十里是禺槀山,山中有很多怪兽,还有很多大蛇。

【注释】

①禺槀之山:即禺槀山,山名,具体所指未详。

　　1.41　又①东五百八十里,曰南禺之山②,其上多金玉,其下多水。有穴焉,水春辄③入,夏乃出,冬则闭。佐水④出焉,而东南流注于海,有凤皇⑤、鹓鶵(yuānchú)⑥。

【译文】

　　再向东五百八十里是南禺山,山上有很多金和玉,山下有很多水。山中有一个洞穴,春天时水往洞里流,夏天时水往洞外流,冬天时闭塞不通。佐水发源于这里,向东南流入大海,这一带有凤凰和鹓鶵。

【注释】

①又:《宋本山海经》无该字,应补。
②南禺之山:即南禺山,山名,具体所指未详。一说在今广东境内。
③辄:就。　④佐水:水名,具体所指未详。　⑤凤皇:见1.31注⑤。　⑥鹓鶵:传说中与鸾凤同类的鸟。

　　1.42　凡南次三经之首,自天虞之山①以至南禺之山,凡一十四山,六千五百三十里。其神②皆龙身而人面。其祠③皆一白狗祈④,糈（xǔ）⑤用稌（tú）⑥。

南次二经山神

【译文】

　　总计南山经中第三列山系中的山，从首座天虞山到南禺山，共十四座山，长为六千五百三十里。每座山的山神的形状都是龙身人面。祭祀时都是用一只白狗来祈祷，用粳米或糯米作祭祀用的精米。

【注释】

①天虞之山：见 1.29 注①。

②神：指山神。　③祠：祭祀。　④祈：向天或神求祷。　⑤糈：祭神用的精米。　⑥稌：粳稻。也指糯稻。

1.43 右①南经之山志②，大小凡四十山，万六千三百八十里。

【译文】

　　以上是南山经中记载的山，共有大小四十座山，长为一万六千三百八十里。

【注释】

①右：古籍文字通常采用竖排格式，且从右至左排列，故这里的右相当于我们现在所说的“以上”“上述”等。　②志：记载的文字。

西山经第二

国学经典详注·全译·精解

【解读】

西山经包括西山一经、西次二经、西次三经、西次四经四篇,叙述了位于中国西部的一系列山,以及发源于这些山的河流,在这些山上生长的植物、动物及其形状、特点,出产的矿物,与这些山有关的历史人物、神名,掌管这些山的山神的形状、祭祀这些山神的方法等。西山经共记述了七十七座山,位于今陕西、山西、甘肃、宁夏、青海、新疆、内蒙古等境内,其中仅华山、小华山、鸟兽同穴山、崦嵫(yānzī)山等少数几座山的具体位置可以确定。

一、西山一经

【解读】

西山一经记述了位于中国西部的十九座山,它们大多在今陕西境内,少数在今甘肃或青海境内。本经中有少数几座山的具体位置可以确定,有的山名与现在相同或相近,如华山、太华山、小华山等。

本经记述了不少植物及其药用价值或药性,如萆(bì)荔草可以治疗心痛,文茎可以治疗耳聋,条草可以治疗疥疮,薰草可以治疗瘟疫,吃了蓇(gū)蓉草会使人失去生育能力,等等。虽然它们是否真的具有这些功效或特性,尚待考实,但亦从一个侧面说明当时的人们已经有了较丰富的药物学知识。

本经也记述了一些怪异的动物,如六足四翼的肥𧍫(wèi),人面一足的橐𩇯(tuóféi)鸟,两首四足的鹏(lěi)鸟,马足人手而四角的𤜢(yīng)如,等等。

2.1 西山经华山①之首,曰钱来之山②,其上多松,其下多洗石③。有兽焉,其状如羊而马尾,名曰羬(qián)羊④,其脂可以已⑤腊(xī)⑥。

【译文】

西山经中华山山系中的第一座山叫作钱来山，山上长着很多松树，山下有很多洗石。山中有一种兽，它的形状像羊，长着马一样的尾巴，名字叫羬羊，它的脂肪可以治疗皮肤干裂。

【注释】

①华山：山名，五岳中的西岳，在今陕西华阴市南。　②钱来之山：即钱来山，山名，具体所指未详。一说在今河南境内；一说在今陕西与河南接壤处。　③洗石：含有碱的石头，洗澡时可用来搓去污垢。　④羬羊：一种野生的大尾羊。一说指六尺长的羊。　⑤已：治愈。　⑥腊：皮肤干裂。

羬羊

2.2　西四十五里，曰松果之山①。濩（huò）水②出焉，北流注于渭③，其中多铜。有鸟焉，其名曰螐（tóng）渠④，其状如山鸡，黑身赤足，可以已㿺（báo）⑤。

【译文】

向西四十五里是松果山。濩水发源于这里，向北流入渭河，水中有很多铜。有一种鸟，它的名字叫螐渠，形状像山鸡，黑色的身子，红色的足爪，人吃了它的肉可以治疗皮肉坼裂皱起。

【注释】

①松果之山：即松果山，山名，具体所指未详。一说在今陕西潼关境内。　②濩水：水名，具体所指未详。一作"灌水"，今陕西华县境内有灌水，是渭水的支流。　③渭：即渭河，是黄河最大的支流，位于今陕西中部。源出甘肃渭源县鸟鼠山，东流横贯陕西渭河平原，在潼关县入黄河。　④螐渠：鸟名，一种水鸟。一说即水雉，外形似雉，体大如斑鸠。　⑤㿺：皮肉坼（chè）裂皱起。

2.3　又西六十里,曰太华之山①,削成②而四方,其高五千仞(rèn)③,其广④十里,鸟兽莫居。有蛇焉,名曰肥𧑻(wèi)⑤,六足四翼,见(xiàn)则天下大旱。

肥𧑻

【译文】

　　再向西六十里是太华山,山势像用刀斧劈削而成一样,呈四方形,高五千仞,宽十里,连鸟兽都无法在上面居住。有一种蛇,名字叫肥𧑻,有六条腿,四只翅膀,只要它一出现,天下就会大旱。

【注释】

①太华之山:即太华山,山名,亦即西岳华山,因其西有少华山,故名。一说指西岳华山的主峰。

②削成:指像用刀斧劈削而成。

③仞:古代以八尺或七尺为一仞。

④广:指宽度。　　⑤肥𧑻:传说中的一种蛇。

2.4　又西八十里,曰小华之山①,其木多荆②杞③,其兽多牸(zuó)牛④,其阴多磬石⑤,其阳多㻬琈(tūfú)⑥之玉。鸟多赤鷩(bì)⑦,可以御火。其草有萆(bì)荔⑧,状如乌韭⑨,而生于石上,亦缘木而生,食之已⑩心痛。

【译文】

　　再向西八十里是小华山,山上生长的树木多为荆和枸杞,山中的野兽多为牸牛,山的阴面有很多适宜制磬的美石,山的阳面有很多

【注释】

①小华之山:即小华山,山名,也叫少华山,在今陕西境内。　　②荆:见1.24注④。　　③杞:指枸杞。　　④牸牛:山牛名。　　⑤磬石:适宜制磬的美石。　　⑥㻬琈:美玉名。

璇珲玉。山中的鸟类多为赤
鷩,可以用它来防火。山中生
长着一种名叫草荔的草,形
状像乌韭,生长在石头上,
有的也攀缘树木生长,吃了
它可以治疗心痛。

⑦赤鷩:山鸡的一种。　⑧草荔:即
薜(bì)荔,藤本植物,攀缘灌木,叶椭圆
形,果实可食用,藤、叶、根等可供药用。
一说是一种香草。　⑨乌韭:一种苔
藓类植物,多生于潮湿的地方。
⑩已:治愈。

2.5 又西八十里,曰符禺之山①,其阳多铜,其阴多铁。其上
有木焉,名曰文茎②,其实如枣,可以已聋。其草多条③,其状如
葵,而赤华④黄实,如婴儿舌,食之使人不惑。符禺之水⑤出焉,而
北流注于渭⑥。其兽多葱聋⑦,其状如羊而赤鬣(liè)⑧。其鸟多鴖
(mín)⑨,其状如翠⑩而赤喙,可以御火。

葱聋

【译文】

　　再向西八十里是符禺山,
山的阳面有很多铜,阴面有很
多铁。山上有一种树木,名字叫
文茎,结的果实像枣,吃了这种
果实可以治疗耳聋。山中生长的
草多为条,形状像葵,开红色的
花,结黄色的果实,果实形似婴
儿的舌头,吃了使人不迷惑。符
禺水发源于这里,向北流入渭

【注释】

①符禺之山:即符禺山,山名,具体所
指未详。一说在今陕西境内。
②文茎:树名。一说指无刺枣,一种
小乔木,枝上没有棘针。
③条:植物名。一说可能是蜀葵,二
年生草本植物,茎直立,叶互生,卵
圆形。　④华:同"花"。
⑤符禺之水:即符禺水,水名,具体
所指未详。　⑥渭:见2.2注③。

河。山中的兽多为葱聋，它的形状像羊，颈上长着红色的毛。山中的鸟多为鸥，它的形状像翠鸟，嘴是红色的，可以用它来防火。

⑦葱聋：兽名，一种野生羊。
⑧鬣：泛指动物头、颈上的毛。
⑨鹛：同"鹛（mín）"，是传说中的一种鸟。　⑩翠：即翠鸟，羽毛青绿色，尾短。

2.6 又西六十里，曰石脆之山①，其木多棕②楠③，其草多条④，其状如韭，而白华黑实，食之已疥⑤。其阳多琈瑜（tūfú）⑥之玉，其阴多铜。灌水⑦出焉，而北流注于禺水⑧，其中有流赭（zhě）⑨，以涂牛马无病。

【译文】

再向西六十里是石脆山，山中生长的树多为棕榈和楠木，生长的草多为条草，它的形状像韭菜，开白色的花，结黑色的果实，吃了这种果实可以治疗疥疮。山的阳面有很多琈瑜玉，山的阴面有很多铜。灌水发源于这里，向北流入禺水，水中有流赭，把它涂在牛马的身上，牛马就不会生病。

【注释】

①石脆之山：即石脆山，山名，具体所指未详。一说在今陕西境内。
②棕：指棕榈。　③楠：见1.24注③。　④条：植物名，具体所指未详。与2.5中所说的"条"不同。
⑤疥：疥疮。　⑥琈瑜：美玉名。
⑦灌水：水名，具体所指未详。
⑧禺水：水名，具体所指未详。
⑨流赭：顺水流动的红土（赭：红土）。一说指硫黄。一说这里的"流"指湿泥状。

2.7 又西七十里，曰英山①，其上多枏（niǔ）②橿（jiāng）③，其阴多铁，其阳多赤金。禺水出焉，北流注于招（sháo）水④，其中多鲜（bàng）⑤鱼，其状如鳖，其音如羊。其阳多箭⑥䇤（mèi）⑦，其兽多㸲（zuó）牛⑧、羬（qián）羊⑨。有鸟焉，其状如鹑⑩，黄身而赤喙，其名曰肥遗⑪，食之已疠（lì）⑫，可以杀虫。

【译文】

再向西七十里是英山，山

【注释】

①英山：山名，具体所指未详。

上长着很多枏树和檀树，山的阴面有很多铁，山的阳面有很多赤金。禺水发源于这里，向北流入招水，水中有很多鲜鱼，它的形状像鳖，发出的声音像羊叫。山的阳面生长着很多箭竹和镝竹，山中的兽多为㸲牛和羬羊。有一种鸟，形状像鹌鹑，长着黄色的羽毛，红色的鸟嘴，它的名字叫肥遗，吃了它的肉可以治疗恶疮，还可以杀死体内的寄生虫。

②枏：木名，即檍（yì）树，又名木檀、万年木。可作弓材。　③檀：木名，木质坚韧，古时用作制车的材料。　④招水：水名，具体所指未详。一说即今灞水。　⑤鲜：鱼名，具体所指未详。一说应作"鲊"。⑥箭：指箭竹。　⑦镝：竹名，竹节很长，其竹笋在冬天生长。⑧㸲牛：山牛名。　⑨羬羊：见2.1注④。　⑩鹑：即鹌鹑。⑪肥遗：鸟名。一说即竹鸡。⑫疠：瘟疫；也指恶疮。

鲜鱼

2.8　又西五十二里，曰竹山①，其上多乔木，其阴多铁。有草焉，其名曰黄雚（huán）②，其状如樗（chū）③，其叶如麻④，白华⑤而赤实，其状如赭（zhě）⑥，浴之已疥⑦，又可以已胕（fú）⑧。竹水⑨出焉，北流注于渭⑩，其阳多竹箭⑪，多苍玉⑫。丹水⑬出焉，东南流注于洛水⑭，其中多水玉⑮，多人鱼⑯。有兽焉，其状如豚⑰而白毛，大如笄（jī）⑱而黑端，名曰豪彘（zhì）⑲。

【译文】

　　再向西五十二里是竹山，山上长着很多乔木，山的阴面有很多铁。山中有一

【注释】

①竹山：山名，具体所指未详。一说在今陕西蓝田境内。　②黄雚：草名。一说即黄花蒿。　③樗：臭椿树。

种草,它的名字叫黄雚,形状像臭椿树,叶子与麻类植物的叶相似,开白色的花,结红色的果实,果实的形状像赭,用它来洗澡,可以治疗疥疮,又可以治疗浮肿。竹水发源于这里,向北流入渭河,山的阳面有很多细竹,还有很多青色的玉。丹水发源于这里,向东南流入洛河,水中有很多水晶,还有很多鲢鱼。山中有一种兽,它的形状像猪,长着白色的毛,毛粗大如笄,尖端呈黑色,名字叫豪猪。

④麻:草本植物,有大麻、亚麻等。
⑤华:同"花"。　⑥赭:红土。
⑦疥:疥疮。　⑧胕:浮肿。
⑨竹水:水名,在今陕西境内,又名大赤水。　⑩渭:见2.2注③。　⑪竹箭:细竹。一说指箭竹。　⑫苍玉:青色的玉石。　⑬丹水:水名,在今陕西境内。　⑭洛水:即洛河,有北洛河和南洛河。北洛河在今陕西西北部,南洛河在今河南西部。　⑮水玉:水晶。
⑯人鱼:指鲢鱼,俗称娃娃鱼。
⑰豚:小猪;也泛指猪。　⑱笄:古代用来固定头发的簪子,用竹、木、玉等制成。　⑲豪彘:即豪猪,哺乳动物,身上长着许多长而硬的棘毛。

2.9　又西百二十里,曰浮山①,多盼木②,枳③叶而无伤④,木虫⑤居之。有草焉,名曰薰草⑥,麻叶而方茎,赤华而黑实,臭(xiù)⑦如蘼(mí)芜⑧,佩之可以已疠(lì)⑨。

【译文】
　　再向西一百二十里是浮山,山中长着很多盼木,叶子与枳树叶相似,但没有刺,树中有蛀虫。山中有一种草,名叫薰草,长着与麻类植物一样的叶子,茎秆方形,开红色的花,结黑色的果实,发出像蘼芜一样的香气,把它佩带在身上,可以治疗恶疮。

【注释】
①浮山:山名,具体所指未详。一说在今陕西境内。　②盼木:木名,具体所指未详。　③枳:木名,也称枸橘、臭橘。落叶灌木或小乔木,小枝多硬刺,果实球形,味酸苦。　④伤:刺。　⑤木虫:指树木上生长的蛀虫。　⑥薰草:香草名,又叫蕙草,俗名佩兰,又名零陵香,香气如蘼芜。　⑦臭:气味。　⑧蘼芜:草名,芎䓖(xiōngqióng,一种香草)的苗,叶有香气。　⑨疠:瘟疫;也指恶疮。

2.10　又西七十里,曰羭(yú)次之山①,漆水②出焉,北流注于渭③。其上多棫(yù)④橿(jiāng)⑤,其下多竹箭⑥,其阴多赤铜,其阳多婴垣⑦之玉。有兽焉,其状如禺⑧而长臂,善投,其名曰嚣⑨。有鸟焉,其状如枭(xiāo)⑩,人面而一足,曰橐𩆜(tuóféi)⑪,冬见(xiàn)夏蛰,服⑫之不畏雷。

嚣　　　　　　　　　　　　　　橐𩆜

【译文】

　　再向西七十里是羭次山,漆水发源于这里,向北流入渭河。山上长着很多白桵和橿树,山下长着很多细竹,山的阴面有很多赤铜,山的阳面有很多婴垣玉。有一种兽,它的形状像猕猴,前臂很长,擅长投掷,它的名字叫作嚣。有一种鸟,它的形状像猫头鹰,长着人一样的脸,只有一只脚,名字叫橐𩆜,冬天出来活动,夏天蛰伏,人吃了它的肉就不怕打雷。

【注释】

①羭次之山:即羭次山,山名,具体所指未详。一说在今陕西境内。　②漆水:水名,发源于今陕西岐山。　③渭:见2.2注③。　④棫:木名,即白桵(ruǐ),落叶灌木,茎多分枝,叶长圆形,开白色花。　⑤橿:见2.7注③。　⑥竹箭:细竹。一说指箭竹。　⑦婴垣:所指未详。垣:有的本子作"短",有的本子作"根",有的本子作"埋"。一说应作"婴脰(dòu)",意为挂在脖子上(脰:指脖子)。　⑧禺:见1.1注⑪。　⑨嚣:兽名,具体所指未详。一说为猴类。　⑩枭:即"鸮"(xiāo),指猫头鹰一类的鸟。　⑪橐𩆜:传说中的一种鸟。　⑫服:一说指佩带;一说指吃。

2.11 又西百五十里,曰时山①,无草木。逐水②出焉,北流注于渭③,其中多水玉④。

【译文】

再向西一百五十里是时山,山中不长草木。逐水发源于这里,向北流入渭河,水中有很多水晶。

【注释】

①时山:山名,具体所指未详。一说应在今陕西境内。　②逐水:水名,具体所指未详。逐:有的本子作"遂"。　③渭:见2.2注③。　④水玉:水晶。

2.12 又西百七十里,曰南山①,上多丹粟②,丹水③出焉,北流注于渭④。兽多猛豹⑤,鸟多尸鸠⑥。

【译文】

再向西一百七十里是南山,山上有很多细丹砂,丹水发源于这里,向北流入渭河。山中的兽多为猛豹,鸟多为鸤鸠。

【注释】

①南山:山名,多认为指终南山,秦岭主峰之一,在今陕西省西安市南。　②丹粟:见1.11注⑧。　③丹水:水名,具体所指未详。与2.8中所说的丹水不同。　④渭:见2.2注③。⑤猛豹:兽名。一说应作"貘豹",似熊而小,能吃蛇和铜铁。　⑥尸鸠:即鸤(shī)鸠,古书上指布谷鸟。

2.13 又西百八十里,曰大时之山①,上多榖(gǔ)②柞(zuò)③,下多杻(niǔ)④橿(jiāng)⑤,阴多银,阳多白玉。涔(cén)水⑥出焉,北流注于渭⑦。清水⑧出焉,南流注于汉水⑨。

【译文】

再向西一百八十里是大时山,山上长着很多构树和柞树,山下长着很多杻树和橿树,山的阴面有很多银,山的阳面有

【注释】

①大时之山:即大时山,山名,具体所指未详。一说在今陕西境内。　②榖:见1.1注⑧。
③柞:柞树,落叶乔木,叶子倒卵形,木质坚硬,叶子可用来养柞蚕。另有柞木,系常绿灌木或小乔木,生棘刺,叶卵形或长椭圆状卵形。也指山毛榉科的麻栎。　④杻:见2.7注②。　⑤橿:见2.7注③。　⑥涔水:古水名,疑即今陕西省

很多白玉。涔水发源于这里，向北流入渭河。清水也发源于这里，向南流入汉江。

眉县之斜水。涔：一说音 qián。　　⑦渭：见 2.2 注③。　　⑧清水：水名。具体所指未详。一说指今褒水的上源紫金河。　　⑨汉水：即今汉江，是长江最长的支流。上源玉带河出陕西宁强县，东流到勉县东和褒河汇合后称汉江，在武汉入长江。

2.14 又西三百二十里，曰嶓（bō）冢之山①，汉水出焉，而东南流注于沔（miǎn）②；嚣水③出焉，北流注于汤水④。其上多桃枝⑤、钩端⑥，兽多犀、兕（sì）⑦、熊、罴（pí）⑧，鸟多白翰⑨、赤鷩（bì）⑩。有草焉，其叶如蕙⑪，其本⑫如桔梗⑬，黑华⑭而不实，名曰蓇（gū）蓉⑮，食之使人无子。

【译文】

再向西三百二十里是嶓冢山，汉水发源于这里，向东南流入沔水；嚣水也发源于这里，向北流入汤水。山上长着很多桃枝竹和钩端竹，兽多为犀牛、兕、熊和罴，鸟多为白翰和赤鷩。有一种草，它长着蕙兰那样的叶子，桔梗那样的根，开黑色的花，不结果实，名字叫蓇蓉，人吃了它会丧失生育能力。

【注释】

①嶓冢之山：即嶓冢山，山名，在今甘肃天水与礼县之间。　　②沔：即沔水，水名，古代把汉水源出今陕西留坝的一支称为沔水，也把汉水通称为沔水，又把沔水入江以后，今湖北省武汉市以下的长江亦通称沔水。　　③嚣水：水名，具体所指未详。　　④汤水：水名，具体所指未详。汤：有的本子作“阳”。　　⑤桃枝：指桃枝竹。一种赤皮竹，可以织席作杖。　　⑥钩端：竹名，具体所指未详。一说现名刺竹，主枝茎及各节上有刺。

⑦兕：见 1.30 注③。　　⑧罴：即棕熊，哺乳动物，身体大，多为棕褐色，能爬树，会游泳。

⑨白翰：鸟名，即白雉，白色羽毛的野鸡。又为白鹇（xián）的别名。　　⑩赤鷩：山鸡的一种。

⑪蕙：即蕙兰，兰花的一种，初夏开黄绿色花，有香气。　　⑫本：草木的茎或根。　　⑬桔梗：多年生草本植物，叶子卵形或卵状披针形，开暗蓝色或暗紫白色花，根可入药。　　⑭华：同“花”。

⑮蓇蓉：草名，具体所指未详。

2.15 又西三百五十里，曰天帝之山①，上多棕②楠③，下多菅（jiān）④蕙。有兽焉，其状如狗，名曰谿（xī）边⑤，席⑥其皮者不蛊⑦。有鸟焉，其状如鹑⑧，黑文而赤翁⑨，名曰栎（lì）⑩，食之已⑪痔⑫。有草焉，其状如葵，其臭（xiù）⑬如蘪（mí）芜⑭，名曰杜衡⑮，可以走马⑯，食之已瘿（yǐng）⑰。

【译文】

　　再向西三百五十里是天帝山，山上长着很多棕榈和楠木，山下长着很多菅茅和蕙兰。山中有一种兽，它的形状像狗，名字叫谿边，坐卧时把它的皮垫在身下，可以不得蛊疾。山中有一种鸟，它的形状像鹌鹑，身上有黑色的花纹，颈上的毛呈红色，名字叫栎，人吃了它的肉可以治疗痔疮。山中有一种草，它的形状像葵，气味与蘪芜相似，名字叫杜衡，骑马的人把它佩带在身上，可以使马跑得快；吃了它可以治疗颈上长囊状瘤子的病。

【注释】

①天帝之山：即天帝山，山名，具体所指未详。一说当在今甘肃境内。

②棕：指棕榈。　③楠：见 1.24 注③。　④菅：见 1.10 注⑩。

⑤谿边：古代传说中的兽名。有的本子作"谷遗"。　⑥席：指布席而坐。

⑦蛊：见 1.8 注③。　⑧鹑：即鹌鹑。

⑨翁：鸟颈上的毛。　⑩栎：传说中的鸟名。一说即红腹鹰，是一种猛禽。

⑪已：治愈。　⑫痔：痔疮。

⑬臭：气味。　⑭蘪芜：见 2.9 注⑧。

⑮杜衡：亦作杜蘅，多年生草本植物，叶宽心形至肾状心形，叶柄长，单花顶生，结蒴（shuò）果。　⑯走马：这里指骑马的人把它佩带在身上，可以使马跑得快。　⑰瘿：长在颈上的囊状瘤子。

2.16 西南三百八十里，曰皋涂之山①，蔷（sè）水②出焉，西流注于诸资之水③；涂水④出焉，南流注于集获之水⑤。其阳多丹粟⑥，其阴多银、黄金，其上多桂木。有白石焉，其名曰礜（yù）⑦，可以毒鼠。有草焉，其状如槁茇（gǎobá）⑧，其叶如葵而赤背，名曰无条⑨，可以毒鼠。有兽焉，其状如鹿而白尾，马足人手而四角，名曰玃（yīng）如⑩。有鸟焉，其状如鸱（chī）⑪而人足，名曰数斯⑫,食之已瘿。

獀如

数斯

【译文】

　　向西南三百八十里是皋涂山,蔷水发源于这里,向西流入诸资水;涂水也发源于这里,向南流入集获水。山的阳面有很多细丹砂,山的阴面有很多银和黄金,山上长着很多桂树。山中有一种白色的石头,名字叫礜,可以用来毒杀老鼠。山中有一种草,形状像稾茇,叶子与葵叶相似,叶背呈红色,名字叫无条,可以用来毒杀老鼠。山中有一种兽,形状像鹿,长着白色的尾巴,马一样的脚,人一样的手,有四只角,名字叫獀如。山中有一种鸟,形状像鹞鹰,长着人一样的脚,名字叫数斯,人吃了它的肉可以治疗颈上长囊状瘤子的病。

【注释】

①皋涂之山:即皋涂山,山名,具体所指未详。一说应在今甘肃境内。

②蔷水:水名,具体所指未详。

③诸资之水:即诸资水,水名,具体所指未详。　④涂水:水名,具体所指未详。　⑤集获之水:即集获水,水名,具体所指未详。

⑥丹粟:见 1.11 注⑧。　⑦礜:即礜石,一种性热含毒的矿石,也叫毒砂,可入药,也可杀鼠。

⑧稾茇:香草名。一说即藁(gǎo)本,多年生草本植物,开白色小花,根可入药。　⑨无条:植物名,具体所指未详。　⑩獀如:传说中的异兽名。獀:一说应作"玃"(jué)。　⑪鹞:见 1.11 注⑭。

⑫数斯:传说中的一种鸟。

　　2.17 又西百八十里,曰黄山①,无草木,多竹箭②。盼水③出焉,西流注于赤水④,其中多玉。有兽焉,其状如牛而苍黑,大目,其名曰㟍(mǐn)⑤。有鸟焉,其状如鸮(xiāo)⑥,青羽赤喙,人舌能言,名曰鹦鹉(wǔ)⑦。

【译文】

再向西一百八十里是黄山,山中不长草木,长着很多细竹。盼水发源于这里,向西流入赤水,水中有很多玉。山中有一种兽,形状像牛,灰黑色,眼睛很大,它的名字叫㺄。有一种鸟,它的形状像猫头鹰,长着青色的羽毛,红色的嘴,还有人一样的舌头,会说话,名字叫鹦鹉。

【注释】

①黄山:山名,具体所指未详。非今安徽之黄山。一说应在今青海境内。

②竹箭:细竹。一说指箭竹。

③盼水:水名,具体所指未详。一说"盼"字有误。 ④赤水:水名,具体所指未详。一说这里指黄河。

⑤㺄:传说中一种似牛的野兽。一说即每牛,是一种身体矮小的野生牛。

⑥鸮:鸟名,又称猫头鹰。 ⑦鹦鸮:即鹦鹉。

2.18 又西二百里,曰翠山①,其上多棕②楠③,其下多竹箭④,其阳多黄金、玉,其阴多旄(máo)牛⑤、麢(líng)⑥、麝(shè)⑦;其鸟多鸓(lěi)⑧,其状如鹊,赤黑而两首四足,可以御火。

鸓

【译文】

再向西二百里是翠山,山上长着很多棕榈和楠木,山下长着很多细竹,山的阳面有很多黄金和玉,阴面有

【注释】

①翠山:山名,具体所指未详。

②棕:指棕榈。 ③楠:见1.24注③。

④竹箭:细竹。一说指箭竹。 ⑤旄牛:即牦牛,牛的一种,全身有长毛,腿

很多牦牛、羚羊和麝;山中的鸟多为鸓,它的形状像喜鹊,红黑色,有两个脑袋,四只脚,可以用来防火。

⑥麢:同"羚",指羚羊。
⑦麝:哺乳动物,外形像鹿而小,前腿短,后腿长,善于跳跃,也叫香獐子。
⑧鸓:传说中的一种鸟。

2.19 又西二百五十里,曰騩(guī)山①,是錞(chún)②于西海③,无草木,多玉。凄水④出焉,西流注于海,其中多采石⑤、黄金,多丹粟⑥。

【译文】
　　再向西二百五十里是騩山,它蹲踞于西海之畔,山中不长草木,有很多玉。凄水发源于这里,向西流入大海,水中有很多彩色的石头、黄金和细丹砂。

【注释】
①騩山:山名,具体所指未详。一说即今青海西宁的日月山。　②錞:这里相当于"蹲",指蹲踞的意思。　③西海:一说这里指今青海湖。　④凄水:古代传说中的水名。一说即今倒淌河。　⑤采石:彩色的石头。　⑥丹粟:见1.11注⑧。

2.20 凡西经之首,自钱来之山①至于騩山,凡十九山,二千九百五十七里。华山②冢③也,其祠④之礼:太牢⑤。羭(yú)山⑥神也,祠之用烛⑦,斋⑧百日以百牺⑨,瘗(yì)⑩用百瑜⑪,汤⑫其酒百樽(zūn)⑬,婴⑭以百珪(guī)⑮百璧。其余十七山之属,皆毛牷(quán)⑯用一羊祠之。烛者,百草之未灰,白席采⑰等⑱纯⑲之。

【译文】
　　总计西山经中首列山系中的山,从首座钱来山到騩山,共十九座山,长为二千九百五十七里。华山在其中处于统领地位,祭祀其山神时用牛、羊、猪三牲齐备的太牢之礼。

【注释】
①钱来之山:见2.1注②。　②华山:见2.1注①。　③冢:这里当指居于统领地位。　④祠:祭祀。　⑤太牢:祭祀时用作祭品的牛、羊、猪三牲齐备。　⑥羭山:指羭次山,见2.10注①。　⑦烛:照明用的

瑜次山的山神很神妙，祭祀时用火炬，先斋戒一百天，用一百头毛色纯一的牲畜作祭品，把一百块美玉埋在地下，烫一百杯酒，用一百支圭和一百块璧作为山神的颈饰。其余十七座山的山神，都用一头毛色纯一的全羊来祭祀。所谓烛，是指还没有烧成灰的百草，祭神用的白色席子用有彩色花纹的丝织物来分别镶边。

火炬。　⑧斋：斋戒，指祭祀前洁净身心，以示虔诚。　⑨牲：古代指供祭祀用的毛色纯一的牲畜。　⑩瘗：埋葬。　⑪瑜：美玉。　⑫汤：指烫（酒）、温（酒）。　⑬樽：酒杯。　⑭婴：颈饰。　⑮珪：同"圭"，古代祭祀时用的条状玉器，上尖下方。　⑯毛牷：带毛的纯色的全牲。牷：纯色的全牲。　⑰采：有彩色花纹的丝织物。　⑱等：分等；区别。　⑲纯：镶边。

【解读】

　　"烛"通常指蜡烛，但在中国古代，也指照明用的火炬。这里所谓的"烛"，指的就是照明用的火炬，它用百草扎束而成。文中所谓的"未灰"，即未烧成灰烬或未点燃之意。有的学者认为，"烛者，百草之未灰"一句系后人注释杂入经文，如毕沅在《山海经新校正》中说："此亦周秦人释语，旧本乱入经文，今别行。"

二、西次二经

【解读】

　　西次二经共记述了十七座山，位于西山一经所记的山列的北面。这些山的具体位置大多难以确定，但它们大致位于今陕西、山西、甘肃、宁夏、青海等境内。

　　本经中记述的奇禽怪兽很少，仅有形状如翟（dí）而五彩斑斓的鸾鸟和形状如雄鸡而人面的凫徯（fúxī）两种，其余多为人们所熟知的虎、豹、羚羊、鹦鹉等。

　　2.21　西次二经之首，曰钤（qián）山①，其上多铜，其下多玉，其木多杻（niǔ）②檀（jiāng）③。

【译文】

西山经中第二列山系中的首座山叫作钤山,山上有很多铜,山下有很多玉,山中的树木多为杻树和檀树。

【注释】

①钤山:山名,具体所指未详。一说在今陕西境内。　②杻:见2.7注②。　③檀:见2.7注③。

2.22　西二百里,曰泰冒之山①,其阳多金,其阴多铁。浴水②出焉,东流注于河③,其中多藻玉④,多白蛇。

【译文】

向西二百里是泰冒山,山的阳面有很多金,阴面有很多铁。浴水发源于这里,向东流入黄河,水中有很多带彩纹的玉,还有很多白蛇。

【注释】

①泰冒之山:即泰冒山,山名,具体所指未详。一说在今陕西境内。　②浴水:水名,具体所指未详。浴:一说应作"洛";一说应作"洽"。　③河:指黄河。《山海经》中的"河",多指黄河。④藻玉:有彩纹的玉。

2.23　又西一百七十里,曰数历之山①,其上多黄金,其下多银,其木多杻(niǔ)②檀(jiāng)③,其鸟多鹦䳎(wǔ)④。楚水⑤出焉,而南流注于渭⑥,其中多白珠⑦。

【译文】

再向西一百七十里是数历山,山上有很多黄金,山下有很多银,山中的树木多为杻树和檀树,鸟多为鹦䳎。楚水发源于这里,向南流入渭河,水中有很多白珠。

【注释】

①数历之山:即数历山,山名,具体所指未详。一说应在今陕西铜川北。②杻:见2.7注②。　③檀:见2.7注③。　④鹦䳎:即鹦鹉。⑤楚水:水名,具体所指未详。⑥渭:见2.2注③。　⑦珠:珍珠。也指玉珠。

2.24　又西百五十里,曰高山①,其上多银,其下多青碧②、雄黄③,其木多棕④,其草多竹⑤。泾水⑥出焉,而东流注于渭,其中多磬(qìng)石⑦、青碧。

【译文】

再向西一百五十里是高山，山上有很多银，山下有很多青玉石和雄黄，山中生长的树木多为棕榈，生长的草多为萹竹。泾水发源于这里，向东流入渭河，水中有很多适宜制磬的美石及青玉石。

【注释】

①高山：山名，具体所指未详。　②青碧：一种青玉石。　③雄黄：矿物，成分是硫化砷，橘黄色，有光泽。也叫鸡冠石。④棕：指棕榈。　⑤竹：草名。这里当指萹（biān）竹，又名萹蓄，一年生草本植物，叶狭长似竹。　⑥泾水：水名，即今泾河，源出宁夏南部六盘山东麓，至陕西高陵县境入渭河。　⑦磬石：适宜制磬的美石。

2.25　西南三百里，曰女床之山①，其阳多赤铜，其阴多石涅②，其兽多虎、豹、犀、兕（sì）③。有鸟焉，其状如翟（dí）④而五彩文，名曰鸾鸟⑤，现则天下安宁。

【译文】

向西南三百里是女床山，山的阳面有很多赤铜，阴面有很多石涅，山中的兽多为虎、豹、犀牛和兕。山中有一种鸟，它的形状像长尾的野鸡，身上有五彩的斑纹，名字叫鸾鸟，只要它一出现，天下就会太平安定。

【注释】

①女床之山：即女床山，山名，具体所指未详。一说即今陕西岐山。②石涅：黑石脂的别名。一种可用来画眉的青黑色颜料。③兕：见1.30注③。　④翟：长尾的野鸡。　⑤鸾鸟：传说中凤凰一类的鸟。

2.26　又西二百里，曰龙首之山①，其阳多黄金，其阴多铁。苕（tiáo）水②出焉，东南流注于泾水③，其中多美玉。

【译文】

再向西二百里是龙首山，山的阳面有很多黄金，阴面有很多铁。苕水发源于这里，向东南流入泾河，水中有很多美玉。

【注释】

①龙首之山：即龙首山，山名，具体所指未详。一说在今陕西境内。　②苕水：水名，具体所指未详。一说在今陕西境内。与1.17中的苕水不同。③泾水：见2.24注⑥。

2.27 又西二百里，曰鹿台之山①，其上多白玉，其下多银，其兽多柞（zuó）牛②、羬（qián）羊③、白豪④。有鸟焉，其状如雄鸡而人面，名曰凫徯（fúxī）⑤，其名自叫也，见（xiàn）则有兵。

凫徯

【译文】

再向西二百里是鹿台山，山上有很多白玉，山下有很多银，山中的兽多为柞牛、羬羊和白色的豪猪。山中有一种鸟，它的形状像雄鸡，长着人一样的脸，名字叫凫徯，它的名字是根据其叫声而取的，这种鸟一出现，天下就会发生战争。

【注释】

①鹿台之山：即鹿台山，山名，具体所指未详。　②柞牛：山牛名。　③羬羊：见2.1注④。　④白豪：白色豪猪。豪：即箭猪，又叫豪猪，见2.8注⑲。　⑤凫徯：传说中的一种鸟。

2.28 西南二百里，曰鸟危之山①，其阳多磬（qìng）石②，其阴多檀③楮（chǔ）④，其中多女床⑤。鸟危之水⑥出焉，西流注于赤水⑦，其中多丹粟⑧。

【译文】

向西南二百里是鸟危山，山的阳面有很多适宜制磬的美石，阴面长着很多檀树和构树，山中还长着很多女床。鸟危水发源于这

【注释】

①鸟危之山：即鸟危山，山名，具体所指未详。一说在今甘肃境内。　②磬石：适宜制磬的美石。　③檀：檀树，植物名，有青檀、紫檀等。　④楮：即构树，落叶乔木，叶子卵形，开淡绿色花。　⑤女床：植物名，具体所指未详。　⑥鸟危之水：即鸟危水，

里,向西流入赤水,水中有很多细丹砂。

水名,具体所指未详。　⑦赤水:见2.17注④。　⑧丹粟:见1.11注⑧。

2.29　又西四百里,曰小次之山①,其上多白玉,其下多赤铜。有兽焉,其状如猿而白首赤足,名曰朱厌②,见(xiàn)则大兵。

【译文】

　　再向西四百里是小次山,山上有很多白玉,山下有很多赤铜。山中有一种兽,它的形状像猿,长着白色的脑袋,红色的脚,名字叫朱厌,只要它一出现,天下就会发生大的战争。

【注释】

①小次之山:即小次山,山名,具体所指未详。　②朱厌:传说中的一种兽。

2.30　又西三百里,曰大次之山①,其阳多垩(è)②,其阴多碧③,其兽多㹠(zuó)牛④、麢(líng)⑤羊。

【译文】

　　再向西三百里是大次山,山的阳面有很多垩,阴面有很多碧,山中的兽多为㹠牛和羚羊。

【注释】

①大次之山:即大次山,山名,具体所指未详。　②垩:白色泥土。也泛指泥土。　③碧:青绿色或青白色的玉。　④㹠牛:山牛名。　⑤麢:同"羚",指羚羊。

2.31　又西四百里,曰薰吴之山①,无草木,多金玉。

【译文】

　　再向西四百里是薰吴山,山中不长草木,有很多金和玉。

【注释】

①薰吴之山:即薰吴山,山名,具体所指未详。

2.32　又西四百里,曰厎(zhǐ)阳之山①,其木多㮈(jì)②、楠③、豫章④,其兽多犀、兕(sì)⑤、虎、犳(zhuó)⑥、㹠(zuó)牛⑦。

【译文】

　　再向西四百里是厎阳山,山中

【注释】

①厎阳之山:即厎阳山,山名,具体所指未详。厎:有的本子作"厒",有的本子作"厎"。　②㮈:木

生长的树木多为水松、楠木和樟树,兽多为犀牛、兕、虎、豹和柞牛。

名,即水松,与松柏相似,有刺。《宋本山海经》作"稷",应改。　　③楠:见1.24注③。　　④豫章:木名,即樟树,常绿乔木,木质坚固细致,有香气。一说豫指枕木,章指樟木。　　⑤兕:见1.30注③。　　⑥豹:传说中的一种兽。一说即"豹"。　　⑦柞牛:山牛名。

2.33 又西二百五十里,曰众兽之山①,其上多琈玗(tūfú)②之玉,其下多檀③楮(chǔ)④,多黄金,其兽多犀兕。

【译文】
　　再向西二百五十里是众兽山,山上有很多琈玗玉,山下长着很多檀树和构树,有很多黄金,山中的兽多为犀牛和兕。

【注释】
①众兽之山:即众兽山,山名,具体所指未详。　　②琈玗:美玉名。③檀:见2.28注③。　　④楮:见2.28注④。

2.34 又西五百里,曰皇人之山①,其上多金玉,其下多青雄黄②。皇水③出焉,西流注于赤水④,其中多丹粟⑤。

【译文】
　　再向西五百里是皇人山,山上有很多金和玉,山下有很多青膗和雄黄。皇水发源于这里,向西流入赤水,水中有很多细丹砂。

【注释】
①皇人之山:即皇人山,山名,具体所指未详。　　②青雄黄:指青和雄黄。青指青膗(huò),见1.8注②;雄黄见2.24注③。③皇水:水名,具体所指未详。　　④赤水:见2.17注④。　　⑤丹粟:见1.11注⑧。

2.35 又西三百里,曰中皇之山①,其上多黄金,其下多蕙②棠③。

【译文】
　　再向西三百里是中皇山,山上有很多黄金,山下长着很多蕙兰和棠梨。

【注释】
①中皇之山:即中皇山,山名,具体所指未详。②蕙:见2.14注⑪。　　③棠:即棠梨,也叫杜梨,落叶乔木,叶子长圆形或菱形,开白色花,果实略呈球形。

2.36 又西三百五十里,曰西皇之山①,其阳多金,其阴多铁,其兽多麋(mí)②、鹿、㸲(zuó)牛③。

【译文】

再向西三百五十里是西皇山,山的阳面有很多金,阴面有很多铁,山中的兽多为麋、鹿和㸲牛。

【注释】

①西皇之山:即西皇山,山名,具体所指未详。
②麋:哺乳动物,毛淡褐色,雄的有角,角像鹿角,尾像驴尾,蹄像牛蹄,颈像骆驼颈,但整体看来与哪种动物都不像,故又叫四不像。 ③㸲牛:山牛名。

2.37 又西三百五十里,曰莱山①,其木多檀②楮(chǔ)③,其鸟多罗罗④,是食人。

【译文】

再向西三百五十里是莱山,山中生长的树木多为檀树和构树,山中的鸟多为罗罗,会吃人。

【注释】

①莱山:山名,具体所指未详。 ②檀:见2.28注③。 ③楮:见2.28注④。
④罗罗:鸟名,具体所指未详。一说当属兀鹫、秃鹫之类。

2.38 凡西次二经之首,自钤(qián)山①至于莱山,凡十七山,四千一百四十里。其十神者,皆人面而马身。其七神皆人面牛身,四足而一臂,操杖以行,是为飞兽之神②。其祠③之:毛④用少牢⑤,白菅(jiān)⑥为席。其十辈神者,其祠之:毛一雄鸡,钤而不糈(xǔ)⑦,毛采⑧。

西次二经山神

【译文】

　　总计西山经中第二列山系中的山，从首座钤山到莱山，共十七座山，长为四千一百四十里。其中的十位山神都是人面马身。另外的七位山神都是人面牛身，有四条腿，一只胳膊，手持拐杖而行，他们是奔走如飞的兽形之神。祭祀他们的方法是：用羊和猪为祭品，用白茅铺成山神的座席。另外十位山神的祭祀方法是：用一只雄鸡为祭品，祈祷时不用精米，所用的雄鸡须是杂色的。

【注释】

①钤山：见 2.21 注①。　②飞兽之神：呈兽形的奔走如飞的神。　③祠：祭祀。　④毛：见 1.10 注⑤。　⑤少牢：供祭祀用的羊和猪。　⑥菅：见 1.10 注⑩。　⑦钤而不糈：所指未详。一说指祈祷时不用精米（钤：即"祈"。糈：祭神用的精米）。　⑧毛采：指杂色的雄鸡。

三、西次三经

【解读】

　　西次三经共记述了二十二座山（2.61 中称是二十三座山），位于西次二经所记山列的北面。这些山的具体位置大多难以考定，但它们大致应位于今新疆、甘肃、青海、内蒙古等境内。

　　本经的内容较为丰富，这主要体现在两个方面：一是记述了为数众多的奇禽怪兽，如只有一只眼睛和翅膀的蛮蛮鸟，形状如蛇而长有四足的鳎（huá）鱼，五尾一角的狰（zhēng），一首三身的鸱（chī）鸟，三首六尾的鹌鸰（qíyú）鸟，等等；二是记载了不少历史人物和神名，如黄帝、后稷、白帝少昊、西王母、帝江神等，它不仅使《山海经》的内容显得生动、丰富，也为我们了解上古历史和文化提供了丰富的素材。

　　2.39 西次三经之首，曰崇吾之山①，在河之南，北望冢遂②，南望䍃（yáo）之泽③，西望帝④之搏兽之丘⑤，东望蟎（yān）渊⑥。有木焉，员⑦叶而白柎（fū）⑧，赤华⑨而黑理，其实如枳（zhǐ）⑩，食之宜子孙。有兽焉，其状如禺（yù）⑪而文臂⑫，豹虎⑬而善投，名曰举父⑭。有鸟焉，其状如凫（fú）⑮而一翼一目，相得乃飞，名曰蛮蛮⑯，见（xiàn）则天下大水。

举父　　　　　　　　　　　　　　蛮蛮

【译文】

　　西山经中第三列山系中的首座山叫崇吾山,在黄河的南面,北面可以看见冢遂山,南面可以看见㟴之泽,西面可以看见天帝曾经搏杀猛兽的丘陵,东面可以看见螞渊。山中有一种树,长着圆圆的叶子,白色的花萼,开红色的花,有黑色的纹理,所结的果实与枳相似,吃了能多子多孙。山中有一种兽,它的形状像猕猴,上肢有花纹,长着豹一样的尾巴,擅长投掷,名字叫举父。山中有一种鸟,它的形状像野鸭,但只有一只翅膀和一只眼睛,必须与另一只与它一样的鸟合在一起才能飞,名字叫蛮蛮,只要它一出现,天下就会发大水。

【注释】

①崇吾之山:即崇吾山,山名,具体所指未详。　②冢遂:山名,具体所指未详。　③㟴之泽:水名,具体所指未详。　④帝:一说指黄帝;一说指天帝。

⑤搏兽之丘:搏杀猛兽的丘陵。一说指山名,即搏兽丘,具体所指未详。　⑥螞渊:一说即"盐渊",指茶卡盐湖。　⑦员:同"圆"。

⑧柎:花萼(è)房或子房。

⑨华:同"花"。　⑩枳:见 2.9 注③。　⑪禺:见 1.1 注⑪。

⑫臂:动物的前肢。　⑬虎:疑是"尾"字之误。　⑭举父:兽名。举:一说应作"夸"。

⑮凫:水鸟名,俗称野鸭。

⑯蛮蛮:即比翼鸟,是传说中的一种鸟。

　　2.40 西北三百里,曰长沙之山①,泚(zǐ)水②出焉,北流注于泑(yōu)水③,无草木,多青雄黄④。

【译文】　　　　　　　　　　【注释】

　　向西北三百里是长沙山，泚水发源于这里，向北流入渝水，山中不长草木，有很多青雘和雄黄。

①长沙之山:即长沙山,山名,具体所指未详。一说可能在今新疆境内。　②泚水:古水名,具体所指未详。　③渝水:古水名,具体所指未详。　④青雄黄:见2.34注②。

2.41　又西北三百七十里,曰不周之山①,北望诸毗(pí)②之山,临彼岳崇之山③,东望泑泽④,河水所潜也,其源浑(gǔn)浑泡(páo)泡⑤。爰(yuán)⑥有嘉果,其实如桃,其叶如枣,黄华⑦而赤柎(fū)⑧,食之不劳⑨。

【译文】

　　再向西北三百七十里是不周山,它的北面可以看见诸毗山,面对着岳崇山,东面可以看见泑泽,是黄河水从地下潜流的地方,源头之水流出的地方发出巨大的喷涌声。这里有一种能结鲜美果实的果树,果实的形状像桃,叶子像枣树叶,开黄色的花,长着红色的花萼,吃了这种果实能让人感觉不到疲劳。

【注释】

①不周之山:即不周山,山名,具体所指未详。　②诸毗:见1.11注④。　③岳崇之山:即岳崇山,山名,具体所指未详。
④泑泽:水名,具体所指未详。
⑤浑浑泡泡:大水奔流时的喷涌之声。　⑥爰:这里;那里。
⑦华:同"花"。　⑧柎:花萼(è)房或子房。　⑨劳:疲劳。
一说指忧愁。

【解读】

　　不周山位于何处,迄今难以确定,但历史上关于不周山则有不少传说。如据《淮南子·天文训》记载:"昔者共工与颛顼(zhuānxū)争为帝,怒而触不周之山,天柱折,地维绝。"共工是传说中古代的部落首领,生活于伏羲、神农之间。颛顼亦是古代的部落首领,是黄帝之孙。共工和颛顼争夺帝位,共工发怒撞倒了不周山,导致撑天的柱子被折断,系地的大绳子被拉断。这里所说的不周山,通常认为在位于西北方的昆仑之西北。关于为什么称此山为不周山,郭璞认为是因为其山形缺损不全。据此,有的学者认为,不周山所指应为一山口,有风从此山口吹出。

▲共工怒触不周山图，选自绘于清代的《钦定补绘萧云从〈离骚〉全图》。

国学经典详注·全译·精解

2.42 又西北四百二十里,曰崇(mì)山①,其上多丹木②,员③叶而赤茎,黄华而赤实,其味如饴④,食之不饥。丹水⑤出焉,西流注于稷泽⑥,其中多白玉,是有玉膏⑦,其源沸沸汤(shāng)汤⑧,黄帝⑨是食是飨(xiǎng)⑩。是生玄⑪玉。玉膏所出,以灌丹木,丹木五岁,五色乃清,五味乃馨。黄帝乃取崇山之玉荣⑫,而投之钟山⑬之阳。瑾(jǐn)瑜⑭之玉为良,坚粟⑮精密,浊泽⑯有而⑰光。五色发作⑱,以和柔刚⑲。天地鬼神,是食是飨;君子服⑳之,以御不祥。自崇山至于钟山,四百六十里,其间尽泽也,是多奇鸟、怪兽、奇鱼,皆异物焉。

【译文】

再向西北四百二十里是崇山,山上长着很多丹木,圆圆的叶子,红色的茎干,开黄色的花,结红色的果实,味道甜如糖浆,吃了让人不感到饥饿。丹水发源于这里,向西流入稷泽,水中有很多白玉,这里还有玉膏,玉膏涌出的地方沸腾奔涌,黄帝便享用这种玉膏。由玉膏又生出黑玉。用玉膏所出之地的液体来灌溉丹木,经过五年,丹木会呈现出五种清新的色彩,并发出五种芬芳的香味。黄帝于是取崇山中最精美的玉,把它投到钟山的阳面。结果生出了优良的瑾瑜美玉,坚硬而有粟状的纹理,极为精密细致,厚重润泽而有光彩。它发出的五种颜色相互映衬,使阴柔与阳刚和谐协调。天地间的鬼神都来享用这种美玉;君子把它佩带在身

【注释】

①崇山:山名,具体所指未详。一说应在今青海境内。 ②丹木:木名,具体所指未详。 ③员:同"圆"。 ④饴:糖浆;糖稀。 ⑤丹水:水名,具体所指未详。 ⑥稷泽:水名,具体所指未详。 ⑦玉膏:玉的脂膏,古代传说中的仙药。 ⑧沸沸汤汤:形容玉膏涌出时腾涌的样子。 ⑨黄帝:传说中中原各族的共同祖先,姬姓,少典之子,号轩辕氏、有熊氏,曾打败炎帝和蚩(chī)尤。 ⑩飨:通"享",指祭祀,亦泛指享用。 ⑪玄:黑色。 ⑫玉荣:即玉华,指最精美的玉。 ⑬钟山:见2.43注①。 ⑭瑾瑜:二美玉名。泛指美玉。 ⑮坚粟:坚硬而有粟状纹。粟:一说应作"栗"。 ⑯浊泽:厚重而润泽。 ⑰有而:应作"而

上，可以防御各种不祥之事。从崾山到钟山有四百六十里，其间都是池泽，那里有很多奇鸟、怪兽和奇鱼，都是怪异罕见的动物。

有"。　⑱发作：表现；显现。这里指焕发的光彩互相映衬。　⑲柔刚：指事物阴柔和阳刚的性质。　⑳服：佩带。

【解读】

　　黄帝把崾山中最精美的玉投到钟山的阳面，居然生长出了优良的瑾瑜美玉，这样的情形无疑令人神往。类似的说法亦见于《搜神记》卷十一。其中称，杨伯雍是洛阳人，独自在无终山上生活，一天，有个人给了他一斗石子，称种下去后可长出玉来。杨伯雍把石子种下去后，果然从石子上长出了玉。当时有一个徐姓望族，他家的女儿很有德行。杨伯雍前去求婚，徐家人认为他狂妄，便戏弄他说，如果你拿得出一对白璧，便把女儿嫁给你。杨伯雍到他所种的玉田中，取得了五对白璧，把它们作为聘礼，徐家人大吃一惊，只好答应这门亲事。其实，玉不管如何精美，终究是一种石头，因此，所谓种玉而长出新玉之说，反映的只是人们一种美好的想象。

　　2.43　又西北四百二十里，曰钟山①。其子②曰鼓，其状如人面而龙身，是与钦䲹（pí）③杀葆江④于昆仑⑤之阳，帝⑥乃戮之钟山之东，曰崾（yáo）崖⑦。钦䲹化为大鹗（è）⑧，其状如雕而黑文白首，赤喙而虎爪，其音如晨鹄（hú）⑨，见（xiàn）则有大兵。鼓亦化为鵕（jùn）鸟⑩，其状如鸱（chī）⑪，赤足而直喙，黄文而白首，其音如鹄，见即其邑⑫大旱。

鼓

【译文】

再向西北四百二十里是钟山。钟山山神之子的名字叫鼓,他的形状是人面龙身,他与钦䲹一起在昆仑山的阳坡杀死了葆江,天帝便把他们杀死在钟山东面的峣崖。钦䲹死后变成了一只大鹗,形状像雕,黑色的斑纹,白色的脑袋,红色的嘴,长着虎一样的爪子,发出的声音与晨鹄的叫声相似,只要它一出现,就会发生大的战争。鼓死后也变成了一只鵕鸟,形状像鹞鹰,长着红色的脚,笔直的嘴,黄色的斑纹,白色的脑袋,发出的声音与天鹅的叫声相似,它在哪个地方出现,哪个地方就会发生大旱。

【注释】

①钟山:山名,具体所指未详。一说在今青海境内;一说在今新疆境内。
②其子:这里指钟山山神的儿子。
③钦䲹:传说中的神名。　④葆江:一说是人名;一说是神名。葆:有的本子作"祖"。　⑤昆仑:山名。古今所谓昆仑山具体所指存在区别。古代所谓昆仑山在今甘肃境内,现代所指昆仑山横贯新疆、西藏之间,向东延伸入青海境内。《山海经》中多次提到昆仑山,其所指应视具体情况而定。　⑥帝:天帝。一说指黄帝。　⑦峣崖:地名,具体所指未详。有的本子作"瑶岸"。
⑧鹗:鸟名,又名鱼鹰,背暗褐色,腹白色,常在水面上捕食鱼类。　⑨晨鹄:鸟名,具体所指未详。鹄也叫天鹅。
⑩鵕鸟:传说中的一种鸟。　⑪鹞:见1.11注⑭。　⑫邑:人民聚居的地方。

2.44 又西百八十里,曰泰器之山①。观水②出焉,西流注于流沙③。是多文鳐(yáo)鱼④,状如鲤鱼,鱼身而鸟翼,苍文而白首,赤喙,常行西海⑤,游于东海⑥,以夜飞。其音如鸾鸡⑦,其味酸甘,食之已⑧狂,见(xiàn)则天下大穰(ráng)⑨。

【译文】

再向西一百八十里是泰器山。观水发源于这里,向西流入流沙。水中有很多文鳐鱼,形状像鲤鱼,长着鱼的身子,鸟的翅膀,灰白色的斑纹,

【注释】

①泰器之山:即泰器山,山名,具体所指未详。一说在今甘肃境内;一说在今新疆境内。　②观水:水名,具体所指未详。　③流沙:沙漠。沙常因风吹而流动,故称。古时也指中国

白色的头，红色的嘴，常常在西海活动，并游向东海，夜里常跃出水面飞翔。它的叫声与鸳鸡相似，肉味酸甜，吃了以后可以医治癫狂症，只要它一出现，天下就会获得大丰收。

西北的沙漠地区。　④文鳐鱼：传说中的鱼名。　⑤西海：水名，具体所指未详。　⑥东海：水名，具体所指未详。　⑦鸳鸡：鸟名，具体所指未详。"鸡"似应作"鸣"。　⑧已：治愈。　⑨穰：丰收。

文鳐鱼

2.45 又西三百二十里，曰槐江之山①。丘时之水②出焉，而北流注于泑（yōu）水③。其中多蠃（luó）母④。其上多青雄黄⑤，多藏⑥琅玕（lánggān）⑦、黄金、玉，其阳多丹粟⑧，其阴多采⑨黄金、银。实惟帝⑩之平圃⑪，神英招（sháo）⑫司⑬之，其状马身而人面，虎文而鸟翼，徇（xùn）⑭于四海，其音如榴⑮。南望昆仑⑯，其光熊熊，其气魂魂⑰；西望大泽⑱，后稷⑲所潜⑳也。其中多玉，其阴多榣（yáo）木㉑之有若㉒。北望诸毗（pí）㉓，槐鬼离仑㉔居之，鹰鹯（zhān）㉕之所宅也。东望恒山㉖四成㉗，有穷鬼㉘居之，各在一搏㉙。爰（yuán）㉚有淫（yáo）水㉛，其清洛洛㉜。有天神㉝焉，其状如牛而八足二首，马尾，其音如勃皇㉞，见（xiàn）则其邑㉟有兵。

【译文】

　　再向西三百二十里是槐江山。丘时水发源于这里，向北流入泑水。水中有很多螺。山上有

【注释】

①槐江之山：即槐江山，山名，具体所指未详。一说在今新疆境内；一说在今甘肃境内；一说在今新疆与青海交界处。

②丘时之水：即丘时水，水名，具体所指未

英招

天神

很多青膜和雄黄，还有很多上乘的琅玕、黄金和玉，山的阳面有很多细丹砂，阴面有很多带纹理色彩的黄金和银。这里其实是天帝的居处，由名叫英招的神负责管理，英招的形象是马身人面，身上有虎一样的斑纹，长着鸟一样的翅膀，在四海巡行，发出的声音像榴。向南边可以望见昆仑山，那里光焰升腾，云气缭绕；向西边可以望见大泽，后稷就埋葬在那里。山中有很多玉，山的阴面有很多长在大树上的若木。向北可以望见诸毗山，槐鬼离仑在那里居住，也是鹰和鹯栖息的

详。　③泑水：见 2.40 注 ③。
④嬴母：即蝜(pù)螺，指蜗牛之类。嬴：同"螺"。　⑤青雄黄：见 2.34 注 ②。
⑥藏：一说指隐藏、埋藏；一说即"臧"，指善、好。　⑦琅玕：似珠玉的美石。
⑧丹粟：见 1.11 注 ⑧。　⑨采：即符采，指纹理色彩等。　⑩帝：天帝。一说指黄帝。　⑪平圃：即"玄圃"，传说中天神的居处。　⑫英招：传说中的神名。
⑬司：管理；掌管。　⑭徇：巡行；巡视。
⑮榴：所指未详。一说在此为象声词。
⑯昆仑：见 2.43 注 ⑤。　⑰魂魂：盛大的样子。　⑱大泽：水名，具体所指未详。　⑲后稷：传说中教民耕种的人，是周族的始祖，尧舜时任农官。　⑳潜：隐藏。这里指埋葬。　㉑榣木：大木。
㉒若：指若木，神话中的神木名。　㉓诸毗：见 1.11 注 ④。　㉔槐鬼离仑：传说中的神名。离仑：山神名。一说槐鬼指槐江山之神。　㉕鹯：鸟名，也叫晨风，与鹞相似，青黄色。　㉖恒山：山名，具体

057

地方。向东可以望见四层重叠的恒山，有穷鬼在那里居住，并各处在山的一边。这里有瑶池，里面的水流极其清澈。有一位天神，他的形状像牛，长着八只脚，两个脑袋，马一样的尾巴，发出勃皇一样的声音，他在哪里出现，哪里就会有战争。

所指未详。非今北岳恒山。　㉗成：重；层。　㉘有穷鬼：鬼的名称。一说指氏族的名称。　㉙搏：胁，腋下肋骨所在的部位。这里指山的一边。　㉚爰：这里；那里。　㉛淫水：即瑶池，神话传说中神仙居住的地方。淫：《宋本山海经》作"滛"，应改。　㉜洛洛：同"落落"，指水流动的样子。　㉝天神：传说中的神名。　㉞勃皇：动物名，具体所指未详。一说是拟声词。　㉟邑：人民聚居的地方。

2.46 西南四百里，曰昆仑之丘①，是实惟帝②之下都③，神陆吾④司之。其神状虎身而九尾，人面而虎爪。是神也，司天之九部⑤及帝之囿（yòu）⑥时⑦。有兽焉，其状如羊而四角，名曰土蝼（lóu）⑧，是食人。有鸟焉，其状如蜂，大如鸳鸯，名曰钦原⑨，蠚（hē）⑩鸟兽则死，蠚木则枯。有鸟焉，其名曰鹑鸟⑪，是司帝之百服⑫。有木焉，其状如棠⑬，华黄⑭赤实，其味如李而无核，名曰沙棠⑮，可以御水，食之使人不溺。有草焉，名曰薲（pín）草⑯，其状如葵，其味如葱，食之已⑰劳⑱。河水出焉，而南流东注于无达⑲。赤水⑳出焉，而东南流注于氾（sì）天之水㉑。洋水㉒出焉，而西南流注于丑涂之水㉓。黑水㉔出焉，而西流于大杅（yú）㉕。是多怪鸟兽。

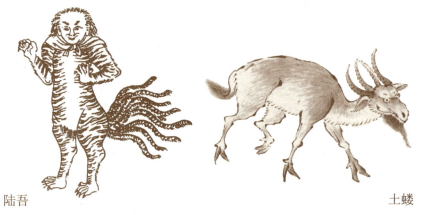

陆吾　　　　　　　　　　　　　　　　　　　　　　　　土蝼

【译文】

　　向西南四百里是昆仑丘,这里其实是天帝在下界的都城,由名叫陆吾的神负责管理。陆吾的形状是身体像虎,有九条尾巴,长着人一样的脸和虎一样的爪子。这位神还掌管着天上的九个部界以及天帝之范围的时令节气。山中有一种兽,它的形状像羊,长着四只角,名字叫土蝼,会吃人。山中有一种鸟,形状像蜂,大小与鸳鸯一样,名字叫钦原,它螫一下鸟兽,鸟兽就会死亡;螫一下树木,树木就会枯萎。山中还有一种鸟,它的名字叫鹑鸟,专门掌管天帝的各种器具服饰。山中有一种树木,它的形状像棠梨,开黄色的花,结红色的果实,果实的味道像李子,没有核,名字叫沙棠,可以用来防水,吃了这种果实后人就不会溺水。山中有一种草,名字叫蓇草,它的形状像葵,味道与葱相似,吃了它能使人不再忧愁。黄河发源于这里,向南流后又折向东流,并流入无达。赤水发源于这里,向东南流入汜天水。洋水发源于这里,向西南流入丑涂水。黑水发源于这里,向西流入大杅山附近的水体。昆仑山上有很多怪鸟和怪兽。

【注释】

①昆仑之丘:即昆仑丘,也叫昆仑山,见2.43注⑤。　②帝:指天帝。一说指黄帝。　③下都:在下界的都城。　④陆吾:传说中的昆仑山神名,即肩吾。
⑤天之九部:指天上的九个部界、区域。　⑥囿:养动物的园子。
⑦时:时节。　⑧土蝼:传说中的兽名。　⑨钦原:鸟名,具体所指未详。一说即蜂鸟。
⑩螫:毒虫咬刺。　⑪鹑鸟:传说中的赤凤。　⑫服:衣服;服饰。也泛指器服。　⑬棠:见2.35注③。　⑭华黄:应作"黄华"。华:同"花"。　⑮沙棠:木名,木材可造船,果实可食。
⑯蓇草:即赖草,是牲畜的良好饲料。　⑰已:治愈。　⑱劳:一说指疲劳;一说指忧愁。
⑲无达:水名。一说是山名,具体所指未详。　⑳赤水:水名,具体所指未详。　㉑汜天之水:即汜天水,水名,具体所指未详。汜:有的本子作"汜"。　㉒洋水:水名。具体所指未详。
㉓丑涂之水:即丑涂水,水名,具体所指未详。　㉔黑水:水名,具体所指未详。　㉕大杅:山名,具体所指未详。

▲ 元代《搜山图》（局部）中的各种怪鸟和怪兽。

2.47 又西三百七十里,曰乐游之山①。桃水②出焉,西流注于稷泽③,是多白玉,其中多鳛(huá)鱼④,其状如蛇而四足,是食鱼。

【译文】

　　再向西三百七十里是乐游山。桃水发源于这里,向西流入稷泽,水中有很多白玉,还有很多鳛鱼,它的形状像蛇,长着四只脚,专门吃鱼。

【注释】

①乐游之山:即乐游山,山名,具体所指未详。一说在今青海境内。　②桃水:水名,具体所指未详。　③稷泽:见2.42注⑥。　④鳛鱼:传说中的一种鱼。

鳛鱼

长乘

2.48 西水行四百里,曰流沙①,二百里至于嬴(luó)母之山②,神长乘③司④之,是天之九德⑤也。其神状如人而犳(zhuó)⑥尾。其山上多玉,其下多青石而无水。

【译文】

　　向西走四百里水路就到了流沙,再走二百里就到了嬴母山,名叫长乘的神掌管着这座山,他禀有天所具有的九种德行。长乘神

【注释】

①流沙:见2.44注③。

②嬴母之山:即嬴母山,山名,具体所指未详。嬴:《宋本山海经》作"嬴",应改。　③长乘:传说中

的外形像人，长着豹尾。山上有很多玉，山下有很多青石，没有水。

④司：主管；职掌。
⑤天之九德：天所具有的九种德行。
⑥豹：见2.32注⑥。

2.49 又西三百五十里，曰玉山①，是西王母②所居也。西王母其状如人，豹尾虎齿而善啸，蓬发戴胜③，是司天之厉④及五残⑤。有兽焉，其状如犬而豹文，其角如牛，其名曰狡⑥，其音如吠犬，见（xiàn）则其国大穰（ráng）⑦。有鸟焉，其状如翟（dí）⑧而赤，名曰胜（qìng）遇⑨，是食鱼，其音如录⑩，见则其国大水。

狡

【译文】

再向西三百五十里是玉山，这是西王母居住的地方。西王母的形状像人，长着豹一样的尾巴，虎一样的牙齿，善于长啸，蓬散着头发，头上戴着首饰，她掌管天上的灾疫及五刑残杀。山中有一种兽，形状像狗，身上有豹一样的斑纹，长着牛一样的角，它的名字叫狡，发出的声音像狗叫，它在哪个国家出现，哪个国家就会获大丰收。山中有一

【注释】

①玉山：山名，因山中多玉而得名，位置当在今新疆和田产玉的山区。　②西王母：古代神话传说中的女神，也叫瑶池金母、王母娘娘。据传住在昆仑山上的瑶池中。　③胜：古代人们戴在头上的一种饰物。
④厉：灾疫。一说指星名。
⑤五残：五刑残杀。一说指星名。
⑥狡：传说中的兽名。

种鸟,形状像长尾的野鸡,红色,名字叫胜遇,专门吃鱼,叫声像录,它在哪个国家出现,哪个国家就会发大水。

⑦穰:丰收。　⑧翟:长尾的野鸡。　⑨胜遇:古代传说中的鸟名。　⑩录:所指未详。一说疑为"鹿"。

【解读】

　　西王母俗称王母娘娘,是中国神话中的女神。在《山海经》中,西王母的形象比较怪异:形状像人,长着豹一样的尾巴,虎一样的牙齿,蓬散着头发,头上戴着首饰。在《穆天子传》里,西王母则是一个雍容平和、能唱歌谣的妇人。在后代小说、戏曲中,又称她为"瑶池金母",每逢蟠桃成熟时,便大开寿筵,诸仙都会来为她祝寿。

　　关于西王母与蟠桃,在《汉武帝内传》中有这样的记载:农历七月七日,西王母降临,把四颗蟠桃送给汉武帝,"帝食辄收其核,王母问帝,帝曰:'欲种之。'母曰:'此桃三千年一生实,中夏地薄,种之不生。'帝乃止"。意即西王母送给汉武帝四枚蟠桃,汉武帝每吃完一枚桃,就把桃核收起来。西王母问他做什么用,汉武帝说打算去种。西王母说:"这种桃三千年结一次果实,中原一带的土地不够肥沃,种了也不会生长。"

2.50　又西四百八十里,曰轩辕之丘①,无草木。洵(xún)水②出焉,南流注于黑水③,其中多丹粟④,多青雄黄⑤。

【译文】

　　再向西四百八十里是轩辕丘,山中不长草木。洵水发源于这里,向南流入黑水,水中有很多细丹砂,还有很多青膘和雄黄。

【注释】

①轩辕之丘:即轩辕丘,山名,是传说中黄帝娶嫘(léi)祖的地方,具体位置未详。
②洵水:水名,具体所指未详。与1.23中的洵水不同。　③黑水:见2.46注㉔。
④丹粟:见1.11注⑧。　⑤青雄黄:见2.34注②。

2.51　又西三百里,曰积石之山①,其下有石门,河水冒②以西流。是山也,万物无不有焉。

【译文】

再向西三百里是积石山，山下有道石门，黄河水从石门漫溢后向西奔流。在这座山上，什么样的东西都有。

【注释】

①积石之山：即积石山，山名，具体所指未详。　②冒：漫溢；覆盖。

2.52 又西二百里，曰长留之山①，其神白帝②少昊③居之。其兽皆文尾，其鸟皆文首。是多文玉石。实惟员神磈（wěi）氏④之宫。是神也，主司反景⑤。

【译文】

再向西二百里是长留山，这座山的山神白帝少昊居住在这里。山中的兽尾巴上都有花纹，山中的鸟头上都有斑纹。山中有很多带花纹的玉石。这里其实是员神磈氏的宫殿。这位神主管夕阳反照。

【注释】

①长留之山：即长留山，山名，具体所指未详。　②白帝：古代神话中的五位天帝之一，主西方之神。　③少昊：一作"少皞（hào）"，传说中远古东夷族的首领，名挚（一作"质"），号金天氏。传说少皞死后为西方之神。　④员神磈氏：传说中的神名。一说即少昊。　⑤反景：夕阳反照。

2.53 又西二百八十里，曰章莪（é）之山①，无草木，多瑶碧②。所为甚怪③。有兽焉，其状如赤豹，五尾一角，其音如击石，其名曰猙（zhēng）④。有鸟焉，其状如鹤，一足，赤文青质而白喙，名曰毕方⑤，其鸣自叫也，见（xiàn）则其邑⑥有讹火⑦。

猙　　　　　　　　　　　　　　　毕方

【译文】

再向西二百八十里是章莪山，山中不长草木，有很多瑶碧。山上的东西显得很怪异。山中有一种兽，形状像红色的豹，长着五条尾巴，一只角，叫声像敲击石头，它的名字叫狰。山中有一种鸟，形状像鹤，只有一只脚，青色的羽毛上有红色的斑纹，长着白色的嘴，名字叫毕方，它的鸣叫声就像在呼自己的名字，它在哪个地方出现，哪个地方就会出现怪异的火。

【注释】

①章莪之山：即章莪山，山名，具体所指未详。一说在今甘肃境内。　②瑶碧：两种玉名。瑶指美玉，碧指青绿色或青白色的玉。　③所为甚怪：指山上的东西显得很怪异。　④狰：传说中的一种怪兽。　⑤毕方：传说中的一种鸟。　⑥邑：人民聚居的地方。　⑦讹火：怪火。

2.54　又西三百里，曰阴山①。浊浴之水②出焉，而南流注于蕃泽③，其中多文贝。有兽焉，其状如狸④而白首，名曰天狗⑤，其音如榴榴⑥，可以御凶。

【译文】

再向西三百里是阴山。浊浴水发源于这里，向南流入蕃泽，水中有很多带花纹的贝。山中有一种兽，形状像狸猫，头部白色，名字叫天狗，发出榴榴的叫声，可以用它来防御凶灾。

【注释】

①阴山：山名，具体所指未详。在今内蒙古中部及河北省北部有阴山，与此处所说的阴山不同。　②浊浴之水：即浊浴水，水名，具体所指未详。　③蕃泽：水名，具体所指未详。　④狸：见1.6注②。　⑤天狗：传说中的兽名。⑥榴榴：象声词。有的本子作"猫猫"。

2.55　又西二百里，曰符惕（yáng）之山①，其上多棕②楠③，下多金玉，神江疑④居之。是山也，多怪雨，风云之所出也。

【译文】

再向西二百里是符惕山，山上长着很多棕榈和楠木，山下有很多金和玉，有一位名叫江疑的神居住在这里。这座山中常常下怪雨，风和

【注释】

①符惕之山：即符惕山，山名，具体所指未详。一说当为祁连山中的一山岭。　②棕：指棕榈。③楠：见1.24注③。

云就是从这里兴起的。　　　④江疑：传说中的神名。

　　2.56 又西二百二十里，曰三危之山①，三青鸟②居之。是山也，广员③百里。其上有兽焉，其状如牛，白身四角，其豪④如披蓑，其名曰徼狠（àoyē）⑤，是食人。有鸟焉，一首而三身，其状如鹨（luò）⑥，其名曰鸱（chī）⑦。

徼狠

鸱

【译文】

　　　再向西二百二十里是三危山，三青鸟就栖居在这里。这座山长宽有一百里。山上有一种兽，形状像牛，通体白色，长着四只角，身上的长毛像披着蓑衣一样，它的名字叫徼狠，会吃人。山中有一种鸟，长着一个脑袋，三个身子，形状像鹨，它的名字叫鸱。

【注释】

①三危之山：即三危山，山名，传说中的仙山。　　②三青鸟：传说中为西王母取食的鸟。

③广员：指土地面积的长和宽。

④豪：指刚硬的长毛。

⑤徼狠：传说中的一种兽。

⑥鹨：鸟名，形状像雕。

⑦鸱：传说中的怪鸟。

　　2.57 又西一百九十里，曰騩（guī）山①，其上多玉而无石。神耆（qí）童②居之，其音常如钟磬（qìng）。其下多积蛇③。

【译文】

　　　再向西一百九十里是騩山，山上有很多玉，没有石头。名叫耆童

【注释】

①騩山：山名，具体所指未详。

②耆童：即"老童"，据传是颛顼

的神居住在这里，他发出的声音常常像敲击钟磬一样。山下有很多盘绕在一起的蛇。

（zhuānxū）的儿子。颛顼是传说中古代部族的首领，号高阳氏。

③积蛇：盘绕在一起的蛇。

2.58 又西三百五十里，曰天山①，多金玉，有青雄黄②。英水③出焉，而西南流注于汤谷④。有神焉，其状如黄囊，赤如丹火，六足四翼，浑敦⑤无面目，是识歌舞，实为帝江⑥也。

帝江

【译文】

　　再向西三百五十里是天山，山中有很多金和玉，还有青䨼和雄黄。英水发源于这里，向西南流入汤谷。山中有一位神，他的形状像黄色的皮囊，红如火焰，长着六只脚，四只翅膀，脑袋部位混沌一团，分不清面目，却懂得唱歌跳舞，他其实就是帝江。

【注释】

①天山：山名，具体所指未详。一说在今甘肃境内；一说在今新疆境内。现在所谓的天山指横贯新疆中部、西端伸入哈萨克斯坦和吉尔吉斯斯坦的巨大山系。

②青雄黄：见 2.34 注 ②。　③英水：水名，具体所指未详。与 1.8 中的英水不同。　④汤谷：水名，具体所指未详。一说指今吐鲁番盆地。　⑤浑敦：即"混沌"，指模糊一团的样子。　⑥帝江：传说中的神名。一说即帝鸿，也就是黄帝。

【解读】

　　在《庄子·应帝王》中有关于浑沌无七窍的寓言，与《山海经》此处的记述类似。《庄子》中说，南海之帝名叫儵（tiáo），北海之帝名叫忽，中央之帝名叫浑沌，浑沌的头部没有七窍。儵和忽去浑沌那里作客，浑沌对他们招待得很周到。儵和忽想报答浑沌，便商量说：人人都有七窍，以方便视听饮食，只有浑沌没有，我们给他凿出七窍来吧。于是他们每天给浑沌凿一个窍。七天以后，七窍终于凿成，而浑沌也一命呜呼了。庄子是想通过这个寓言告诉人们，一切都要顺乎自然，人为地去改变某种东西，结果很可能会适得其反。

2.59 又西二百九十里，曰泑（yōu）山①，神蓐（rù）收②居之。其上多婴短③之玉，其阳多瑾（jǐn）瑜④之玉，其阴多青雄黄。是山也，西望日之所入，其气员⑤，神红光⑥之所司⑦也。

【译文】

再向西二百九十里是泑山，名叫蓐收的神居住在这里。山上有很多婴短玉，山的阳面有很多瑾瑜美玉，阴面有很多青腹和雄黄。从这座山上向西而望，可以看见太阳落山时气象浑圆，这种景象是由名叫红光的神掌管的。

【注释】

①泑山：山名，具体所指未详。一说在今甘肃境内；一说指今新疆的火焰山。
②蓐收：传说中的西方神名，掌管秋天万物的收藏。　③婴短：似应作"婴脰"，意为挂在脖子上（脰：指脖子）。　④瑾瑜：二美玉名。泛指美玉。　⑤气员：指气象浑圆。员：同"圆"。一说"员"后应重"员"字。　⑥红光：传说中的神名。一说即蓐收。　⑦司：主管；职掌。

2.60 西水行百里，至于翼望之山①，无草木，多金玉。有兽焉，其状如狸②，一目而三尾，名曰讙（huān）③，其音如夺（duó）④百声，是可以御凶，服之已⑤瘅（dàn）⑥。有鸟焉，其状如乌，三首六尾而善笑，名曰鸧鸺（qíyú）⑦，服之使人不厌⑧，又可以御凶。

【译文】

向西走一百里水路，就到了翼望山，山中不长草木，有很多金和玉。山中有一种兽，形状像狸猫，长着一只眼睛，三条

【注释】

①翼望之山：即翼望山，山名，具体所指未详。
②狸：见1.6注②。

尾巴,名字叫谨,它的叫声仿佛能盖过各种声音,可以用它来防御凶灾,吃了它的肉可以治疗黄疸病。山中有一种鸟,形状像乌鸦,长着三个脑袋,六条尾巴,常常发出笑声,名字叫鹎鵏,吃了它的肉可以使人不做噩梦,还可以用来防御凶灾。

③谨:传说中的一种兽。
④奄:同"夺",指胜过、压倒。　　⑤已:治愈。
⑥瘅:通"疸",指黄疸病。
⑦鹎鵏:传说中的怪鸟。
⑧厌:指梦魇。

谨　　鹎鵏

2.61 凡西次三经之首,崇吾之山①至于翼望之山,凡二十三山,六千七百四十四里。其神②状皆羊身人面。其祠③之礼:用一吉玉④瘗(yì)⑤,糈(xǔ)⑥用稷⑦米。

西次三经山神

【译文】

总计西山经中第三列山系中的山，从首座崇吾山到翼望山，共二十三座山，长为六千七百四十四里。这些山的山神的形状都是羊身人面。祭祀他们的方法是：把一块吉玉埋入地下，用稷米作祭神用的精米。

【注释】

①崇吾之山：见2.39注①。"崇"字前应有"自"字。　②神：指山神。　③祠：祭祀。　④吉玉：彩色的玉。　⑤瘗：埋葬。　⑥糈：祭神用的精米。　⑦稷：古代的一种粮食作物。一说是黍属；一说即粟。

四、西次四经

【解读】

西次四经共记述了十九座山，位于西次三经所记山列的北面。其中仅鸟鼠同穴山、崦嵫（yānzī）山等少数几座山的具体位置基本可以确定，其余山的位置均尚待考定，但它们大致应在今陕西、甘肃、宁夏、内蒙古等境内。

本经中记述的奇禽怪兽主要有：人面兽身、只有一足一手的神𩲡（chì），鱼身、蛇首、六足的冉遗鱼，鸟首、鱼翼、鱼尾的鳌魮（rúpí）鱼，马身鸟翼、人面蛇尾的孰湖，等等。

2.62 西次四经之首，曰阴山①，上多榖（gǔ）②，无石，其草多茆（mǎo）③蕃④。阴水⑤出焉，西流注于洛⑥。

【译文】

西山经中第四列山系中的首座山叫阴山，山上长着很多构树，没有石头，山中生长的草多为莼菜和青蘋。阴水发源于这里，向西流入洛河。

【注释】

①阴山：山名，具体所指未详。一说在今陕西境内。与2.54中所说的阴山不同。　②榖：见1.1注⑧。　③茆：凫葵。生于水中，嫩叶可食，又名莼菜。一说同"茅"，指茅草。　④蕃：通"蘋（fán）"，草名，即青蘋，外形似莎（suō）草（莎草的茎呈三棱形，叶子条形）。　⑤阴水：水名，具体所指未详。　⑥洛：即洛河，见2.8注⑭。

2.63 北五十里，曰劳山①，多茈（zǐ）草②。弱水③出焉，而西流注于洛。

【译文】

向北五十里是劳山，山中长着很多紫草。弱水发源于这里，向西流入洛河。

【注释】

①劳山：山名，具体所指未详。一说在今陕西甘泉县。　②茈草：即紫草，多年生草本植物，根粗壮，暗紫色。茈：通"紫"。　③弱水：古水名，具体所指未详。古人往往认为是水弱不能载舟，故称。

2.64 西五十里，曰罢父之山①。洱（ěr）水②出焉，而西流注于洛，其中多茈③、碧④。

【译文】

向西五十里是罢父山。洱水发源于这里，向西流入洛河，水中有很多茈和碧。

【注释】

①罢父之山：即罢父山，山名，具体所指未详。一说在今陕西境内。一说"父"为"谷"字之误。　②洱水：水名，具体所指未详。　③茈：一说指茈石；一说指紫草。　④碧：青绿色或青白色的玉。

2.65 北百七十里，曰申山①，其上多榖（gǔ）②柞（zuò）③，其下多杻（niǔ）④橿（jiāng）⑤，其阳多金玉。区水⑥出焉，而东流注于河。

【译文】

向北一百七十里是申山，山上长着很多构树和柞树，山下长着很多杻树和橿树，山的阳面有很多金和玉。区水发源于这里，向东流入黄河。

【注释】

①申山：山名，具体所指未详。一说在今陕西境内。　②榖：见1.1注⑧。　③柞：见2.13注③。　④杻：见2.7注②。　⑤橿：见2.7注③。　⑥区水：水名，具体所指未详。

2.66 北二百里，曰鸟山①，其上多桑，其下多楮（chǔ）②，其阴多铁，其阳多玉。辱水③出焉，而东流注于河。

【译文】　　　　　　　　　　　　　【注释】

　　向北二百里是鸟山，山上长着很多　　①鸟山：山名，具体所指未
桑树，山下长着很多构树，山的阴面有　　详。　　②楮：见 2.28 注
很多铁，阳面有很多玉。辱水发源于这　　④。　　③辱水：水名，具
里，向东流入黄河。　　　　　　　　　　体所指未详。

　　2.67 又北百二十里，曰上申之山①，上无草木，而多硌
（luò）②石，下多榛（zhēn）③楛（hù）④，兽多白鹿。其鸟多当扈
（hù）⑤，其状如雉，以其髯（rán）⑥飞，食之不眴（xuàn）⑦目。汤
水⑧出焉，东流注于河。

【译文】　　　　　　　　　　　　　【注释】

　　再向北一百二十里是　　①上申之山：即上申山，山名，具体所指未
上申山，山上不长草木，有　　详。一说在今陕西境内。　　②硌：大
很多巨石，山下长着很多榛　　石。　　③榛：落叶灌木或小乔木，叶
树和楛树，山中的兽多为白　　子圆形或倒卵形，坚果球形。
鹿。山中的鸟多为当扈，它　　④楛：古书上指荆一类的植物，茎可用来
的形状像野鸡，凭借长长　　制箭杆。　　⑤当扈：传说中的鸟名。
的胡须飞翔，吃了它的肉可　　⑥髯：胡子。　　⑦眴：指眼睛昏花，看
以使眼睛不花。汤水发源于　　不清楚。一说读作 shùn，指眨眼。
这里，向东流入黄河。　　　　⑧汤水：水名，具体所指未详。

　　2.68 又北百八十里，曰诸次之山①，诸次之水②出焉，而东流
注于河。是山也，多木无草，鸟兽莫居，是多众蛇。

【译文】　　　　　　　　　　　　　【注释】

　　再向北一百八十里是诸次山，　　①诸次之山：即诸次山，山名，
诸次水发源于这里，向东流入黄河。　　具体所指未详。一说在今陕西
这座山中长着很多树木，不长草，也　　境内。　　②诸次之水：即诸
没有鸟兽，但有很多种类不同的蛇。　　次水，水名，具体所指未详。

　　2.69 又北百八十里，曰号山①，其木多漆②、棕③，其草多

药④、蓇（xiāo）⑤、芎䓖（xiōngqióng）⑥。多泠（gàn）石⑦。端水⑧出焉，而东流注于河。

【译文】

再向北一百八十里是号山，山中生长的树木多为漆树和棕榈，生长的草多为白芷和芎䓖。山中有很多泠石。端水发源于这里，向东流入黄河。

【注释】

①号山：山名，具体所指未详。　②漆：漆树，落叶乔木，果实扁圆形。树的汁液可作涂料。③棕：指棕榈。　④药：草名，即白芷，多年生草本植物，开白花，果实长椭圆形。　⑤蓇：草名，即白芷。　⑥芎䓖：即川芎，多年生草本植物，羽状复叶，开白色花，果实椭圆形。⑦泠石：矿石名，一说在古代用作黑色染料。⑧端水：水名，具体所指未详。

2.70 又北二百二十里，曰盂山①，其阴多铁，其阳多铜，其兽多白狼、白虎，其鸟多白雉、白翟（dí）②。生水③出焉，而东流注于河。

【译文】

再向北二百二十里是盂山，山的阴面有很多铁，阳面有很多铜，山中的兽多为白狼和白虎，鸟多为白雉和白色的长尾野鸡。生水发源于这里，向东流入黄河。

【注释】

①盂山：山名，具体所指未详。盂：一说应作“孟”。
②翟：长尾的野鸡。一说当为“翠”字之误。　③生水：水名，具体所指未详。

2.71 西二百五十里，曰白於之山①，上多松柏，下多栎（lì）②檀③，其兽多㸿（zuó）牛④、羬（qián）羊⑤，其鸟多鸮（xiāo）⑥。洛水⑦出于其阳，而东流注于渭⑧；夹水⑨出于其阴，东流注于生水⑩。

【译文】

向西二百五十里是白於山，山上长着很多松

【注释】

①白於之山：即白於山，山名，具体所指未详。一说在今陕西境内。　②栎：栎树，

树和柏树,山下长着很多
栎树和檀树,山中的兽多
为柞牛和羬羊,鸟多为鸱。
洛河发源于白於山的阳
面,向东流入渭河;夹水
发源于白於山的阴面,向
东流入生水。

乔木或灌木,叶子有锯齿或分裂,果实为
坚果。　　③檀:见2.28注③。　　④柞
牛:山牛名。　　⑤羬羊:见2.1注④。
⑥鸱:猫头鹰一类的鸟。　　⑦洛水:见
2.8注⑭。　　⑧渭:见2.2注③。
⑨夹水:水名,具体所指未详。　　⑩生
水:水名,具体所指未详。

2.72 西北三百里,曰申首之山①,无草木,冬夏有雪。申水②
出于其上,潜于其下,是多白玉。

【译文】

　　向西北三百里是申首山,山中不
长草木,冬天和夏天都会下雪。申水
发源于申首山的山上,在山中潜流,
这一带有很多白玉。

【注释】

①申首之山:即申首山,山名,
具体所指未详。申:一说应作
"由"。　　②申水:水名,具
体所指未详。

2.73 又西五十五里,曰泾谷之山①。泾水②出焉,东南流注于
渭③,是多白金、白玉。

【译文】

　　再向西五十五里是泾
谷山。泾水发源于这里,向东
南流入渭河,这一带有很多
白金和白玉。

【注释】

①泾谷之山:即泾谷山,山名,具体所指
未详。一说在今陕西境内。　　②泾
水:水名,具体所指未详。一说即今泾
河。　　③渭:见2.2注③。

2.74 又西百二十里,曰刚山①,多柒木②,多㻬珸(tūfú)③之
玉。刚水④出焉,北流注于渭。是多神魗(chì)⑤,其状人面兽身,
一足一手,其音如钦⑥。

【译文】

　　再向西一百二十里是刚
山,山中长着很多漆树,还有

【注释】

①刚山:山名,具体所指未详。一说在
今甘肃境内。　　②柒木:即漆树,

很多璚琈玉。刚水发源于这里，向北流入渭河。山中有很多神槐，形状是人面兽身，只有一只手、一只脚，叫声仿佛人在叹息或呻吟。

见 2.69 注 ②。　③璚琈：美玉名。
④刚水：水名，具体所指未详。
⑤神槐：传说中的一种兽。
⑥钦：通"吟"，指叹息、呻吟。一说指打呵欠。

神槐　　　　　　　　　　　蛮蛮

2.75　又西二百里，至刚山之尾。洛水①出焉，而北流注于河。其中多蛮蛮②，其状鼠身而鳖首，其音如吠犬。

【译文】

再向西二百里就到了刚山的尾端。洛水发源于这里，向北流入黄河。水中有很多蛮蛮，长着鼠一样的身子，鳖一样的脑袋，发出的声音像狗叫。

【注释】

①洛水：水名，具体所指未详。非现在所指之洛河。一说指今宁夏境内的清水河。　②蛮蛮：水兽名，一说指水獭。与 2.39 中的蛮蛮不同。

2.76　又西三百五十里，曰英鞮（dī）之山①，上多漆木②，下多金玉，鸟兽尽白。浣（yuān）水③出焉，而北注于陵羊之泽④。是多冉遗之鱼⑤，鱼身、蛇首、六足，其目如马耳，食之使人不眯（mì）⑥，可以御凶。

【译文】

再向西三百五十里是英鞮山，

【注释】

①英鞮之山：即英鞮山，山名，具

山上长着很多漆树，山下有很多金和玉，山中的鸟兽都是白色的。浣水发源于这里，向北流入陵羊泽。水中有很多冉遗鱼，长着鱼的身子，蛇的脑袋，有六只脚，眼睛的形状像马耳朵，人吃了它的肉就不会梦魇，还可以用它来防御凶灾。

体所指未详。 ②漆木：见2.69注②。 ③浣水：水名，具体所指未详。 ④陵羊之泽：即陵羊泽，水名，具体所指未详。 ⑤冉遗之鱼：即冉遗鱼，传说中的一种鱼。 ⑥眯：梦魇。

冉遗之鱼

駮

2.77 又西三百里，曰中曲之山①，其阳多玉，其阴多雄黄②、白玉及金。有兽焉，其状如马而白身黑尾，一角，虎牙爪，音如鼓音，其名曰駮（bó）③，是食虎豹，可以御兵。有木焉，其状如棠④而员⑤叶赤实，实大如木瓜⑥，名曰櫰（guī）木⑦，食之多力。

【译文】

再向西三百里是中曲山，山的阳面有很多玉，阴面有很多雄黄、白玉和金。山中有一种兽，形状像马，白色的身子，黑色的尾巴，长着一只角，有虎一样的牙和爪子，叫声像击鼓声，它的名字叫駮，能吃虎豹，可以用它来防御兵器的伤害。山中有一种树，形状像棠梨，长着圆圆的叶子，结红色的果实，果实的大小像木瓜，名字叫櫰木，吃了它的果实后可以增长力气。

【注释】

①中曲之山：即中曲山，山名，具体所指未详。一说在今甘肃境内；一说在今内蒙古境内。 ②雄黄：见2.24注③。 ③駮：传说中的一种猛兽。 ④棠：见2.35注③。 ⑤员：同"圆"。 ⑥木瓜：植物名，落叶灌木或小乔木，果实也叫木瓜。 ⑦櫰木：木名。

2.78 又西二百六十里，曰邽（guī）山①，其上有兽焉，其状如牛，猬毛，名曰穷奇②，音如獆（háo）③狗，是食人。濛水④出焉，南流注于洋水⑤，其中多黄贝、蠃（luó）鱼⑥，鱼身而鸟翼，音如鸳鸯，见（xiàn）则其邑⑦大水。

蠃鱼

【译文】

　　再向西二百六十里是邽山，山上有一种兽，它的形状像牛，身上的毛像刺猬身上的刺一样，名字叫穷奇，它的叫声像狗在嗥叫，会吃人。濛水发源于这里，向南流入洋水，水中有很多黄色的贝和蠃鱼，蠃鱼长着鱼的身子，鸟的翅膀，叫声像鸳鸯，它在哪个地方出现，哪个地方就会发大水。

【注释】

①邽山：山名，具体所指未详。一说在今甘肃天水市境内。
②穷奇：传说中的一种兽。
③獆：同"嗥"，泛指野兽吼叫。
④濛水：水名，具体所指未详。
⑤洋水：水名，具体所指未详。
⑥蠃鱼：传说中的一种鱼。蠃：《宋本山海经》作"蠃"，"蠃"通"蠃"。
⑦邑：人民聚居的地方。

2.79 又西二百二十里，曰鸟鼠同穴之山①，其上多白虎、白玉。渭水②出焉，而东流注于河。其中多鰠（sāo）鱼③，其状如鳣（zhān）④鱼，动则其邑有大兵。滥（jiàn）水⑤出于其西，西流注于汉水⑥。多𩽾鮧（rúpí）⑦之鱼，其状如覆铫（yáo）⑧，鸟首而鱼翼鱼尾，音如磬（qìng）石⑨之声，是生珠玉。

【译文】

再向西二百二十里是鸟鼠同穴山，山上有很多白虎和白玉。渭水发源于这里，向东流入黄河。水中有很多鳋鱼，它的形状像鳝鱼，它在哪个地方活动，哪个地方就会有大的战争。滥水发源于鸟鼠同穴山的西面，向西流入汉水。水中有很多鰠鮧鱼，形状像倒扣着的铫，长着鸟一样的头，鱼一样的鳍和尾巴，叫声像敲击磬石一样，体内会生出珠玉。

【注释】

①鸟鼠同穴之山：即鸟鼠同穴山，古山名，在今甘肃渭源县西。

②渭水：见2.2注③。

③鳋鱼：传说中的一种鱼。

④鳝：古书上指鲟（xún）一类的鱼。　⑤滥水：古水名。

⑥汉水：水名，一说应作"洮（táo）水"。　⑦鰠鮧：传说中的一种鱼。　⑧铫：一种带柄有嘴的小锅。　⑨磬石：适宜制磬的美石。

鰠鮧之鱼

孰湖

2.80 西南三百六十里，曰崦嵫（yānzī）之山①，其上多丹木②，其叶如穀（gǔ）③，其实大如瓜，赤符④而黑理，食之已⑤瘅（dàn）⑥，可以御火。其阳多龟，其阴多玉。苕（tiáo）水⑦出焉，而西流注于海⑧，其中多砥砺（dǐlì）⑨。有兽焉，其状马身而鸟翼，人面蛇尾，是好举人，名曰孰湖⑩。有鸟焉，其状如鸮（xiāo）⑪而人面，蜼（wěi）⑫身犬尾，其名自号也，见（xiàn）则其邑⑬大旱。

【译文】

向西南三百六十里是崦嵫山，

【注释】

①崦嵫之山：即崦嵫山，山名，在

山上长着很多丹树,叶子像构树叶,所结的果实像瓜一样大,红色的花萼,黑色的纹理,吃了它可以治疗黄疸病,还可以用它来防火。山的阳面有很多龟,阴面有很多玉。苕水发源于这里,向西流入海中,水中有很多磨刀石。山中有一种兽,长着马的身子,鸟的翅膀,人一样的脸和蛇一样的尾巴,喜欢把人举起来,名字叫孰湖。山中有一种鸟,形状像猫头鹰,长着人一样的脸,长尾猿一样的身子,狗一样的尾巴,它的名字就是根据其叫声而取的,它在哪个地方出现,哪个地方就会发生大的旱灾。

今甘肃天水市西部,传说中认为是日落的地方。 ②丹木:见2.42注②。 ③穀:见1.1注⑧。 ④符:通"柎(fū)",指花萼。 ⑤已:治愈。 ⑥瘅:见2.60注⑥。 ⑦苕水:水名,具体所指未详。一说应作"若水"。与1.17中的苕水不同。 ⑧海:一说疑为沼泽地之类。 ⑨砥砺:磨刀石。 ⑩孰湖:传说中的一种兽。 ⑪鸮:猫头鹰一类的鸟。 ⑫蜼:一种长尾猿。 ⑬邑:人民聚居的地方。

2.81 凡西次四经自阴山①以下,至于崦嵫(yānzī)之山,凡十九山,三千六百八十里。其祠祀②礼:皆用一白鸡祈,糈(xǔ)③以稻米,白菅(jiān)④为席。

【译文】

　　总计西山经中第四列山系中的山,从阴山以下,一直到崦嵫山,共十九座山,长为三千六百八十里。祭祀这些山的山神的仪式是:都用一只白鸡为祭品来祈祷,用稻米作祭神用的精米,用白茅铺成山神的座席。

【注释】

①阴山:见2.62注①。 ②祠祀:祭祀。 ③糈:祭神用的精米。 ④菅:见1.10注⑩。

2.82 右①西经之山,凡七十七山,一万七千五百一十七里。

【译文】

　　以上是西山经中的山,一共是七十七座山,长为一万七千五百一十七里。

【注释】

①右:见1.43注①。

北山经第三

【解读】

　　北山经包括北山一经、北次二经、北次三经三篇，记述了主要位于中国北部的一系列山，以及发源于这些山的河流，在这些山上生长的植物、动物及其形状、特点，出产的矿物，相关的神话传说，掌管这些山的山神的形状、祭祀这些山神的方法等。北山经共记述了八十八座山，大致位于今宁夏、新疆、山西、河南、河北、内蒙古及蒙古国等境内，其中绝大部分山的具体位置难以确定。

一、北山一经

【解读】

　　北山一经记述了主要位于中国北部的二十五座山，这些山的具体位置几乎都难以考定，但它们大致在今宁夏、新疆、内蒙古等境内，有的甚至可能在今西伯利亚或蒙古国境内。

　　北山一经中记述了十多种奇禽怪兽及怪鱼，如形状像雌雉而长着人脸的㻬（sǒng）斯，形状像豹而人首牛耳的诸犍（jiān），形状像牛而人面马足的窫窳（yàyǔ），形状像鸡而三尾、六足、四首的儵（tiáo）鱼，一首两身的肥遗蛇，等等。

　　3.1 北山经之首，曰单狐之山①，多机木②，其上多华草③。滽（féng）水④出焉，而西流注于泑（yōu）水⑤，其中多茈（pí）石⑥、文石。

【译文】

　　北山经中第一列山系中的第一座山叫作单狐山，山中长着很多楷木，山上长着很多

【注释】

①单狐之山：即单狐山，山名，具体所指未详。一说在今新疆境内。　②机木：木名，即楷（qī）木，落叶乔木，叶长椭圆形，木质柔软。　③华草：所指未详。或指花草。　④滽水：

华草。逢水发源于这里,向西流入泑水,水中有很多芘石和带花纹的石头。

古水名,具体所指未详。　⑤泑水:见 2.40 注③。一说这里指今新疆塔里木河或其支流。⑥芘石:所指未详。疑应作"芷(zǐ)石",指紫色的石头。

3.2 又北二百五十里,曰求如之山①,其上多铜,其下多玉,无草木。滑水②出焉,而西流注于诸毗③之水。其中多滑鱼④,其状如鳝,赤背,其音如梧⑤,食之已⑥疣⑦。其中多水马⑧,其状如马,文臂⑨牛尾,其音如呼⑩。

【译文】

　　再向北二百五十里是求如山,山上有很多铜,山下有很多玉,不长草木。滑水发源于这里,向西流入诸毗水。水中有很多滑鱼,形状像鳝鱼,背部呈红色,发出的声音与琴声相似,人吃了它可以治疗赘疣。水中有很多水马,形状与马相似,前肢有花纹,长着牛一样的尾巴,叫声像人在呼喊。

【注释】

①求如之山:即求如山,山名,具体所指未详。一说在今新疆境内。
②滑水:水名,具体所指未详。
③诸毗:见 1.11 注④。　④滑鱼:鱼名,所指未详。　⑤梧:一说指琴;一说指人支吾之声。　⑥已:治愈。　⑦疣:一种皮肤病,也叫赘疣。　⑧水马:传说中一种生活在水中的怪兽。　⑨臂:动物的前肢。　⑩呼:指人呼叫。

3.3 又北三百里,曰带山①,其上多玉,其下多青碧②。有兽焉,其状如马,一角有错③,其名曰䑏(huān)疏④,可以辟⑤火。有鸟焉,其状如乌,五彩而赤文,名曰鹕鸰(qíyú)⑥,是自为牝牡⑦,食之不疽(jū)⑧。彭水⑨出焉,而西流注于芘(pí)湖之水⑩,其中多儵(tiáo)鱼⑪,其状如鸡而赤毛,三尾、六足、四首,其音如鹊,食之可以已忧。

【译文】

　　再向北三百里是带山,山上有很多玉,山下有很多青玉石。

【注释】

①带山:山名,具体所指未详。一说在今新疆境内。　②青碧:一种

山中有一种兽,形状像马,长着一只角,角上有磨刀石般坚硬的角质层,名字叫䑏疏,可以用它来避火。山中有一种鸟,形状像乌鸦,身上五彩斑斓,有很显眼的红色斑纹,名字叫鹎𬸚,一身兼具雌雄两性,人吃了它的肉后不会生疽。彭水发源于这里,向西流入芘湖水,水中有很多鯈鱼,它们的形状像鸡,长着红色的羽毛,三条尾巴,六只脚,四个脑袋,叫声像喜鹊,吃了它的肉可以使人不再忧愁。

青玉石。 ③错:琢玉用的磨刀石。这里指其角坚硬如石。
④䑏疏:传说中的一种兽。
⑤辟:通"避",避开。 ⑥鹎𬸚:传说中的一种鸟,与 2.60 中的鹎𬸚不同。 ⑦牝牡:雌性和雄性。
⑧疽:中医指局部皮肤肿胀坚硬而皮色不变的毒疮。 ⑨彭水:水名,具体所指未详。 ⑩芘湖之水:即芘湖水,水名,具体所指未详。一说指今新疆境内的艾比湖。
⑪鯈鱼:即鯈鱼,一种小白鱼。这里指传说中的一种怪鱼。

䑏疏   鯈鱼

3.4 又北四百里,曰谯(qiáo)明之山①。谯水②出焉,西流注于河。其中多何罗之鱼③,一首而十身,其音如吠犬,食之已痈(yōng)④。有兽焉,其状如貆(huán)⑤而赤豪⑥,其音如榴榴⑦,名曰孟槐⑧,可以御凶。是山也,无草木,多青雄黄⑨。

【译文】

　　再向北四百里是谯明山。谯水发源于这里,向西流入黄

【注释】

①谯明之山:即谯明山,山名,具体所指未详。一说在今新疆境内。

河。水中有很多何罗鱼,长着一个鱼头,却有十个身子,发出的声音像狗叫,吃了它的肉可以治疗痈疮。山中有一种兽,形状像豪猪,长着红色的长毛,发出榴榴的叫声,名字叫孟槐,可以用它来防御凶灾。这座山上不长草木,有很多青膜和雄黄。

②谯水:水名,具体所指未详。

③何罗之鱼:即何罗鱼,传说中的一种鱼。　④痈:一种毒疮,多生在脖子上或背部。　⑤狟:指豪猪。

⑥豪:指刚硬的长毛。　⑦榴榴:见2.54注⑥。　⑧孟槐:传说中的兽名。　⑨青雄黄:见2.34注②。

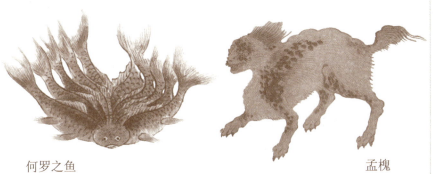

何罗之鱼　　　　　　　　　　孟槐

3.5 又北三百五十里,曰涿光之山①。嚣水②出焉,而西流注于河。其中多鳛(xí)鳛之鱼③,其状如鹊而十翼,鳞皆在羽端,其音如鹊,可以御火,食之不瘅(dàn)④。其上多松柏,其下多棕⑤橿(jiāng)⑥。其兽多麢(líng)⑦羊,其鸟多蕃⑧。

【译文】

再向北三百五十里是涿光山。嚣水发源于这里,向西流入黄河。水中有很多鳛鳛鱼,它的形状像喜鹊,长着十只翅膀,鱼鳞都长在羽毛的尖端,叫声与喜鹊相似,可以用它来防火,吃了它的肉可以不得黄疸病。山上长着很

【注释】

①涿光之山:即涿光山,山名,具体所指未详。一说在今新疆境内。

②嚣水:水名,具体所指未详。与2.14中的嚣水不同。　③鳛鳛之鱼:即鳛鳛鱼,传说中的一种鱼。

④瘅:通"疸",指黄疸病。

⑤棕:指棕榈。　⑥橿:见2.7

多松柏，山下长着很多棕榈和檀树。山中的兽多为羚羊，鸟多为蕃鸟。

注③。　⑦麐：同"羚"，指羚羊。　⑧蕃：鸟名，具体所指未详。

鰭鰭之鱼　　　　　　　　寓

　　3.6 又北三百八十里，曰虢（guó）山①，其上多漆②，其下多桐③椐（jū）④，其阳多玉，其阴多铁。伊水⑤出焉，西流注于河。其兽多橐（luò）驼⑥，其鸟多寓⑦，状如鼠而鸟翼，其音如羊，可以御兵。

【译文】

　　再向北三百八十里是虢山，山上长着很多漆树，山下长着很多桐树和椐树，山的阳面有很多玉，阴面有很多铁。伊水发源于这里，向西流入黄河。山中的兽多为骆驼，鸟多为寓鸟，它的形状像老鼠，长着鸟一样的翅膀，发出的声音像羊叫，可以用它来防御兵器的伤害。

【注释】

①虢山：山名，具体所指未详。一说在今新疆境内。　②漆：见2.69注②。　③桐：桐树，包括泡桐、油桐及梧桐等。　④椐：古书上说的一种树，又叫灵寿木，枝节肿大，可以做拐杖。　⑤伊水：水名，具体所指未详。与5.18中的伊水不同。　⑥橐驼：即骆驼。　⑦寓：这里似指蝙蝠。

　　3.7 又北四百里，至于虢山之尾，其上多玉而无石。鱼水①出焉，西流注于河，其中多文贝。

【译文】

　　再向北四百里就到了虢山的尾部,山上有很多玉,没有石头。鱼水发源于这里,向西流入黄河,水中有很多带花纹的贝。

　　3.8 又北二百里,曰丹熏之山①,其上多樗(chū)②柏,其草多韭薤(xiè)③,多丹腹(huò)④。熏水⑤出焉,而西流注于棠水⑥。有兽焉,其状如鼠,而菟(tù)⑦首麋(mí)⑧身⑨,其音如獋(háo)⑩犬,以其尾飞,名曰耳鼠⑪,食之不睬(cǎi)⑫,又可以御百毒。

耳鼠

【译文】

　　再向北二百里是丹熏山,山上长着很多臭椿和柏树,山中的草多为韭菜和薤,有很多可作红色颜料的矿物。熏水发源于这里,向西流入棠水。山中有一种兽,形状像老鼠,长着兔子一样的头,麋鹿一样的身体,发出的声音像狗叫,它利用尾巴飞行,名字叫耳鼠,人吃了它的肉后不会得肚子胀大的病,还

【注释】

①丹熏之山:即丹薰山,山名,具体所指未详。　②樗:臭椿树。　③薤:多年生草本植物,地下有圆锥形鳞茎,叶丛生,开紫色花。也叫藠(jiào)头。
④丹腹:可作红色颜料的矿物。
⑤熏水:水名,具体所指未详。　⑥棠水:水名,具体所指未详。　⑦菟:通"兔",指兔子。　⑧麋:指麋鹿,见2.36注②。　⑨身:有的本子作"耳"。
⑩獋:同"嗥",指野兽吼叫。　⑪耳鼠:即鼯(wú)鼠,哺乳动物,外形像松鼠,前后肢之间有宽大的薄膜。　⑫睬:

可以防止百毒的侵袭。　　　　大腹,指肚子胀大的病。

3.9　又北二百八十里,曰石者之山①,其上无草木,多瑶碧②。泚(zǐ)水③出焉,西流注于河。有兽焉,其状如豹而文题④白身,名曰孟极⑤,是善伏,其鸣自呼。

【译文】
　　再向北二百八十里是石者山,山上不长草木,有很多瑶碧。泚水发源于这里,向西流入黄河。山中有一种兽,形状像豹,额上有花纹,全身白色,名字叫孟极,它善于潜伏,发出的叫声像在喊自己的名字。

【注释】
①石者之山:即石者山,山名,具体所指未详。　　②瑶碧:见2.53注②。　　③泚水:古水名,具体所指未详。④题:额头。　　⑤孟极:传说中的兽名。

3.10　又北百一十里,曰边春之山①,多葱、葵、韭、桃、李。杠水②出焉,而西流注于泑(yōu)泽③。有兽焉,其状如禺(yù)④而文身,善笑,见人则卧,名曰幽鴳(è)⑤,其鸣自呼。

幽鴳

【译文】
　　再向北一百一十里是边春山,山中长着很多葱、葵、韭菜、桃树和李树。杠水发源于这里,向西流入泑泽。山中有一种兽,形状像猴,身上有花纹,很喜欢笑,见到人就

【注释】
①边春之山:即边春山,山名,具体所指未详。春:有的本子作"萅"。　　②杠水:水名,具体所指未详。　　③泑泽:水名,具体所指未详。　　④禺:见

卧在地上，名字叫幽鴳，它的叫声像是在喊自己的名字。

1.1 注⑪。　　⑤幽鴳：传说中的一种兽。

3.11 又北二百里，曰蔓联之山①，其上无草木。有兽焉，其状如禺而有鬣（liè）②，牛尾、文臂③、马蹄，见人则呼，名曰足訾（zī）④，其鸣自呼。有鸟焉，群居而朋飞，其毛⑤如雌雉，名曰鹒（jiāo）⑥，其鸣自呼，食之已⑦风⑧。

【译文】

再向北二百里是蔓联山，山上不长草木。山中有一种兽，形状像猴，颈上有长毛，长着牛一样的尾巴，有花纹的前肢，马一样的蹄子，见到人就呼叫，名字叫足訾，它的叫声像在喊自己的名字。山中有一种鸟，成群结队地栖息和飞翔，身上的毛与雌野鸡相似，名字叫鹒，它的鸣叫声像在呼自己的名字，吃了它的肉可以治疗中风、痛风等疾病。

【注释】

①蔓联之山：即蔓联山，山名，具体所指未详。一说在今蒙古境内。　②鬣：兽类颈上的长毛。　③臂：动物的前肢。　④足訾：传说中的一种兽。　⑤毛：一说应作“尾”。　⑥鹒：鸟名。　⑦已：治愈。　⑧风：病名，指中风、痛风等。

3.12 又北百八十里，曰单张之山①，其上无草木。有兽焉，其状如豹而长尾，人首而牛耳，一目，名曰诸犍（jiān）②，善吒（zhà）③，行则衔其尾，居则蟠（pán）④其尾。有鸟焉，其状如雉，而文首、白翼、黄足，名曰白鵺（yè）⑤，食之已嗌（yì）⑥痛，可以已瘛（chì）⑦。栎（lì）水⑧出焉，而南流注于杠水⑨。

【译文】

再向北一百八十里是单张山，山上不长草木。山中有一种兽，形状像豹，尾巴很长，长着人一样的脑袋，牛一样的耳朵，只有一只眼睛，名字叫诸犍，喜欢大声吼叫，行走时用嘴衔着尾巴，

【注释】

①单张之山：即单张山，山名，具体所指未详。一说在今新疆境内。　②诸犍：传说中的一种兽。　③吒：吆喝。　④蟠：屈

休息时就把尾巴盘曲起来。山中有一种鸟，形状像野鸡，头上有花纹，长着白色的翅膀，黄色的脚，名字叫白鹤，吃了它的肉可以治疗咽喉痛，还可以治疗癫狂病。栎水发源于这里，向南流入杠水。

曲；环绕。　⑤白鹤：传说中的一种鸟。

⑥嗌：咽喉。　⑦癎：癫狂病。　⑧栎水：水名，具体所指未详。

⑨杠水：见 3.10 注②。

诸犍　　　　　　　竦斯

3.13　又北三百二十里，曰灌题之山①，其上多樗（chū）②柘（zhè）③，其下多流沙④，多砥（dǐ）⑤。有兽焉，其状如牛而白尾，其音如訆（jiào）⑥，名曰那父⑦。有鸟焉，其状如雌雉而人面，见人则跃，名曰竦（sǒng）斯⑧，其鸣自呼也。匠韩之水⑨出焉，而西流注于泑（yōu）泽⑩，其中多磁石⑪。

【译文】

再向北三百二十里是灌题山，山上长着很多臭椿树和柘树，山下有很多流沙，还有很多细磨刀石。山中有一种兽，形状像牛，尾巴白色，发出的声音像人在大喊，名字叫那父。山中有一种鸟，形状像雌野鸡，长

【注释】

①灌题之山：即灌题山，山名，具体所指未详。一说在今甘肃境内。　②樗：臭椿树。　③柘：柘树，落叶灌木或小乔木，叶子卵形或椭圆形，柘木可提取黄色染料。　④流沙：沙漠。见 2.44 注③。　⑤砥：细的磨刀石。⑥訆：同"叫"，大声呼唤。　⑦那父：传说中的兽名。　⑧竦斯：传说

着人一样的脸,见到人就跳跃,名字叫竦斯,它的鸣叫声像在喊自己的名字。匠韩水发源于这里,向西流入泑泽,水中有很多磁石。

中的一种鸟。　⑨匠韩之水:即匠韩水,水名,具体所指未详。
⑩泑泽:见2.41注④。一说这里应指今新疆的罗布泊。　⑪磁石:磁铁矿的矿石。即天然的吸铁石。

3.14 又北二百里,曰潘侯之山①,其上多松柏,其下多榛(zhēn)②楛(hù)③,其阳多玉,其阴多铁。有兽焉,其状如牛,而四节④生毛,名曰旄(máo)牛⑤。边水⑥出焉,而南流注于栎泽⑦。

【译文】

再向北二百里是潘侯山,山上长着很多松树和柏树,山下长着很多榛树和楛树,山的阳面有很多玉,阴面有很多铁。山中有一种兽,形状像牛,四条腿的关节处都长着毛,名字叫牦牛。边水发源于这里,向南流入栎泽。

【注释】

①潘侯之山:即潘侯山,山名,具体所指未详。　②榛:见2.67注③。　③楛:见2.67注④。
④四节:四肢的关节。　⑤旄牛:即牦牛,见2.18注⑤。
⑥边水:水名,具体所指未详。
⑦栎泽:水名,具体所指未详。

3.15 又北二百三十里,曰小咸之山①,无草木,冬夏有雪。

【译文】

再向北二百三十里是小咸山,山中不长草木,冬天和夏天都会下雪。

【注释】

①小咸之山:即小咸山,山名,具体所指未详。一说在今新疆境内。

3.16 北二百八十里,曰大咸之山①,无草木,其下多玉。是山也,四方,不可以上。有蛇名曰长蛇②,其毛如彘(zhì)豪③,其音如鼓④柝(tuò)⑤。

【译文】

向北二百八十里是大咸山,

【注释】

①大咸之山:即大咸山,山名,具体

山中不长草木，山下有很多玉。这座山呈四方形，人无法攀登上去。山中有一种名叫长蛇的蛇，身上长着猪颈部一样的长毛，发出的声音像敲击打更用的梆子。

所指未详。一说应在今新疆哈密附近。 ②长蛇：传说中的一种蛇。 ③彘豪：猪颈部的长毛。彘：猪。豪：刚硬的长毛。 ④鼓：敲击。 ⑤柝：打更用的梆子。

3.17 又北三百二十里，曰敦薨（hōng）之山①，其上多棕②楠③，其下多茈（zǐ）草④。敦薨之水⑤出焉，而西流注于泑（yōu）泽⑥。出于昆仑⑦之东北隅，实惟河源⑧。其中多赤鲑（guī）⑨。其兽多兕（sì）⑩、旄（máo）牛⑪，其鸟多尸鸠⑫。

【译文】

再向北三百二十里是敦薨山，山上长着很多棕榈和楠木，山下长着很多紫草。敦薨水发源于这里，向西流入泑泽。再从昆仑山的东北角流出，它其实是黄河的源头。水中有很多红色的鲑鱼。山中的兽多为兕和牦牛，山中的鸟多为鸤鸠。

【注释】

①敦薨之山：即敦薨山，山名，具体所指未详。 ②棕：指棕榈。 ③楠：见1.24注③。 ④茈草：见2.63注②。 ⑤敦薨之水：即敦薨水，水名，具体所指未详。 ⑥泑泽：见3.13注⑩。 ⑦昆仑：见2.43注⑤。 ⑧河源：指黄河的源头。 ⑨鲑：鱼名，身体大，略呈纺锤形，鳞细而圆。一说即河豚。 ⑩兕：见1.30注③。 ⑪旄牛：即牦牛，见2.18注⑤。 ⑫尸鸠：见2.12注⑥。

3.18 又北二百里，曰少咸之山①，无草木，多青碧②。有兽焉，其状如牛而赤身、人面、马足，名曰窫窳（yàyǔ）③，其音如婴儿，是食人。敦水④出焉，东流注于雁门之水⑤，其中多䲅（bèi）䲅⑥之鱼，食之杀人。

【译文】

再向北二百里是少咸山，山中不长草木，有很多青

【注释】

①少咸之山：即少咸山，山名，具体所指未详。一说在今内蒙古境内。

玉石。山中有一种兽,形状像牛,红色的身子,长着人一样的脸,马一样的脚,名字叫窫窳,叫声像婴儿啼哭,会吃人。敦水发源于这里,向东流入雁门水,水中有很多䱤䱤鱼,人吃了它的肉会被毒死。

② 青碧:一种青玉石。　③窫窳:即"猰貐(yàyǔ)",传说中的一种兽。
④ 敦水:水名,具体所指未详。
⑤ 雁门之水:即雁门水,水名,具体所指未详。一说指流经雁门山的水,即今南洋河,雁门山位于今山西代县西北。
⑥ 䱤䱤:指河豚。一说指江豚。

3.19 又北二百里,曰狱法之山①。瀤(huái)泽之水②出焉,而东北流注于泰泽③。其中多鱳(zǎo)鱼④,其状如鲤而鸡足,食之已⑤疣⑥。有兽焉,其状如犬而人面,善投,见人则笑,其名山㹤(huī)⑦,其行如风,见(xiàn)则天下大风。

鱳鱼

山㹤

【译文】

　　再向北二百里是狱法山。瀤泽水发源于这里,向东北流入泰泽。水中有很多鱳鱼,它的形状像鲤鱼,长着鸡一样的脚,吃了它的肉可以治疗赘疣。山中有一种兽,形状像狗,长着人一样的脸,擅长投掷,见到人就笑,它的名字叫山㹤,行动

【注释】

①狱法之山:即狱法山,山名,具体所指未详。一说在今蒙古境内。　②瀤泽之水:即瀤泽水,古代传说中的水名。
③泰泽:水名,具体所指未详。一说即"大泽"。　④鱳鱼:传说中的一种鱼。　⑤已:治

像风一样迅捷，只要它一出现，天下就会刮大风。

愈。　⑥疣：见 3.2 注⑦。

⑦山犿：怪兽名。

3.20 又北二百里，曰北岳之山①，多枳（zhǐ）②、棘③、刚木④。有兽焉，其状如牛而四角、人目、彘（zhì）⑤耳，其名曰诸怀⑥，其音如鸣雁，是食人。诸怀之水⑦出焉，而西流注于嚣水⑧，其中多鮨（yì）鱼⑨，鱼身而犬首，其音如婴儿，食之已狂。

诸怀　　　　　　　　　　　　　　　　鮨鱼

【译文】

　　再向北二百里是北岳山，山中长着很多枳木、棘木和木质坚硬的树木。山中有一种兽，形状像牛，长着四只角，人一样的眼睛，猪一样的耳朵，它的名字叫诸怀，发出的声音像大雁鸣叫，会吃人。诸怀水发源于这里，向西流入嚣水，水中有很多鮨鱼，长着鱼的身子，狗一样的脑袋，发出的声音像婴儿啼哭，吃了它的肉可以治疗癫狂病。

【注释】

①北岳之山：即北岳山，山名，具体所指未详。一说指今山西境内的恒山。

②枳：见 2.9 注③。　③棘：即酸枣树。　④刚木：木质坚硬的树木，如檀、柘之类。　⑤彘：猪。

⑥诸怀：传说中的一种兽。

⑦诸怀之水：即诸怀水，水名，具体所指未详。　⑧嚣水：水名，具体所指未详。与 2.14 中的嚣水不同。

⑨鮨鱼：传说中的一种鱼，外形与鲵鱼（俗称娃娃鱼）相似。

3.21 又北百八十里，曰浑夕之山①，无草木，多铜玉。嚣水出焉,而西北流注于海②。有蛇一首两身,名曰肥遗③,见(xiàn)则其国大旱。

肥遗

【译文】

　　再向北一百八十里是浑夕山,山中不长草木,有很多铜和玉。嚣水发源于这里,向西北流入海中。山中有一种蛇,长着一个头,两个身子,名字叫肥遗,它在哪个国家出现,哪个国家就会发生大旱。

【注释】

①浑夕之山:即浑夕山,山名,具体所指未详。一说在今山西境内。　②海:水名,具体所指未详。　③肥遗:传说中的一种蛇。与2.7中的肥遗不同。

3.22 又北五十里,曰北单之山①,无草木,多葱韭。

【译文】

　　再向北五十里是北单山,山中不长草木,长着很多葱和韭菜。

【注释】

①北单之山:即北单山,山名,具体所指未详。一说当在今内蒙古境内。

3.23 又北百里,曰羆(pí)差之山①,无草木,多马。

【译文】

　　再向北一百里是羆差山,山中不长草木,有很多马。

【注释】

①羆差之山:即羆差山,山名,具体所指未详。一说在今内蒙古境内。

3.24 又北百八十里,曰北鲜之山①,是多马。鲜水②出焉,而西北流注于涂吾之水③。

【译文】

  再向北一百八十里是北鲜山,山中有很多马。鲜水发源于这里,向西北流入涂吾水。

【注释】

①北鲜之山:即北鲜山,山名,具体所指未详。一说在今蒙古国境内。　②鲜水:水名,具体所指未详。　③涂吾之水:即涂吾水,水名,具体所指未详。

  3.25 又北百七十里,曰堤山①,多马。有兽焉,其状如豹而文首,名曰狕(yǎo)②。堤水③出焉,而东流注于泰泽④,其中多龙龟⑤。

【译文】

  再向北一百七十里是堤山,山中有很多马。山中有一种兽,它的形状像豹,头部有花纹,名字叫狕。堤水发源于这里,向东流入泰泽,水中有很多龙龟。

【注释】

①堤山:山名,具体所指未详。一说当在今蒙古境内。　②狕:兽名,具体所指未详。　③堤水:水名,具体所指未详。　④泰泽:水名,具体所指未详。一说指今贝加尔湖。与3.19中的泰泽不同。　⑤龙龟:一说指龙和龟;一说指大龟。

  3.26 凡北山经之首,自单狐之山①至于堤山,凡二十五山,五千四百九十里。其神②皆人面蛇身,其祠③之:毛④用一雄鸡、彘(zhì)⑤瘗(yì)⑥,吉玉⑦用一珪(guī)⑧,瘗而不糈(xǔ)⑨。其山北人皆生食不火之物。

【译文】

  总计北山经中第一列山系中的山,从首座单狐山到堤山,共二十五座山,长为五千四百九十里。这些山的山神都是人面蛇身,祭祀他们的方法是:带毛的动物用一只雄鸡和一头猪,把它们埋入地下;用一块圭为吉玉,把它埋入地下,祭祀时不用精米。那些住在山的北面的人,都是生吃未经用火烧煮过的食物。

【注释】

①单狐之山:见3.1注①。　②神:指山神。　③祠:祭祀。　④毛:见1.10注⑤。　⑤彘:猪。　⑥瘗:埋葬。　⑦吉玉:彩色的玉。　⑧珪:见2.20注⑮。　⑨糈:祭神用的精米。

二、北次二经

【解读】

北次二经记述了主要在中国北部的十六座山（3.43 中称十七座山），位于北山一经所记的山列的东面，其中大部分山的位置都难以确定，但它们大致在今山西、河北、内蒙古以及蒙古国等境内。

北次二经中记述的奇禽怪兽有：四翼、一目、大尾的嚣鸟，形状像乌而人面的鹲鹛（pánmào），羊身人面、目在腋下、虎齿人爪的狍鸮（páoxiāo），牛尾白身、长着一只角的驳（bó）马。经中还记述了一种名叫三桑树的怪树，树干上没有旁枝，高达百仞。

3.27 北次二经之首，在河之东，其首枕汾①，其名曰管涔（cén）之山②。其上无木而多草，其下多玉。汾水出焉，而西流注于河。

【译文】

北山经中第二列山系中的首座山位于黄河的东面，起始于汾河边上，名字叫管涔山。山上不长树木，长着很多草，山下有很多玉。汾水发源于这里，向西流入黄河。

【注释】

①汾：指汾河，水名，在今山西中部，是黄河第二大支流。源出宁武县管涔山，在河津市西入黄河。　②管涔之山：即管涔山，山名，在今山西宁武县境内。

3.28 又北①二百五十里，曰少阳之山②，其上多玉，其下多赤银。酸水③出焉，而东流注于汾水，其中多美赭（zhě）④。

【译文】

再向北二百五十里是少阳山，山上有很多玉，山下有很多红色的银。酸水发源于这里，向东流入汾河，水中有很多优质红土。

【注释】

①北：有的本子作"西"。　②少阳之山：即少阳山，山名，具体所指未详。一说在今山西交城县西。　③酸水：水名，具体所指未详。　④赭：红土。

3.29 又北五十里，曰县雍之山①，其上多玉，其下多铜，其兽多闾（lú）②麋（mí）③，其鸟多白翟（dí）④、白鵺（yǒu）⑤。晋水⑥出焉，而东南流注于汾水。其中多鮆（jǐ）鱼⑦，其状如儵（tiáo）⑧而赤鳞，其音如叱⑨，食之不骄⑩。

【译文】

再向北五十里是县雍山，山上有很多玉，山下有很多铜，山中的兽多为闾和麋鹿，鸟多为白色的长尾野鸡和白鵺。晋水发源于这里，向东南流入汾河。水中有很多鮆鱼，它的形状像鲦鱼，长着红色的鱼鳞，发出的声音像在大声呵斥，吃了它的肉可以消除骚臭。

【注释】

①县雍之山：即县雍山，山名，一说在今山西省太原市境内。　②闾：一种像驴的兽。　③麋：见2.36注②。④翟：长尾的野鸡。　⑤白鵺：野鸡一类的鸟。　⑥晋水：水名，在今山西境内。　⑦鮆鱼：见1.17注⑥。⑧儵：通"鲦（tiáo）"，鱼名，又称白鲦（tiáo）或鳘（cān）鲦，一种生于淡水的小白鱼。　⑨叱：大声呵斥。　⑩骄：通"骚"，指骚臭。有的本子作"骚"。

3.30　又北二百里，曰狐歧之山①，无草木，多青碧②。胜水③出焉，而东北流注于汾水④，其中多苍玉⑤。

【译文】

再向北二百里是狐歧山，山中不长草木，有很多青玉石。胜水发源于这里，向东北流入汾河，水中有很多青色的玉。

【注释】

①狐歧之山：即狐歧山，山名，具体所指未详。一说在今山西境内。歧：有的本子作"岐"。　②青碧：一种青玉石。③胜水：水名，具体所指未详。一说在今山西境内。　④汾水：见3.27注①。⑤苍玉：青色的玉。

3.31　又北三百五十里，曰白沙山①，广员②三百里，尽沙也，无草木鸟兽。鲔（wěi）水③出于其上，潜于其下，是多白玉。

【译文】

再向北三百五十里是白沙山，这座山长宽达三百里，到处都是沙子，

【注释】

①白沙山：山名，具体所指未详。一说在今内蒙古境内。

没有草木和鸟兽。鲔水发源于白沙山的山上,在山下潜流,水中有很多白玉。

②广员:指土地面积的长和宽。　③鲔水:水名,具体所指未详。

3.32 又北四百里,曰尔是之山①,无草木,无水。

【译文】

再向北四百里是尔是山,山中不长草木,也没有水。

【注释】

①尔是之山:即尔是山,山名,具体所指未详。

3.33 又北三百八十里,曰狂山①,无草木。是山也,冬夏有雪。狂水②出焉,而西流注于浮水③,其中多美玉。

【译文】

再向北三百八十里是狂山,山中不长草木。这座山无论冬天还是夏天都有雪。狂水发源于这里,向西流入浮水,水中有很多美玉。

【注释】

①狂山:山名,具体所指未详。一说在今山西境内。　②狂水:传说中的河名。　③浮水:水名,具体所指未详。

3.34 又北三百八十里,曰诸余之山①,其上多铜玉,其下多松柏。诸余之水②出焉,而东流注于㫰(máo)水③。

【译文】

再向北三百八十里是诸余山,山上有很多铜和玉,山下长着很多松树和柏树。诸余水发源于这里,向东流入㫰水。

【注释】

①诸余之山:即诸余山,山名,具体所指未详。一说在今内蒙古境内。②诸余之水:即诸余水,水名,具体所指未详。　③㫰水:水名,具体所指未详。一说即今辽河。

3.35 又北三百五十里,曰敦头之山①,其上多金玉,无草木。㫰水出焉,而东流注于印泽②。其中多𩢲(bó)马③,牛尾而白身,一角,其音如呼。

【译文】

　　再向北三百五十里是敦头山，山上有很多金和玉，不长草木。旃水发源于这里，向东流入印泽。水中有很多騂马，长着牛一样的尾巴，全身白色，一只角，发出的声音像人在呼叫。

【注释】

①敦头之山：即敦头山，山名，具体所指未详。一说在今内蒙古境内。　②印泽：水名，具体所指未详。印：有的本子作"邛（qióng）"。　③騂马：传说中的兽名。

騂马

狍鸮

　　3.36 又北三百五十里，曰钩吾之山①，其上多玉，其下多铜。有兽焉，其状如②羊身人面，其目在腋下，虎齿人爪③，其音如婴儿，名曰狍鸮（páoxiāo）④，是食人。

【译文】

　　再向北三百五十里是钩吾山，山上有很多玉，山下有很多铜。山中有一种兽，形状是羊身人面，眼睛长在腋下，长着虎一样的牙齿，人一样的手，叫声像婴儿啼哭，名字叫狍鸮，会吃人。

【注释】

①钩吾之山：即钩吾山，山名，具体所指未详。一说在今山西境内。　②如：疑为衍文。　③爪：人的指甲。亦指手指或手。　④狍鸮：传说中的一种兽。

　　3.37 又北三百里，曰北嚣之山①，无石，其阳多碧②，其阴多玉。有兽焉，其状如虎，而白身犬首，马尾彘（zhì）③鬣（liè）④，名曰独狢（yù）⑤。有鸟焉，其状如乌，人面，名曰鹌鹋（pánmào）⑥，宵飞而昼伏，食之已⑦暍（yē）⑧。涔（cén）水⑨出焉，而东流注于邛（qióng）泽⑩。

【译文】

再向北三百里是北嚣山，山中没有石头，山的阳面有很多碧，阴面有很多玉。山中有一种兽，形状像虎，全身白色，长着狗一样的头，马一样的尾巴，猪一样的鬃毛，名字叫独狢。山中有一种鸟，形状像乌鸦，长着人一样的脸，名字叫鹌鹋，它晚上飞行，白天隐伏，吃了它的肉可以治疗中暑。涔水发源于这里，向东流入邛泽。

【注释】

①北嚣之山：即北嚣山，山名，具体所指未详。一说在今山西境内。

②碧：青绿色或青白色的玉。

③豲：猪。　　④鬣：兽类颈上的长毛。　　⑤独狢：传说中的一种兽。　　⑥鹌鹋：传说中的一种鸟。　　⑦已：治愈。　　⑧暍：中暑。　　⑨涔水：水名，具体所指未详。涔：一说应作"浛"。

⑩邛泽：水名，具体所指未详。邛：一说即"印"或"卬"。

鹌鹋　　　　　　　　　　　　　　　器

3.38 又北三百五十里，曰梁渠之山①，无草木，多金玉。修水②出焉，而东流注于雁门③。其兽多居暨④，其状如彚（huì）⑤而赤毛，其音如豚⑥。有鸟焉，其状如夸父⑦，四翼、一目、犬尾，名曰器⑧，其音如鹊，食之已腹痛，可以止衕（dòng）⑨。

【译文】

　　再向北三百五十里是梁渠山，山中不长草木，有很多金和玉。修水发源于这里，向东流入雁门。山中的兽多为居暨，形状像刺猬，长着红色的毛，发出的声音像猪叫。山中有一种鸟，形状像夸父，长着四只翅膀，一只眼睛，狗一样的尾巴，名字叫作嚣，叫声像喜鹊，吃了它的肉可以治疗腹痛，还可以止住腹泻。

【注释】

①梁渠之山：即梁渠山，山名，具体所指未详。一说在今内蒙古境内。
②修水：水名，具体所指未详。一说即今内蒙古的东洋河。　③雁门：水名，具体所指未详。一说即今南洋河，源出山西雁门山。　④居暨：兽名。　⑤彙：同"彙"，指刺猬。
⑥豚：小猪；也泛指猪。　⑦夸父：兽名。一说即"举父"，见2.39注⑭。　⑧嚣：传说中的一种鸟。与2.10中的嚣不同。　⑨衕：腹泻。

　　3.39　又北四百里，曰姑灌之山①，无草木。是山也，冬夏有雪。

【译文】

　　再向北四百里是姑灌山，山中不长草木。这座山上无论冬天还是夏天都有雪。

【注释】

①姑灌之山：即姑灌山，山名，具体所指未详。

　　3.40　又北三百八十里，曰湖灌之山①，其阳多玉，其阴多碧②，多马。湖灌之水③出焉，而东流注于海，其中多鳣（shàn）④。有木焉，其叶如柳而赤理。

【译文】

　　再向北三百八十里是湖灌山，山的阳面有很多玉，阴面有很多碧，还有很多马。湖灌水发源于这里，向东流入大海，水中有很多鳝鱼。山中有一种树，叶子像柳叶，有红色的纹理。

【注释】

①湖灌之山：即湖灌山，山名，具体所指未详。一说在今河北境内。
②碧：青绿色或青白色的玉。
③湖灌之水：即湖灌水，水名，具体所指未详。一说即沽水。　④鳣：同"鳝"，指鳝鱼。

　　3.41　又北水行五百里，流沙①三百里，至于洹（huán）山②，其上多金玉。三桑③生之，其树皆无枝，其高百仞④。百果树生之。其下多怪蛇。

【译文】

再向北走五百里水路，经过三百里流沙，就到了洹山，山上有很多金和玉。山中长着三桑树，树干上都没有分杈，高达百仞。山中还生长着各种果树。山下有很多怪蛇。

【注释】

①流沙：沙漠。见 2.44 注③。
②洹山：山名，具体所指未详。　③三桑：传说中的一种树。　④仞：古时以八尺或七尺为一仞。

3.42 又北三百里，曰敦题之山①，无草木，多金玉。是镇（chún）②于北海③。

【译文】

再向北三百里是敦题山，山中不长草木，有很多金和玉。敦题山位于北海岸边。

【注释】

①敦题之山：即敦题山，山名，具体所指未详。　②镇：通"蹲"，指蹲踞。
③北海：水名，具体所指未详。一说这里指贝加尔湖。

3.43 凡北次二经之首，自管涔（cén）之山①至于敦题之山，凡十七山，五千六百九十里。其神②皆蛇身人面。其祠③：毛④用一雄鸡、彘（zhì）⑤瘗（yì）⑥；用一璧一珪（guī）⑦，投而不糈（xǔ）⑧。

北次二经山神

【译文】

总计北山经中第二列山系中的山,从首座管涔山到敦题山,共十七座山,长为五千六百九十里。这些山的山神都是蛇身人面。祭祀这些山神的方法是:带毛的动物用一只雄鸡和一头猪,把它们埋入地下;用一块璧和一块圭,把它们投入山中,祭神时不用精米。

【注释】

①管涔之山:见3.27注②。②神:指山神。③祠:祭祀。④毛:见1.10注⑤。⑤彘:猪。⑥瘗:埋葬。⑦珪:见2.20注⑮。⑧糈:祭神用的精米。

三、北次三经

【解读】

北次三经记述了中国北部的四十七座山(3.91中称四十六座山),位于北次二经所记之山列的东面,只有极少数山如王屋山、发鸠山、碣(jié)石山等的具体位置基本可以确定,其余山的位置均难以确考,但它们大致位于今山西、河南、河北、内蒙古等境内。

北次三经中也记述了不少奇禽怪兽,如形状像蛇而四翼、六目、三足的酸与鸟,形状像鹊而六足的鹊(bēn)鸟,形状像牛而三足的獂(huán),形状像羊而一角一目的辣(dōng)辣,形状像白犬而会飞的天马,等等。著名神话传说精卫填海即出于北次三经。

3.44 北次三经之首,曰太行之山①。其首曰归山②,其上有金玉,其下有碧③。有兽焉,其状如麢(líng)④羊而四角,马尾而有距⑤,其名曰驿(hún)⑥,善还(xuán)⑦,其鸣自训(jiào)⑧。有鸟焉,其状如鹊,白身、赤尾、六足,其名曰鹊(bēn)⑨,是善惊,其鸣自诙(xiào)⑩。

【译文】

北山经中第三列山系中的第一座山是太行山。太行山中起首的山是归山,山上有金和玉,山下有碧。山中有一种兽,形状像

【注释】

①太行之山:即太行山,山名,具体所指未详。一说在今山西高原和河北平原间。②归山:山名,具体所指未详。一说在今山西境内;

羚羊,长着四只角,马一样的尾巴,脚上有鸡一样的爪子,它的名字叫䮝,善于盘旋起舞,它的叫声像在喊自己的名字。山中有一种鸟,形状像喜鹊,白色的身子,红色的尾巴,长着六只脚,它的名字叫鸉,很容易受惊,它的鸣叫声仿佛在喊自己的名字。

一说在今河南境内。　③碧:青绿色或青白色的玉。　④麢:同"羚",指羚羊。　⑤距:雄鸡爪后面突出像脚趾的部分。
⑥䮝:传说中的一种兽。
⑦还:旋转。　⑧讦:同"叫",大声叫唤。　⑨鸉:传说中的一种鸟。　⑩詨:呼唤;大叫。

䮝

鸉

3.45 又东北二百里,曰龙侯之山①,无草木,多金玉。决决之水②出焉,而东流注于河。其中多人鱼③,其状如鲋(tí)鱼④,四足,其音如婴儿,食之无痴疾。

【译文】

　　再向东北二百里是龙侯山,山中不长草木,有很多金和玉。决决水发源于这里,向东流入黄河。水中有很多人鱼,形状像鲵鱼,长着四只脚,发出的声音像婴儿啼哭,人吃了它的肉后不会得痴呆症。

【注释】

①龙侯之山:即龙侯山,山名,具体所指未详。一说在今河南境内。
②决决之水:即决决水,水名,具体所指未详。　③人鱼:指鲵(ní)鱼,俗称娃娃鱼。　④鲋鱼:即鲵鱼。这里似应指鲇(nián)鱼。

人鱼　　　　　　　　　　　　　　　天马

　　3.46 又东北二百里,曰马成之山①,其上多文石,其阴多金玉。有兽焉,其状如白犬而黑头,见人则飞,其名曰天马②,其鸣自讯(jiào)③。有鸟焉,其状如乌,首白而身青、足黄,是名曰鶌鶋(qūjū)④,其鸣自诙(xiào)⑤,食之不饥,可以已⑥寓⑦。

【译文】

　　再向东北二百里是马成山,山上有很多带花纹的石头,山的阴面有很多金和玉。山中有一种兽,它的形状像白色的狗,头部却是黑色的,见到人就飞起来,名字叫天马,它的叫声就像在喊自己的名字。山中有一种鸟,它的形状像乌鸦,头部白色,身上青色,脚爪黄色,名字叫鶌鶋,它的鸣叫声就像在呼自己的名字,吃了它的肉后不会再感到饥饿,还可以治疗疣子。

【注释】

①马成之山:即马成山,山名,具体所指未详。一说在今山西境内。　②天马:传说中的一种兽。

③讯:同"叫",大声叫唤。

④鶌鶋:传说中的鸟名。

⑤诙:呼唤;大叫。

⑥已:治愈。　⑦寓:所指未详。一说指疣子;一说指健忘症。

　　3.47 又东北七十里,曰咸山①,其上有玉,其下多铜,是多松柏,草多茈(zǐ)草②。条菅(jiān)之水③出焉,而西南流注于长泽④。其中多器酸⑤,三岁一成,食之已疠(lì)⑥。

【译文】

　　再向东北七十里是咸山，山上有玉，山下有很多铜，山中长着很多松树和柏树，山中生长的草多为紫草。条菅水发源于这里，向西南流入长泽。水中有很多器酸，三年成熟（或变成）一次，吃了它可以治疗恶疮。

3.48　又东北二百里，曰天池之山①，其上无草木，多文石。有兽焉，其状如兔而鼠首，以其背飞，其名曰飞鼠②。渑（shéng）水③出焉，潜于其下，其中多黄垩（è）④。

飞鼠

【译文】

　　再向东北二百里是天池山，山上不长草木，有很多带花纹的石头。山中有一种兽，形状像兔子，但头部像鼠，依靠背部飞翔，它的名字叫飞鼠。渑水发源于这里，并在山底下潜流，水中有很多黄垩。

3.49　又东三百里，曰阳山①，其上多玉，其下多金铜。有兽焉，其状如牛而赤尾，其颈䯂（shèn）②，其状如句（gōu）瞿③，其名曰领胡④,其鸣自詨(xiào)⑤,食之已⑥狂。有鸟焉,其状如雌雉而五彩以文,是自为牝牡⑦,名曰象蛇⑧,其鸣自詨。留水⑨出焉,而南流注于河。其中有䱤(xiàn)父⑩之鱼,其状如鲋(fù)鱼⑪,鱼首而彘(zhì)⑫身,食之已呕。

【译文】

　　再向东三百里是阳山,山上有很多玉,山下有很多金和铜。山中有一种兽,形状像牛,尾巴红色,颈上的肉隆起如斗状,名字叫领胡,它的叫声像在喊自己的名字,吃了它的肉可以治疗癫狂症。山中有一种鸟,形状像雌野鸡,身上的花纹五彩斑斓,一身兼具雌雄二性,名字叫象蛇,它的叫声像在呼自己的名字。留水发源于这里,向南流入黄河。水中有䱤父鱼,它的形状像鲫鱼,长着鱼一样的头,猪一样的身子,吃了它的肉可以治疗呕吐。

【注释】

①阳山:山名,具体所指未详。一说在今山西境内。　②臅:肉隆起的样子。　③句瞿:即"勾瞿",古代斗的别名。　④领胡:传说中的兽名。　⑤詨:呼唤;大叫。　⑥已:治愈。　⑦牝牡:雌性和雄性。　⑧象蛇:古代传说中的鸟名。　⑨留水:水名,具体所指未详。　⑩䱤父:传说中的鱼名。一说即䱤鱼,又叫鳡(gǎn)鱼。体长大,青黄色,吻尖,性凶猛。　⑪鲋鱼:鲫鱼。　⑫彘:猪。

　　3.50 又东三百五十里,曰贲(fèn)闻之山①,其上多苍玉②,其下多黄垩(è)③,多涅石④。

【译文】

　　再向东三百五十里是贲闻山,山上有很多青色的玉,山下有很多黄垩,还有很多黑矾石。

【注释】

①贲闻之山:即贲闻山,山名,具体所指未详。贲:一说音bēn。　②苍玉:青色的玉。　③垩:可用来涂饰的有色土。　④涅石:即黑矾石,可作染料。

　　3.51 又北百里,曰王屋之山①,是多石。㶟(lián)水②出焉,而西北流注于泰泽③。

【译文】

再向北一百里是王屋山，山中有很多石头。�水发源于这里，向西北流入泰泽。

【注释】

①王屋之山：即王屋山，山名，在今山西阳城、垣曲县之间。一说在今河南济源市。　②瀓水：水名，一说即济水。　③泰泽：水名，具体所指未详。与3.19、3.25中的泰泽都不同。

3.52 又东北三百里，曰教山①，其上多玉而无石。教水②出焉，西流注于河，是水冬干而夏流，实惟干河。其中有两山，是山也，广员③三百步，其名曰发丸之山④，其上有金玉。

【译文】

再向东北三百里是教山，山上有很多玉，没有石头。教水发源于这里，向西流入黄河，这条河冬季干涸，夏季才有水流，实际上是一条干河。教水流经的地方有两座山，山的长宽为三百步，名字叫发丸山，山上有金和玉。

【注释】

①教山：山名，具体所指未详。一说在今山西垣曲县北。　②教水：水名，具体所指未详。一说在今山西垣曲县，经古城入黄河。③广员：指土地面积的长和宽。④发丸之山：即发丸山，山名，具体所指未详。

3.53 又南三百里，曰景山①，南望盐贩之泽②，北望少泽③。其上多草、薯萌（yù）④，其草多秦椒⑤；其阴多赭（zhě）⑥，其阳多玉。有鸟焉，其状如蛇而四翼、六目、三足，名曰酸与⑦，其鸣自詨（xiào）⑧，见（xiàn）则其邑⑨有恐。

酸与

【译文】

　　再向南三百里是景山，南面可以看见盐贩泽，北面可以看见少泽。山上长着很多草，还有山药，所长的草多为花椒；山的阴面有很多红土，阳面有很多玉。山中有一种鸟，形状像蛇，长着四只翅膀、六只眼睛、三只脚，名字叫酸与，它的鸣叫声仿佛在呼自己的名字，它在哪个地方出现，哪个地方就会有令人恐慌的事情发生。

【注释】

①景山：山名，具体所指未详。一说在今山西闻喜县。　②盐贩之泽：即盐贩泽，古泽名，在今山西运城市东。　③少泽：水名，具体所指未详。　④薯芎：即"薯蓣（yù）"，多年生缠绕藤本植物，也叫山药。　⑤秦椒：即花椒。因产于秦地，故名。　⑥赭：红土。　⑦酸与：传说中的一种鸟。　⑧訩：呼唤；大叫。　⑨邑：人民聚居的地方。

3.54 又东南三百二十里，曰孟门之山①，其上多苍玉②，多金；其下多黄垩（è）③，多涅石④。

【译文】

　　再向东南三百二十里是孟门山，山上有很多青色的玉，还有很多金；山下有很多黄垩，还有很多黑矾石。

【注释】

①孟门之山：即孟门山，山名，具体所指未详。一说在今河南辉县西。　②苍玉：青色的玉。　③垩：可用来涂饰的有色土。　④涅石：即黑矾石，可做染料。

3.55 又东南三百二十里，曰平山①。平水②出于其上，潜于其下，是多美玉。

【译文】

　　再向东南三百二十里是平山。平水发源于平山的山上，在平山山下潜流，这一带有很多美玉。

【注释】

①平山：山名，具体所指未详。　②平水：水名，具体所指未详。

3.56 又东三百里，曰京山①，有美玉，多漆木②，多竹。其阳有赤铜,其阴有玄碏(sù)③。高水④出焉,南流注于河。

【译文】

再向东三百里是京山,山中有美玉,长着很多漆树,还长着很多竹。山的阳面有赤铜,阴面有黑色的磨刀石。高水发源于这里,向南流入黄河。

【注释】

①京山:山名,具体所指未详。一说指今山西境内的霍山。　②漆木:见2.69注②。　③玄碏:黑色的磨刀石。玄:黑色。碏:磨刀石。　④高水:水名,具体所指未详。

3.57 又东二百里,曰虫尾之山①,其上多金玉,其下多竹,多青碧②。丹水③出焉,南流注于河;薄水④出焉,而东南流注于黄泽⑤。

【译文】

再向东二百里是虫尾山,山上有很多金和玉,山下长着很多竹,还有很多青玉石。丹水发源于这里,向南流入黄河;薄水也发源于这里,向东南流入黄泽。

【注释】

①虫尾之山:即虫尾山,山名,具体所指未详。一说在今山西境内。　②青碧:一种青玉石。　③丹水:水名,具体所指未详。　④薄水:水名,具体所指未详。一说即今波河,流入卫水。　⑤黄泽:水名,具体所指未详。

3.58 又东三百里,曰彭毗之山①,其上无草木,多金玉,其下多水。蚤林之水②出焉,东南流注于河;肥水③出焉,而南流注于床水④,其中多肥遗之蛇⑤。

【译文】

再向东三百里是彭毗山,山上不长草木,有很多金和玉,山下有很多水。蚤林水发源于这里,向东南流入黄河;肥水也发源于这里,向南流入床水,水中有很多肥遗蛇。

【注释】

①彭毗之山:即彭毗山,山名,具体所指未详。　②蚤林之水:即蚤林水,水名,具体所指未详。　③肥水:水名,具体所指未详。　④床水:水名,具体所指未详。一说即今河南北部的淇水。　⑤肥遗之蛇:即肥遗蛇,见3.21注③。

3.59 又东百八十里,曰小侯之山①。明漳之水②出焉,南流注于黄泽③。有鸟焉,其状如乌而白文,名曰鸪䳑(gūxí)④,食之不灂(jiào)⑤。

【译文】

　　再向东一百八十里是小侯山。明漳水发源于这里,向南流入黄泽。山中有一种鸟,形状像乌鸦,身上有白色的花纹,名字叫鸪䳑,吃了它的肉后眼睛就不会昏蒙。

【注释】

①小侯之山:即小侯山,山名,具体所指未详。一说在今河南境内。②明漳之水:即明漳水,水名,具体所指未详。　③黄泽:见3.57注⑤。　④鸪䳑:鸟名。　⑤灂:眼睛昏蒙。

3.60 又东三百七十里,曰泰头之山①。共水②出焉,南注于虖池(hūtuó)③。其上多金玉,其下多竹箭④。

【译文】

　　再向东三百七十里是泰头山。共水发源于这里,向南流入滹沱河。山上有很多金和玉,山下长着很多细竹。

【注释】

①泰头之山:即泰头山,山名,具体所指未详。②共水:水名,具体所指未详。　③虖池:同"滹沱"(hūtuó),水名,即今滹沱河,位于今河北西部,源出山西繁峙县东之泰戏山。　④竹箭:细竹。一说指箭竹。

3.61 又东北二百里,曰轩辕之山①,其上多铜,其下多竹。有鸟焉,其状如枭(xiāo)②而白首,其名曰黄鸟③,其鸣自詨(xiāo)④,食之不妒。

【译文】

　　再向东北二百里是轩辕山,山上有很多铜,山下长着很多竹。山中有一种鸟,形状像猫头鹰,头部白色,名字叫黄鸟,它的鸣叫声像在喊自己的名字,吃了它的肉可以使人不忌妒。

【注释】

①轩辕之山:即轩辕山,山名,具体所指未详。一说在今河北献县境内。　②枭:即"鸮(xiāo)",指猫头鹰一类的鸟。　③黄鸟:鸟名,具体所指未详。④詨:呼唤;大叫。

3.62 又北二百里,曰谒戾之山①,其上多松柏,有金玉。沁水②出焉,南流注于河。其东有林焉,名曰丹林。丹林之水③出焉,南流注于河;婴侯之水④出焉,北流注于汜(sì)水⑤。

【译文】

再向北二百里是谒戾山,山上长着很多松树和柏树,还有金和玉。沁水发源于这里,向南流入黄河。山的东面有一片树林,名字叫丹林。丹林水发源于这一带,向南流入黄河;婴侯水也发源于这一带,向北流入汜水。

【注释】

①谒戾之山:即谒戾山,山名,具体所指未详。一说在今山西境内。 ②沁水:水名,发源于今山西沁源县,南流至今河南武陟(zhì)县南入黄河。另有沁河,发源于今河北省邯郸之紫金山。 ③丹林之水:即丹林水,水名,具体所指未详。一说即今丹河,发源于山西高平县。 ④婴侯之水:即婴侯水,水名,具体所指未详。一说即今山西平遥县东南的中都河。 ⑤汜水:水名,具体所指未详。汜:有的本子作"汜"。

3.63 东三百里,曰沮洳(jùrù)之山①,无草木,有金玉。濝(qí)水②出焉,南流注于河。

【译文】

向东三百里是沮洳山,山中不长草木,有金和玉。濝水发源于这里,向南流入黄河。

【注释】

①沮洳之山:即沮洳山,山名,具体所指未详。 ②濝水:水名,即淇水,在今河南北部,古为黄河支流,后成为卫河支流。

3.64 又北三百里,曰神囷(qūn)之山①,其上有文石,其下有白蛇,有飞虫。黄水②出焉,而东流注于洹(huán)③;滏(fǔ)水④出焉,而东流注于欧水⑤。

【译文】

再向北三百里是神囷山,山上有带花纹的石头,山下有白蛇,还有飞虫。黄

【注释】

①神囷之山:即神囷山,山名,具体所指未详。一说在今河南境内。 ②黄水:水名,具体所指未详。 ③洹:水名,今

水发源于这里，向东流入
洹水；滏水也发源于这里，
向东流入欧水。

名安阳河，在今河南北部。　　④滏水：
水名，今名滏阳河，在今河北西南部。
⑤欧水：水名，具体所指未详。

3.65 又北二百里，曰发鸠之山①，其上多柘(zhè)木②。有鸟
焉，其状如乌，文首、白喙、赤足，名曰精卫③，其鸣自詨(xiào)④。
是炎帝⑤之少女，名曰女娃。女娃游于东海⑥，溺而不返，故为精
卫，常衔西山之木石，以堙(yīn)⑦于东海。漳水⑧出焉，东流注于
河。

精卫

【译文】
　　再向北二百里是发鸠山，
山上长着很多柘树。山中有一
种鸟，形状像乌鸦，头上有花
纹，白色的嘴，红色的脚爪，名
字叫精卫，它的鸣叫声像在喊
自己的名字。精卫本是炎帝的
小女儿，名字叫女娃。女娃一
次去东海边游玩，不慎落入海
中，再也没有回来，所以就化
身为精卫，常常衔着西山上的
树枝和石块，想要把东海填
平。漳水发源于这里，向东流
入黄河。

【注释】
①发鸠之山：即发鸠山，山名，在今山
西长子县。　　②柘木：即柘树，见
3.13注③。　　③精卫：神话传说中
的一种鸟。　　④詨：呼唤；大叫。
⑤炎帝：传说中上古姜姓部落的首领，
号烈山氏，与黄帝一起被尊为中华民
族的祖先。一说炎帝即神农氏，是农业
和医药的发明者。　　⑥东海：见
1.9"解读"。　　⑦堙：填塞。
⑧漳水：水名，即漳河，在今河北、河
南两省边境。有清漳河、浊漳河两源，
均出今山西东南部，在河北南部合漳
镇汇合后称漳河，流入卫河。

3.66 又东北百二十里,曰少山①,其上有金玉,其下有铜。清漳之水②出焉,东流于浊漳之水③。

【译文】

　　再向东北一百二十里是少山,山上有金和玉,山下有铜。清漳水发源于这里,向东流入浊漳水。

【注释】

①少山:山名,具体所指未详。一说在今山西境内。　②清漳之水:即清漳水,水名,漳河的源头之一。　③浊漳之水:即浊漳水,水名,漳河的另一个源头。

3.67 又东北二百里,曰锡山①,其上多玉,其下有砥(dǐ)②。牛首之水③出焉,而东流注于滏(fǔ)水④。

【译文】

　　再向东北二百里是锡山,山上有很多玉,山下有细磨刀石。牛首水发源于这里,向东流入滏水。

【注释】

①锡山:山名,具体所指未详。一说在今河北境内。　②砥:细的磨刀石。　③牛首之水:即牛首水,水名,具体所指未详。一说源出今河北邯郸西北。　④滏水:见3.64注④。

3.68 又北二百里,曰景山①,有美玉。景水②出焉,东南流注于海泽③。

【译文】

　　再向北二百里是景山,山中有美玉。景水发源于这里,向东南流入海泽。

【注释】

①景山:山名,具体所指未详。一说在今河北境内。与3.53中的景山不同。　②景水:水名,具体所指未详。一说即今洺(míng)河,在今河北南部。　③海泽:水名,具体所指未详。

3.69 又北百里,曰题首之山①,有玉焉,多石,无水。

【译文】

　　再向北一百里是题首山,山中有玉,有很多石头,没有水。

【注释】

①题首之山:即题首山,山名,具体所指未详。

3.70 又北百里，曰绣山①，其上有玉、青碧②。其木多栒（xún）③，其草多芍药④、芎䓖（xiōngqióng）⑤。洧（wěi）水⑥出焉，而东流注于河，其中有鱯（hù）⑦、黾（měng）⑧。

【译文】

再向北一百里是绣山，山上有玉和青碧。山中生长的树多为栒树，生长的草多为芍药和芎䓖。洧水发源于这里，向东流入黄河，水中有鱯鱼和黾。

【注释】

①绣山：山名，具体所指未详。一说在今河北境内。　②青碧：一种青玉石。　③栒：木名。　④芍药：多年生草本植物，花大而美丽，可供观赏。　⑤芎䓖：见2.69注⑥。　⑥洧水：水名，具体所指未详。一说即今北沙河，源出河北内丘县境；一说即今双洎河，源出河南登封市阳城山。　⑦鱯：鱼名，像鲇（nián）鱼。　⑧黾：蛙的一种。

3.71 又北百二十里，曰松山①。阳水②出焉，东北流注于河。

【译文】

再向北一百二十里是松山。阳水发源于这里，向东北流入黄河。

【注释】

①松山：山名，具体所指未详。　②阳水：水名，具体所指未详。

3.72 又北百二十里，曰敦与之山①，其上无草木，有金玉。溹（suǒ）水②出于其阳，而东流注于泰陆之水③；泜（zhī）水④出于其阴，而东流注于彭水⑤；槐水⑥出焉，而东流注于泜泽⑦。

【译文】

再向北一百二十里是敦与山，山上不长草木，有金和玉。溹水发源于敦与山的阳面，向东流入泰陆水；泜水发源于敦与山的阴面，向东流入彭水；槐水发源于这

【注释】

①敦与之山：即敦与山，山名，具体所指未详。一说在今河北境内。　②溹水：水名，今称索河，源出河南荥阳市南，流入贾鲁河。　③泰陆之水：即泰陆水，水名，具体所指未详。一说在今河北巨鹿县西。　④泜水：水名，今名泜河，源出河北临城县西。　⑤彭水：水名，具体所指未详。　⑥槐水：水名，具体所指未详。一说今名槐沙河，又名槐河，出河北赞皇

里,向东流入泒泽。　　　县西北。　　　⑦泒泽:水名,具体所指未详。

3.73 又北百七十里,曰柘(zhè)山①,其阳有金玉,其阴有铁。历聚之水②出焉,而北流注于洧(wěi)水③。

【译文】
　　再向北一百七十里是柘山,山的阳面有金和玉,阴面有铁。历聚水发源于这里,向北流入洧水。

【注释】
①柘山:山名,具体所指未详。一说在今河北境内。　　②历聚之水:即历聚水,水名,具体所指未详。
③洧水:见3.70注⑥。

3.74 又北三百里,曰维龙之山①,其上有碧玉,其阳有金,其阴有铁。肥水②出焉,而东流注于皋(gāo)泽③,其中多磥(lěi)④石。敞铁之水⑤出焉,而北流注于大泽⑥。

【译文】
　　再向北三百里是维龙山,山上有碧玉,山的阳面有金,阴面有铁。肥水发源于这里,向东流入皋泽,水中有很多巨石。敞铁水也发源于这里,向北流入大泽。

【注释】
①维龙之山:即维龙山,山名,具体所指未详。一说在今河北境内。　　②肥水:水名,具体所指未详。　　③皋泽:沼泽地带。一说是水名。　　④磥:同"礌",指巨石。　　⑤敞铁之水:即敞铁水,水名,具体所指未详。　　⑥大泽:大湖沼。一说是水名。

3.75 又北百八十里,曰白马之山①,其阳多石玉,其阴多铁,多赤铜。木马之水②出焉,而东北流注于虖池(hūtuó)③。

【译文】
　　再向北一百八十里是白马山,山的阳面有很多石头和玉,阴面有很多铁和赤铜。木马水发源于这里,向东北流入滹沱河。

【注释】
①白马之山:即白马山,山名,具体所指未详。一说在今山西境内。　　②木马之水:即木马水,水名,具体所指未详。一说即今牧马河,在山西盂县东北。　　③虖池:见3.60注③。

3.76 又北二百里,曰空桑之山①,无草木,冬夏有雪。空桑之水②出焉,东注于虖池。

【译文】

　　再向北二百里是空桑山,山中不长草木,无论冬天还是夏天都有雪。空桑水发源于这里,向东流入滹沱河。

【注释】

①空桑之山:即空桑山,山名,具体所指未详。一说即今云中山,在山西境内。　②空桑之水:即空桑水,水名,具体所指未详。一说即今云中河。

3.77 又北三百里,曰泰戏之山①,无草木,多金玉。有兽焉,其状如羊,一角一目,目在耳后,其名曰辣(dōng)辣②,其鸣自训(jiào)③。虖池之水④出焉,而东流注于溇(lóu)水⑤。液女之水⑥出于其阳,南流注于沁水⑦。

辣辣

【译文】

　　再向北三百里是泰戏山,山中不长草木,有很多金和玉。山中有一种兽,形状像羊,长着一只角,一只眼睛,而且眼睛长在耳朵后面,名字叫辣辣,它的叫声就像在喊自己的名字。滹沱河发源于这里,向东流入溇水。液女水发源于泰戏山的阳面,向南流入沁水。

【注释】

①泰戏之山:即泰戏山,山名,具体所指未详。一说该山又名武夫山,在今山西境内。　②辣辣:传说中的一种兽。　③训:同"叫",大声叫唤。④虖池之水:即滹沱水,见3.60注③。⑤溇水:水名,具体所指未详。⑥液女之水:即液女水,水名,具体所指未详。　⑦沁水:水名,具体所指未详。与今所说的沁河不同。

3.78 又北三百里,曰石山①,多藏②金玉。濩(huò)濩之水③出焉,而东流注于虖池;鲜于之水④出焉,而南流注于虖池。

【译文】

再向北三百里是石山,山中有很多优质的金和玉。濩濩水发源于这里,向东流入滹沱河;鲜于水也发源于这里,向南流入滹沱河。

【注释】

①石山:山名,具体所指未详。一说在今山西境内。 ②藏:见2.45注⑥。
③濩濩之水:即濩濩水,水名,具体所指未详。一说即今河北西部的大沙河。
④鲜于之水:即鲜于水,水名,具体所指未详。一说指今清水河,源出五台山西南。

3.79 又北二百里,曰童戎之山①。皋(gāo)涂之水②出焉,而东流注于溇(lóu)液水③。

【译文】

再向北二百里是童戎山。皋涂水发源于这里,向东流入溇液水。

【注释】

①童戎之山:即童戎山,山名,具体所指未详。一说在今山西境内。 ②皋涂之水:即皋涂水,水名,具体所指未详。 ③溇液水:水名,具体所指未详。一说可能指溇水和液女水。

3.80 又北三百里,曰高是之山①。滋水②出焉,而南流注于虖池(hūtuó)③。其木多棕④,其草多条⑤。滱(kòu)水⑥出焉,东流注于河。

【译文】

再向北三百里是高是山。滋水发源于这里,向南流入滹沱河。山中生长的树木多为棕榈,生长的草多为条草。滱水发源于这里,向东流入黄河。

【注释】

①高是之山:即高是山,山名,具体所指未详。一说在今山西灵丘县西北。 ②滋水:水名,即今河北省滋河。 ③虖池:见3.60注③。 ④棕:指棕榈。
⑤条:草名,具体所指未详。 ⑥滱水:古水名,上游即今河北定州市以上唐河。

3.81 又北三百里,曰陆山①,多美玉。鄴(jiāng)水②出焉,而东流注于河。

【译文】

再向北三百里是陆山,山中有很多美玉。鄴水发源于这里,向东流入黄河。

【注释】

①陆山:山名,具体所指未详。一说在今河北境内。　②鄴水:水名,具体所指未详。

3.82 又北二百里,曰沂山①。般(pán)水②出焉,而东流注于河。

【译文】

再向北二百里是沂山。般水发源于这里,向东流入黄河。

【注释】

①沂山:山名,具体所指未详。一说在今河北唐县东北。　②般水:水名,具体所指未详。

3.83 北百二十里,曰燕山①,多婴石②。燕水③出焉,东流注于河。

【译文】

向北一百二十里是燕山,山中有很多美丽似玉的石头。燕水发源于这里,向东流入黄河。

【注释】

①燕山:山名,具体所指未详。一说这里指今河北易县西南的山。　②婴石:古代传说中燕山所产之石,美似玉。又称燕石。　③燕水:水名,具体所指未详。一说指易水,即今雹河,源出河北易县。

3.84 又北山行五百里,水行五百里,至于饶山①。是无草木,多瑶碧②,其兽多橐(luò)驼③,其鸟多鹠(liú)④。历虢(guó)之水⑤出焉,而东流注于河。其中有师鱼⑥,食之杀人。

【译文】

再向北走五百里山路,五百里水路,就到了饶山。

【注释】

①饶山:山名,具体所指未详。一说即尧山,在今河北顺平县西。　②瑶碧:

山中不长草木,有很多瑶碧,山中的兽多为骆驼,鸟多为鸺鹠。历虢水发源于这里,向东流入黄河。水中有师鱼,人吃了它的肉会中毒而死。

两种玉名。见 2.53 注②。　③橐驼:即骆驼。　④鹠:即"鸺(xiū)鹠",鸟名,羽毛棕褐色,有横斑,尾巴黑褐色,腿部白色。　⑤历虢之水:即历虢水,水名,具体所指未详。　⑥师鱼:鱼名,具体所指未详。

3.85 又北四百里,曰乾山①,无草木,其阳有金玉,其阴有铁而无水。有兽焉,其状如牛而三足,其名曰獂(huán)②,其鸣自詨(xiào)③。

【译文】

　　再向北四百里是乾山,山中不长草木,山的阳面有金和玉,阴面有铁,但没有水。山中有一种兽,形状像牛,长着三条腿,名字叫獂,它的叫声像在喊自己的名字。

【注释】

①乾山:山名,具体所指未详。一说在今内蒙古境内。　②獂:传说中的一种兽。　③詨:呼唤;大叫。

獂　　　　　　　　　　　　　　　罴

3.86 又北五百里,曰伦山①。伦水②出焉,而东流注于河。有兽焉,其状如麋(mí)③,其川④在尾上,其名曰罴(pí)⑤。

【译文】

再向北五百里是伦山。伦水发源于这里，向东流入黄河。有一种兽，形状像麋鹿，肛门长在尾巴上，它的名字叫黑。

【注释】

①伦山：山名，具体所指未详。一说在今河北涞源县西部。　②伦水：水名，具体所指未详。一说即涞水，也叫拒马河，源出今河北涞源县。　③麋：即麋鹿，见2.36注②。④川：这里指肛门。　⑤黑：传说中的兽名。一说其后应有"九"字。

3.87　又北五百里，曰碣(jié)石之山①。绳水②出焉，而东流注于河，其中多蒲夷之鱼③。其上有玉，其下多青碧④。

【译文】

再向北五百里是碣石山。绳水发源于这里，向东流入黄河，水中有很多蒲夷鱼。山上有玉，山下有很多青碧。

【注释】

①碣石之山：即碣石山，山名，在今河北昌黎县北。　②绳水：水名，具体所指未详。　③蒲夷之鱼：即蒲夷鱼，鱼名，具体所指未详。　④青碧：一种青玉石。

3.88　又北水行五百里，至于雁门之山①，无草木。

【译文】

再向北走五百里水路，就到了雁门山，山中不长草木。

【注释】

①雁门之山：即雁门山，山名，具体所指未详。

3.89　又北水行四百里，至于泰泽①。其中有山焉，曰帝都之山②，广员③百里，无草木，有玉金。

【译文】

再向北走四百里水路，就到了泰泽。泰泽中有一座山，名叫帝都山，长宽达一百里，山中不长草木，有玉和金。

【注释】

①泰泽：见3.19注③。②帝都之山：即帝都山，山名，具体所指未详。　③广员：指土地面积的长和宽。

3.90 又北五百里,曰镎(chún)于母逢之山①,北望鸡号之山②,其风如飙(biāo)③。西望幽都之山④,浴水⑤出焉。是有大蛇⑥,赤首白身,其音如牛,见(xiàn)则其邑⑦大旱。

【译文】

再向北五百里是镎于母逢山,北面可以看见鸡号山,从那里吹来急骤的风。西面可以看见幽都山,浴水发源于这里。山中有一种大蛇,红色的蛇头,白色的蛇身,发出的声音像牛叫,它在哪个地方出现,哪个地方就会发生大旱。

【注释】

①镎于母逢之山:即镎于母逢山,山名,具体所指未详。母:有的本子作"毋"。

②鸡号之山:即鸡号山,山名,具体所指未详。一说当指今大、小兴安岭。

③飙:暴风。　④幽都之山:即幽都山,山名,具体所指未详。一说在今北京昌平境内。　⑤浴水:水名,具体所指未详。　⑥大蛇:这里指传说中的一种蛇。　⑦邑:人民聚居的地方。

3.91 凡北次三经之首,自太行之山①以至于无逢之山②,凡四十六山,万二千三百五十里。其神状皆马身而人面者廿神。其祠③之:皆用一藻茝(chǎi)④瘗(yì)⑤之。其十四神状皆彘(zhì)⑥身而载⑦玉。其祠之:皆玉,不瘗。其十神状皆彘身而八足蛇尾。其祠之:皆用一璧瘗之。大凡四十四神,皆用稌(tú)⑧糈(xǔ)⑨米祠之,此皆不火食。

【译文】

总计北山经中第三列山系中的山,从起首的太行山到无逢山,共四十六座山,长为一万二千三百五十里。这些山中有二十位山神的形状都是马身人面。祭祀他们的方法是:都把藻茝埋入地下。另外十四位山神都长着猪一样的身子,身上佩戴着玉。祭祀他们的方法是:都用玉,但不需要埋入地下。还有十位山神都长着猪一样的身子,八条腿,蛇一样的尾巴。祭祀他们的方法是:都

【注释】

①太行之山:见3.44注①。　②无逢之山:即镎于母逢之山。

③祠:祭祀。　④藻茝:所指未详。藻指水藻,茝为香草名。一说这里应作"藻珪"。

⑤瘗:埋藏。　⑥彘:猪。　⑦载:同"戴"。

二十神

十四神

十神

▲北次三经山神图，选自《中国清代宫廷版画》。

用一块璧玉,把它埋入地下。祭祀这四十四位山神时,都用粳米或糯米作祭祀用的精米,而且都不需要用火烧煮。

⑧稌:粳稻。也指糯稻。　⑨糈:祭神用的精米。

3.92 右①北经之山志②,凡八十七山,二万三千二百三十里。

【译文】

以上是北山经中记载的山,共八十七座山,长为二万三千二百三十里。

【注释】

①右:见 1.43 注①。

②志:记载的文字。

东山经第四

【解读】

　　东山经包括东山一经、东次二经、东次三经、东次四经四篇,记述了主要位于中国东部的一系列山,以及发源于这些山的河流,在这些山上生长的植物、动物及其形状、特点,出产的矿物,掌管这些山的山神的形状、祭祀这些山神的方法(东次四经除外)等。东山经共记述了四十六座山,除了极少数山,绝大部分山的具体位置都难以确定,但它们大致位于今山东、安徽、江苏、河北等境内及东部海域中。

一、东山一经

【解读】

　　东山一经记述了位于中国东部的十二座山,除了泰山外,其余山的具体位置都难以确定,但它们大致位于今山东、安徽境内。

　　东山一经中记述的奇禽怪兽不多,仅有形状像犬而六足的从从、形状像鸡而鼠毛的蚩(zī)鼠、形状像蛇而鱼翼的鯈鰩(tiáoyóng)三种。

　　4.1 东山经之首,曰樕螽(sùzhū)之山①,北临乾昧②。食水③出焉,而东北流注于海。其中多鱅(yōng)鱅之鱼④,其状如犁牛⑤,其音如彘(zhì)⑥鸣。

鱅鱅之鱼

【译文】

东山经中第一列山系中的首座山叫㹐𧐐山，它的北面临近乾昧山。食水发源于这一带，向东北流入大海。水中有很多鱅鱅鱼，它的形状像犁牛，发出的声音像猪叫。

【注释】

①㹐𧐐之山：即㹐𧐐山，山名，具体所指未详。一说在今山东境内。　②乾昧：传说中的山名。　③食水：水名，具体所指未详。　④鱅鱅之鱼：即鱅鱅鱼，传说中的一种鱼。　⑤犁牛：杂色牛。　⑥彘：猪。

4.2　又南三百里，曰藟（lěi）山①，其上有玉，其下有金。湖水②出焉，东流注于食水，其中多活师③。

【译文】

再向南三百里是藟山，山上有玉，山下有金。湖水发源于这里，向东流入食水，水中有很多蝌蚪。

【注释】

①藟山：山名，具体所指未详。
②湖水：水名，具体所指未详。
③活师：指蝌蚪。

4.3　又南三百里，曰枸（xún）状之山①，其上多金玉，其下多青碧石②。有兽焉，其状如犬，六足，其名曰从从③，其鸣自詨（xiào）④。有鸟焉，其状如鸡而鼠毛⑤，其名曰蚩（zī）鼠⑥，见（xiàn）则其邑⑦大旱。泜（zhǐ）水⑧出焉，而北流注于湖水。其中多箴（zhēn）鱼⑨，其状如儵（tiáo）⑩，其喙如箴，食之无疫疾。

【译文】

再向南三百里是枸状山，山上有很多金和玉，山下有很多青绿色的石头。山中有一种兽，形状像狗，长着六条腿，名字叫从从，它的叫声就像在喊自己的名字。山中有一种鸟，形状像鸡，长着鼠一样的毛，名字叫蚩鼠，它在哪个地方出现，哪个地方就会发生大旱。泜水发源于这里，向北流入湖水。水中有很多箴鱼，它的形状像鲦鱼，嘴

【注释】

①枸状之山：即枸状山，山名，具体所指未详。枸：又音sǔn。
②青碧石：青绿色的石头。一说指青碧、石。　③从从：传说中的一种兽。　④詨：呼唤；大叫。　⑤鼠毛：一说应作"鼠尾"。　⑥蚩鼠：传说中的一种鸟。　⑦邑：人民聚居的地方。　⑧泜水：水名，具体所指未详。　⑨箴鱼：鱼名。

从从　　　　　　　　　　　　　蟹鼠

部延长如针,吃了它的肉后不会　　箴:即"针"。　　⑩儵:见 3.29
染上瘟疫。　　　　　　　　　　　注⑧。

4.4 又南三百里,曰勃垒(qí)之山①,无草木,无水。

【译文】

　　再向南三百里是勃垒山,山中不长草木,也没有水。

【注释】

①勃垒之山:即勃垒山,山名,具体所指未详。垒:同"齐"。

4.5 又南三百里,曰番条之山①,无草木,多沙。减水②出焉,北流注于海,其中多鳡(gǎn)鱼③。

【译文】

　　再向南三百里是番条山,山中不长草木,到处是沙。减水发源于这里,向北流入大海,水中有很多鳡鱼。

【注释】

①番条之山:即番条山,山名。一说在今山东境内。　　②减水:水名,具体所指未详。　　③鳡鱼:鱼名,也叫黄钻、竿鱼等。体长,亚圆筒形,长可达 1 米。青黄色,口大,眼小,性凶猛。

4.6 又南四百里,曰姑儿之山①,其上多漆②,其下多桑、柘(zhè)③。姑儿之水④出焉,北流注于海,其中多鳡鱼。

【译文】

再向南四百里是姑儿山，山上长着很多漆树，山下长着很多桑树和柘树。姑儿水发源于这里，向北流入大海，水中有很多鳝鱼。

【注释】

①姑儿之山：即姑儿山，山名，具体所指未详。一说在今山东境内。 ②漆：见2.69注②。 ③柘：见3.13注③。 ④姑儿之水：即姑儿水，水名，具体所指未详。

4.7 又南四百里，曰高氏之山①，其上多玉，其下多箴（zhēn）石②。诸绳之水③出焉，东流注于泽，其中多金玉。

【译文】

再向南四百里是高氏山，山上有很多玉，山下有很多适合制针的石头。诸绳水发源于这里，向东流入湖泽，水中有很多金和玉。

【注释】

①高氏之山：即高氏山，山名，具体所指未详。一说在今安徽境内。 ②箴石：可用来制针的石头。箴：同"针"。 ③诸绳之水：即诸绳水，水名，具体所指未详。

4.8 又南三百里，曰岳山①，其上多桑，其下多樗（chū）②。泺（luò）水③出焉，东流注于泽，其中多金玉。

【译文】

再向南三百里是岳山，山上长着很多桑树，山下长着很多臭椿树。泺水发源于这里，向东流入湖泽，水中有很多金和玉。

【注释】

①岳山：山名，具体所指未详。当在今山东境内。 ②樗：臭椿树。 ③泺水：古水名，源出今山东济南市西南，向北流入古济水（此段古济水即今黄河）。

4.9 又南三百里，曰犲（chái）山①，其上无草木，其下多水，其中多堪㝢（xù）②之鱼。有兽焉，其状如夸父③而彘（zhì）④毛，其音如呼，见（xiàn）则天下大水。

【译文】

再向南三百里是犲山，山上不长

【注释】

①犲山：传说中的山名。犲：

草木，山下有很多水，水中有很多堪孖鱼。山中有一种兽，形状像夸父，身上长着猪一样的毛，发出的声音像人在呼喊，只要它一出现，天下就会发大水。

同"豺"。　　②堪孖：鱼名，具体所指未详。　　③夸父：兽名。一说即"举父"，见2.39注⑭。　　④彘：猪。

4.10　又南三百里，曰独山①，其上多金玉，其下多美石。末涂之水②出焉，而东南流注于沔（miǎn）③，其中多儵鳙（tiáo yóng）④，其状如黄蛇，鱼翼⑤，出入有光，见（xiàn）则其邑⑥大旱。

儵鳙

【译文】

再向南三百里是独山，山上有很多金和玉，山下有很多美丽的石头。末涂水发源于这里，向东南流入沔，水中有很多儵鳙，它的形状像黄蛇，长着鱼一样的鳍，从水中出入时身上发出光亮，它在哪个地方出现，哪个地方就会发生大旱。

【注释】

①独山：山名，具体所指未详。一说应在今安徽境内。　　②末涂之水：即末涂水，水名，具体所指未详。　　③沔：水名，具体所指未详。与2.14中的沔不同。④儵鳙：传说中的一种动物。⑤翼：鱼的胸鳍。　　⑥邑：人民聚居的地方。

4.11　又南三百里，曰泰山①，其上多玉，其下多金。有兽焉，其状如豚②而有珠，名曰狪（tóng）狪③，其鸣自讪（jiào）④。环水⑤出焉，东流注于江⑥，其中多水玉⑦。

128

【译文】

再向南三百里是泰山，山上有很多玉，山下有很多金。山中有一种兽，形状像猪，体内有珠子，名字叫狪狪，它的叫声像在喊自己的名字。环水发源于这里，向东流入江中，水中有很多水晶。

【注释】

①泰山：山名，在今山东泰安市北，别称岱、岱宗、岱岳，属五岳中的东岳。②豚：小猪；也泛指猪。③狪狪：传说中的一种兽。④訆：同"叫"，大声呼唤。⑤环水：水名，发源于泰山，具体所指未详。⑥江：一说应作"汶"，水名，在今山东境内。⑦水玉：水晶。

4.12 又南三百里，曰竹山①，錞（chún）②于江③，无草木，多瑶碧④。激水⑤出焉，而东南流注于娶檀之水⑥，其中多茈（zǐ）蠃⑦。

【译文】

再向南三百里是竹山，它蹲踞在江边，山中不长草木，有很多瑶碧。激水发源于这里，向东南流入娶檀水，水中有很多紫色螺。

【注释】

①竹山：山名，具体所指未详。与2.8中的竹山不同。②錞：通"蹲"，指蹲踞。③江：见4.11注⑥。④瑶碧：两种玉名。见2.53注②。⑤激水：水名，具体所指未详。⑥娶檀之水：即娶檀水，水名，具体所指未详。⑦茈蠃：即紫螺。茈：通"紫"。蠃：通"蠃"，即螺。

4.13 凡东山经之首，自樕蟱（sùzhū）之山①以至于竹山，凡十二山，三千六百里。其神②状皆人身龙首。祠③：毛④用一犬祈，聊（èr）⑤用鱼。

东山一经山神

【译文】

　　总计东山经中第一列山系中的山，从樕
蠡山到竹山，共十二座山，长为三千六百里。这
些山的山神的形状都是人身龙首。祭祀他
们的方法是：用一只狗做祭祀用的毛物进
行祈祷，并把鱼血涂在祭器上。

【注释】

①樕蠡之山：见4.1注
①。　②神：指山神。
③祠：祭祀。　④毛：
见1.10注⑤。　⑤聊：
用牲血涂器祭神。

二、东次二经

【解读】

　　东次二经记述了中国东部的十七座山，位于东山一经所记的山
列的东面，除了姑射（yè）山，其他所有山的具体位置都难以确定，但
它们大致应在今山西、山东、江苏、安徽等境内。

　　东次二经中记述的奇禽怪兽及怪鱼有：形状像鸳鸯而人足的鹅鹕
（líhú），形状像狐而鱼翼的朱獳（rú），形状像狐而九尾、九首、虎爪
的蛮（lóng）侄，形状像马而羊目、牛尾、四角的狓（yóu）狓，形状像肺
而六足的珠鳖（biē）鱼，等等。

　　4.14 东次二经之首，曰空桑之山①，北临食水②，东望沮（jū）
吴③，南望沙陵④，西望湣（mǐn）泽⑤。有兽焉，其状如牛而虎文，
其音如钦⑥，其名曰轮（líng）轮⑦，其鸣自叫，见（xiàn）则天下大
水。

【译文】

　　东山经中第二列山系中的首座
山叫空桑山，它北面临近食水，东面
可以看见沮吴，南面可以看见沙陵，
西面可以看见湣泽。山中有一种兽，
形状像牛，身上有虎一样的斑纹，发
出的声音像人在呻吟，它的名字叫
轮轮，叫声就像在喊自己的名字，只
要它一出现，天下就会发大水。

【注释】

①空桑之山：即空桑山，山名，具
体所指未详。与3.76中的空桑
山不同。　②食水：见4.1
注③。　③沮吴：山名，具体
所指未详。　④沙陵：沙丘。
⑤湣泽：水名，具体所指未详。
⑥钦：通"吟"，指叹息、呻吟。
⑦轮轮：传说中的一种兽。

4.15 又南六百里,曰曹夕之山①,其下多榖(gǔ)②而无水,多鸟兽。

【译文】
再向南六百里是曹夕山,山下长着很多构树,没有水,有很多鸟兽。

【注释】
①曹夕之山:即曹夕山,山名,具体所指未详。 ②榖:见1.1注⑧。

4.16 又西南四百里,曰峄皋(yìgāo)之山①,其上多金玉,其下多白垩(è)②。峄皋之水③出焉,东流注于激女之水④,其中多蜃珧(yáo)⑤。

【译文】
再向西南四百里是峄皋山,山上有很多金和玉,山下有很多白垩。峄皋水发源于这里,向东流入激女水,水中有很多蚌蛤。

【注释】
①峄皋之山:即峄皋山,山名,具体所指未详。一说指今峄山,在山东邹县东南。 ②白垩:白土,石灰岩的一种,白色,质软而轻。③峄皋之水:即峄皋水,水名,具体所指未详。④激女之水:即激女水,水名,具体所指未详。女:有的本子作"汝"。 ⑤蜃珧:蚌蛤之类。

4.17 又南水行五百里,流沙①三百里,至于葛山②之尾,无草木,多砥砺③。

【译文】
再向南走五百里水路,经过三百里流沙,就到了葛山的尾部,山中不长草木,有很多磨刀石。

【注释】
①流沙:沙漠。见2.44注③。
②葛山:山名,具体所指未详。
③砥砺:磨刀石。

4.18 又南三百八十里,曰葛山之首,无草木。澧(lǐ)水①出焉,东流注于余泽②,其中多珠蟞(biē)鱼③,其状如肺而有目,六足,有珠,其味酸甘,食之无疠(lì)④。

【译文】

　　再向南三百八十里是葛山的首端,山中不长草木。澧水发源于这里,向东流入余泽,水中有很多珠鳖鱼,它的形状像肺,有眼睛,长着六只脚,体内有珠子,肉味酸甜,吃了以后不会得瘟疫。

【注释】

①澧水:水名,在今湖南、河南等境内均有名为澧水之河流,具体所指未详。　②余泽:水名,具体所指未详。　③珠鳖鱼:传说中的一种鱼。　④疠:瘟疫;也指恶疮。

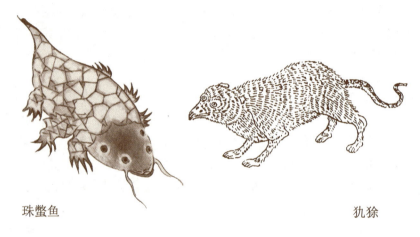

珠鳖鱼　　　　　　　　　　　犰狳

4.19 又南三百八十里,曰余峨之山①,其上多梓②楠③,其下多荆④芑(qǐ)⑤。杂余之水⑥出焉,东流注于黄水⑦。有兽焉,其状如菟(tù)⑧而鸟喙,鸱(chī)⑨目蛇尾,见人则眠,名曰犰狳(qiúyú)⑩,其鸣自訆(jiào)⑪,见(xiàn)则螽(zhōng)蝗⑫为败。

【译文】

　　再向南三百八十里是余峨山,山上长着很多梓树和楠木,山下长着很多荆和杞。杂余水发源于这里,向东流入黄水。山中有一种兽,形状像兔子,长着鸟一样的嘴,鹞鹰一样的眼睛,蛇一样的尾巴,一见到人就躺下来装死,名字叫

【注释】

①余峨之山:即余峨山,山名,具体所指未详。　②梓:见1.24注②。③楠:见1.24注③。　④荆:见1.24注④。　⑤芑:通"杞",指枸杞或杞柳。　⑥杂余之水:即杂余水,水名,具体所指未详。　⑦黄水:水名,具体所指未详。　⑧菟:通"兔",指兔子。　⑨鸱:见1.11注

犰狳，它的叫声像在喊自己的名字，只要它一出现，就会有蝗虫造成灾害。

⑩犰狳：古代传说中的兽名。⑪讪：同"叫"，大声叫唤。⑫螽蝗：蝗虫。⑭。

4.20 又南三百里，曰杜父之山①，无草木，多水。

【译文】

再向南三百里是杜父山，山中不长草木，有很多水。

【注释】

①杜父之山：即杜父山，山名，具体所指未详。

4.21 又南三百里，曰耿山①，无草木，多水碧②，多大蛇。有兽焉，其状如狐而鱼翼③，其名曰朱獳（rú）④，其鸣自叫，见（xiàn）则其国有恐。

朱獳

【译文】

再向南三百里是耿山，山中不长草木，有很多水碧，还有很多大蛇。山中有一种兽，形状像狐狸，长着鱼一样的鳍，名字叫朱獳，它的叫声像在喊自己的名字，它在哪个国家出现，哪个国家就会发生令人恐慌之事。

【注释】

①耿山：山名，具体所指未详。②水碧：水晶一类的矿物，又叫碧玉。③翼：鱼的胸鳍。④朱獳：传说中的一种兽。一说指赤狐。

4.22 又南三百里，曰卢其之山①，无草木，多沙石。沙水②出焉，南流注于涔（cén）水③，其中多鹇鹕（líhú）④，其状如鸳鸯而人足，其鸣自讥，见则其国多土功⑤。

【译文】

　　再向南三百里是卢其山,山中不长草木,到处是沙和石头。沙水发源于这里,向南流入滦水,水中有很多鸳鹕,形状像鸳鸯,长着人一样的脚,它的鸣叫声像在喊自己的名字,它在哪个国家出现,哪个国家就会大兴土木。

【注释】

①卢其之山:即卢其山,山名,具体所指未详。　②沙水:水名,具体所指未详。
③滦水:水名,具体所指未详。
④鸳鹕:传说中的一种鸟。
⑤土功:土木工程。

4.23 又南三百八十里,曰姑射(yè)之山①,无草木,多水。

【译文】

　　再向南三百八十里是姑射山,山中不长草木,有很多水。

【注释】

①姑射之山:即姑射山,山名,即古石孔山,在今山西临汾西。

4.24 又南水行三百里,流沙①百里,曰北姑射之山②,无草木,多石。

【译文】

　　再向南走三百里水路,经过一百里流沙,就到了北姑射山,山中不长草木,有很多石头。

【注释】

①流沙:沙漠。见2.44注③。
②北姑射之山:即北姑射山,山名,具体所指未详。

4.25 又南三百里,曰南姑射之山①,无草木,多水。

【译文】

　　再向南三百里是南姑射山,山中不长草木,有很多水。

【注释】

①南姑射之山:即南姑射山,山名,具体所指未详。

4.26 又南三百里,曰碧山①,无草木,多大蛇,多碧②、水玉③。

【译文】

　　再向南三百里是碧山,山中不长草木,有很多大蛇,还有很多碧和水晶。

【注释】

①碧山:山名,具体所指未详。
②碧:青绿色或青白色的玉。
③水玉:水晶。

4.27 又南五百里,曰维氏之山①,无草木,多金玉。原水②出焉,东流注于沙泽③。

【译文】

再向南五百里是维氏山,山中不长草木,有很多金和玉。原水发源于这里,向东流入沙泽。

【注释】

①维氏之山:即维氏山,山名,具体所指未详。维:有的本子作"猴"。　②原水:水名,具体所指未详。　③沙泽:水名,具体所指未详。

4.28 又南三百里,曰姑逢之山①,无草木,多金玉。有兽焉,其状如狐而有翼,其音如鸿雁,其名曰獙(bì)獙②,见(xiàn)则天下大旱。

【译文】

再向南三百里是姑逢山,山中不长草木,有很多金和玉。山中有一种兽,形状像狐狸,身上长着翅膀,叫声像鸿雁,它的名字叫獙獙,只要它一出现,天下就会大旱。

【注释】

①姑逢之山:即姑逢山,山名,具体所指未详。　②獙獙:传说中的一种兽。

獙獙　　　　　　　　　　蠪侄

4.29 又南五百里,曰凫丽之山①,其上多金玉,其下多箴(zhēn)石②。有兽焉,其状如狐而九尾、九首、虎爪,名曰蠪(lóng)侄③,其音如婴儿,是食人。

【译文】

再向南五百里是凫丽山，山上有很多金和玉，山下有很多适合制针的石头。山中有一种兽，形状像狐狸，长着九条尾巴、九个脑袋以及虎一样的爪子，名字叫蠪侄，它发出的声音像婴儿啼哭，会吃人。

【注释】

①凫丽之山：即凫丽山，山名，具体所指未详。

②箴石：见 4.7 注②。

③蠪侄：传说中的一种兽。

4.30 又南五百里，曰硬（yīn）山①，南临硬水②，东望湖泽③。有兽焉，其状如马而羊目、四角、牛尾，其音如獆（háo）④狗，其名曰峳（yóu）峳⑤，见（xiàn）则其国多狡客⑥。有鸟焉，其状如凫⑦而鼠尾，善登木，其名曰絜（xié）钩⑧，见则其国多疫。

峳峳

絜钩

【译文】

再向南五百里是硬山，它南面临近硬水，东面可以看见湖泽。山中有一种兽，形状像马，长着羊一样的眼睛，四只角，牛一样的尾巴，发出的声音像狗在嗥叫，它的名字叫峳峳，它在哪个国家出现，哪个国家就会出现很多狡猾的人。山中有一种鸟，它的形状像野鸭，长着鼠一样的尾巴，擅长爬树，它的名字叫絜钩，它在哪个国

【注释】

①硬山：山名，具体所指未详。硬：一说音 zhēn。《宋本山海经》作"硬"，应改。　②硬水：水名，具体所指未详。　③湖泽：水名，具体所指未详。　④獆：同"嗥"，指野兽吼叫。　⑤峳峳：传说中的一种兽。　⑥狡客：狡猾的人。　⑦凫：水鸟名，俗称野鸭。　⑧絜钩：传说中的一种鸟。钩：《宋本山海经》

家出现,哪个国家就会多发瘟疫。 作"狗",应改。

4.31 凡东次二经之首,自空桑之山①至于磝山,凡十七山,六千六百四十里。其神②状皆兽身人面载③𤝷(gé)④。其祠⑤:毛⑥用一鸡祈,婴⑦用一璧,瘗(yì)⑧。

东次二经山神

【译文】

总计东山经中第二列山系中的山,从首座空桑山到磝山,共十七座山,长为六千六百四十里。这些山的山神的形状都是兽身人面,头上有麋鹿一样的角。祭祀他们的方法是:以一只鸡为祭祀用的毛物并进行祈祷,用一块璧作为山神的颈饰,祭祀完毕后把它埋入地下。

【注释】

①空桑之山:见4.14注①。 ②神:指山神。 ③载:同"戴"。 ④𤝷:麋(mí)鹿等的角。 ⑤祠:祭祀。 ⑥毛见1.10注⑤。 ⑦婴:颈饰。 ⑧瘗:埋葬。

三、东次三经

【解读】

东次三经记述了九座山,大致位于东次二经所记之山列的东面,这些山的具体位置都难以确定。有人认为,东次三经系燕昭王(?—前279年)时派人入海寻找海上三座仙山——蓬莱、方丈、瀛洲的考察记录。

东次三经篇幅很短,所记怪兽怪鱼等亦很少,仅有形状如麋(mí)而鱼目的䝙(wǎn)胡和形状如鲤而六足乌尾的鮯(gé)鮯鱼两种。

4.32 又①东次三经之首,曰尸胡之山②,北望𦎧(xiáng)山③,其上多金玉,其下多棘④。有兽焉,其状如麋(mí)⑤而鱼目,名曰䝙(wǎn)胡⑥,其鸣自訆(jiào)⑦。

【译文】
　　东山经中第三列山系中的首座山叫尸胡山,它北面可以看见𦎧山,山上有很多金和玉,山下长着很多酸枣树。山中有一种兽,形状像麋鹿,长着鱼一样的眼睛,名字叫䝙胡,它的叫声像在喊自己的名字。

【注释】
①又:此当为衍字。　②尸胡之山:即尸胡山,山名,具体所指未详。　③𦎧山:山名,具体所指未详。一说在今河北境内。④棘:即酸枣树。　⑤麋:即麋鹿,见2.36注②。　⑥䝙胡:兽名。　⑦訆:同"叫",大声叫唤。

4.33 又南水行八百里,曰歧山①,其木多桃李,其兽多虎。

【译文】
　　再向南走八百里水路,就到了歧山,山中生长的树木多为桃树和李树,兽多为老虎。

【注释】
①歧山:山名,具体所指未详。歧:有的本子作"岐"。

4.34 又南水行五百里,曰诸钩之山①,无草木,多沙石。是山也,广员②百里,多寐鱼③。

【译文】
　　再向南走五百里水路,就到了诸钩山,山中不长草木,到处是沙和石头。这座山长宽百里,水里有很多寐鱼。

【注释】
①诸钩之山:即诸钩山,山名,具体所指未详。　②广员:指土地面积的长和宽。　③寐鱼:即"鮇(wèi)鱼",也叫嘉鱼,形状与鲤鱼相似,鳞细。

4.35 又南水行七百里,曰中父之山①,无草木,多沙。

【译文】

再向南走七百里水路,就到了中父山,山中不长草木,到处是沙子。

【注释】

①中父之山:即中父山,山名,具体所指未详。

4.36 又东水行千里,曰胡射之山①,无草木,多沙石。

【译文】

再向东走一千里水路,就到了胡射山,山中不长草木,到处是沙子和石头。

【注释】

①胡射之山:即胡射山,山名,具体所指未详。

4.37 又南水行七百里,曰孟子之山①,其木多梓②桐③,多桃李,其草多菌④蒲⑤,其兽多麋(mí)⑥、鹿。是山也,广员⑦百里,其上有水出焉,名曰碧阳⑧,其中多鳣(zhān)⑨鲔(wěi)⑩。

【译文】

再向南走七百里水路,就到了孟子山,山中生长的树木多为梓树、桐树、桃树和李树,草多为菌和蒲,兽多为麋、鹿。这座山长宽百里,有一条水流从山上流出,名字叫碧阳,水中有很多鳣和鲔。

【注释】

①孟子之山:即孟子山,山名,具体所指未详。子:有的本子作"于"。　②梓:见1.24注②。　③桐:见3.6注③。　④菌:指真菌,一类低等生物,不开花,没有茎和叶子,不含叶绿素,靠寄生生活。如蘑菇、香菇、木耳等。　⑤蒲:植物名,有香蒲、菖蒲、蒲柳等。　⑥麋:见2.36注②。　⑦广员:指土地面积的长和宽。　⑧碧阳:水名,具体所指未详。　⑨鳣:见2.79注④。　⑩鲔:鱼名,白鲟(xún)的古称,又为鲟鱼和鳇鱼的古称。

4.38 又南水行五百里,曰流沙①,行五百里,有山焉,曰跂踵(qǐzhǒng)之山②,广员二百里,无草木,有大蛇,其上多玉。有水焉,广员四十里皆涌,其名曰深泽③,其中多蠵(xī)龟④。有鱼焉,其状如鲤而六足、鸟尾,名曰鮯(gé)鮯之鱼⑤,其鸣自叫。

鲐鲐之鱼

【译文】

　　再向南走五百里水路是流沙，再走五百里，就到了一座山，名字叫跂踵山，长宽有二百里，山中不长草木，有大蛇，山上有很多玉。有一个水泽，长宽达四十里，里面的水都在向上奔涌，它的名字叫深泽，水中有很多蟕龟。水中还有一种鱼，形状像鲤鱼，长着六只脚，鸟一样的尾巴，名字叫鲐鲐鱼，它的叫声像在喊自己的名字。

【注释】

①流沙：沙漠。见 2.44 注③。
②跂踵之山：即跂踵山，山名，具体所指未详。　③深泽：水名，具体所指未详。
④蟕龟：也叫赤蟕龟，一种海龟，长约 1 米，背面褐色，杂有黄色纹，腹面淡黄，四肢呈桨状。　⑤鲐鲐之鱼：即鲐鲐鱼，传说中的一种鱼。

　　4.39 又南水行九百里，曰踇（mǔ）隅之山①，其上有草木，多金玉，多赭（zhě）②。有兽焉，其状如牛而马尾，名曰精精③，其鸣自叫。

【译文】

　　再向南走九百里水路，就到了踇隅山，山上生长着草木，有很多金和玉，还有很多红土。山中有一种兽，形状像牛，长着马一样的尾巴，名字叫精精，它的叫声像在喊自己的名字。

【注释】

①踇隅之山：即踇隅山，山名，具体所指未详。　②赭：红土。
③精精：兽名，具体所指未详。

　　4.40 又南水行五百里，流沙①三百里，至于无皋（gāo）之山②。南望幼海③，东望榑（fú）木④，无草木，多风。是山也，广员⑤

百里。

【译文】

再向南走五百里水路，经过三百里流沙，就到了无皋山。山的南面可以看见幼海，东面可以看见扶桑，山中不长草木，常常刮风。这座山长宽有一百里。

【注释】

①流沙：沙漠。见 2.44 注 ③。
②无皋之山：即无皋山，山名，具体所指未详。　③幼海：水名，具体所指未详。　④榑木：即扶桑，传说中的一种树，据说日出于扶桑之下。　⑤广员：指土地面积的长和宽。

4.41 凡东次三经之首，自尸胡之山①至于无皋之山，凡十②九山，六千九百里。其神③状皆人身而羊角。其祠④：用一牡羊⑤，米⑥用黍。是神也，见(xiàn)则风雨水为败。

东次三经山神

【译文】

总计东山经中第三列山系中的山，从首座尸胡山到无皋山，共九座山，长为六千九百里。这些山的山神的形状都是人身羊角。祭祀他们的方法是：用一头公羊，米用黍米。这些神只要一出现，就会有风或雨水造成灾害。

【注释】

①尸胡之山：见 4.32 注 ②。
②十：此当为衍字。
③神：指山神。　④祠：祭祀。　⑤牡羊：公羊。
⑥米：一说应作"糈"，指祭神用的精米。

四、东次四经

【解读】

　　东次四经记述了位于中国东部的八座山,几乎所有山的具体位置都难以确定,但它们大致在今山东、河北、江苏等境内。

　　东次四经篇幅很短,记述的山也很少,但几乎每座山上或与之相关的水域中都有一种怪异的动物,如在发源于东始山的泚(cǐ)水中,有一种一首而十身的茈(zǐ)鱼;在剡(shàn)山中,有一种形状如猪而人面的合窳(yǔ);在太山中,有一种形状如牛、一目而蛇尾的蜚(fěi);等等。

　　4.42　又①东次四经之首,曰北号之山②,临于北海③。有木焉,其状如杨,赤华④,其实如枣而无核,其味酸甘,食之不疟⑤。食水⑥出焉,而东北流注于海。有兽焉,其状如狼,赤首鼠目,其音如豚⑦,名曰猲狙(géjū)⑧,是食人。有鸟焉,其状如鸡而白首,鼠足而虎爪,其名曰鬿(qí)雀⑨,亦食人。

鬿雀

【译文】

　　东山经中第四列山系中的首座山叫作北号山,它临近北海。山中有一种树,形状像杨树,开红色的花,所结的果实像枣,里面没有核,味道酸甜,吃了以后就不会得疟疾。食水发源于这里,向东北流入大海。山中有一种兽,

【注释】

①又:此当为衍字。　②北号之山:即北号山,山名,具体所指未详。　③北海:水名,具体所指未详。一说即渤海。　④华:同"花"。　⑤疟:指疟疾,一种周期性发

形状像狼,长着红色的头,鼠一样的眼睛,发出的声音像猪叫,名字叫猲狙,会吃人。山中有一种鸟,形状像鸡,长着白色的脑袋,鼠一样的脚,虎一样的爪子,它的名字叫疵雀,也会吃人。

冷发烧的传染病。　⑥食水:水名,具体所指未详。

⑦豚:小猪;也泛指猪。

⑧猲狙:传说中的一种兽。

⑨疵雀:传说中的一种鸟。

4.43 又南三百里,曰旄(máo)山①,无草木。苍体之水②出焉,而西流注于展水③,其中多鳛(qiū)鱼④,其状如鲤而大首,食者不疣(yóu)⑤。

【译文】

再向南三百里是旄山,山中不长草木。苍体水发源于这里,向西流入展水,水中有很多鳛鱼,形状像鲤鱼,头很大,吃了它的肉后就不会长赘疣。

【注释】

①旄山:山名,具体所指未详。

②苍体之水:即苍体水,水名,具体所指未详。　③展水:水名,具体所指未详。　④鳛鱼:鱼名。　⑤疣:见3.2注⑦。

4.44 又南三百二十里,曰东始之山①,上多苍玉②。有木焉,其状如杨而赤理,其汁如血,不实,其名曰芑(qǐ)③,可以服马④。泚(zǐ)水⑤出焉,而东北流注于海,其中多美贝,多茈(zǐ)鱼⑥,其状如鲋(fù)⑦,一首而十身,其臭(xiù)⑧如蘪(mí)芜⑨,食之不糟(pì)⑩。

【译文】

再向南三百二十里是东始山,山上有很多青色的玉。山中有一种树,形状像杨树,有红色的纹理,树的汁液像血一样,不结果实,名字叫芑,可以用它的汁液使马驯服。泚水发源于这里,向东北流入大海,水中有很多美丽的贝类,还有很多茈鱼,它的形状像鲫鱼,一

【注释】

①东始之山:即东始山,山名,具体所指未详。一说当在今河北境内。　②苍玉:青色的玉。

③芑:古书上说的一种植物。一说指杞柳。　④服马:使马驯服。　⑤泚水:水名,具体所指未详。　⑥茈鱼:传说中的一种鱼。　⑦鲋:鲫鱼。

个脑袋,十个身子,发出像蘼芜一样的气味,吃了它的肉后能不放屁。

⑧臭:气味。　⑨蘼芜:即"蘼芜",见2.9注⑧。　⑩糠:同"屁",指放屁。

4.45　又东南三百里,曰女烝(zhēng)之山①,其上无草木。石膏水②出焉,而西注于鬲(gé)水③,其中多薄鱼④,其状如鳝(shàn)⑤鱼而一目,其音如欧⑥,见(xiàn)则天下大旱。

薄鱼

【译文】

　　再向东南三百里是女烝山,山上不长草木。石膏水发源于这里,向西流入鬲水,水中有很多薄鱼,形状像鳝鱼,只有一只眼睛,发出像呕吐一样的声音,只要它一出现,天下就会大旱。

【注释】

①女烝之山:即女烝山,山名,具体所指未详。一说在今河北大名县一带。
②石膏水:水名,具体所指未详。
③鬲水:水名,具体所指未详。
④薄鱼:传说中的一种鱼。　⑤鳝:通"鳝",指鳝鱼。　⑥欧:通"呕",指呕吐。

4.46　又东南二百里,曰钦山①,多金玉而无石。师水②出焉,而北流注于皋(gāo)泽③,其中多鳠(qiū)鱼④,多文贝。有兽焉,其状如豚⑤而有牙⑥,其名曰当康⑦,其鸣自叫,见(xiàn)则天下大穰(ráng)⑧。

【译文】

再向东南二百里是钦山,山中有很多金和玉,没有石头。师水发源于这里,向北流入皋泽,水中有很多鳝鱼和带花纹的贝。有一种兽,形状像猪,长着长长的獠牙,名字叫当康,它的叫声像在喊自己的名字,只要它一出现,天下就会获大丰收。

【注释】

①钦山:山名,具体所指未详。一说在今江苏境内。 ②师水:水名,具体所指未详。 ③皋泽:水名,具体所指未详。3.74中亦有皋泽。 ④鳝鱼:鱼名。 ⑤豚:小猪;也泛指猪。 ⑥牙:这里指长牙或獠牙。 ⑦当康:传说中的一种兽。 ⑧穰:丰收。

4.47 又东南二百里,曰子桐之山①。子桐之水②出焉,而西流注于余如之泽③。其中多鳍(huá)鱼④,其状如鱼而鸟翼,出入有光,其音如鸳鸯,见则天下大旱。

【译文】

再向东南二百里是子桐山。子桐水发源于这里,向西流入余如泽。水中有很多鳍鱼,它的形状像鱼,长着鸟一样的翅膀,从水中出入时身上会发出光亮,它发出的声音像鸳鸯鸣叫,只要它一出现,天下就会大旱。

【注释】

①子桐之山:即子桐山,山名,具体所指未详。一说在今山西境内。
②子桐之水:即子桐水,水名,具体所指未详。 ③余如之泽:即余如泽,水名,具体所指未详。
④鳍鱼:传说中的一种鱼。与2.47中的鳍鱼不同。

鳍鱼

合窳

4.48 又东北二百里,曰剡(shàn)山①,多金玉。有兽焉,其状如彘(zhì)②而人面,黄身而赤尾,其名曰合窳(yǔ)③,其音如婴儿。是兽也,食人,亦食虫蛇④,见则天下大水。

【译文】

　　再向东北二百里是剡山,山中有很多金和玉。山中有一种兽,形状像猪,长着人一样的脸,黄色的身子,红色的尾巴,名字叫合窳,它的叫声像婴儿啼哭。这种兽会吃人,也吃虫和蛇,只要它一出现,天下就会发大水。

【注释】

①剡山:山名,具体所指未详。　②彘:猪。
③合窳:传说中的一种兽。　④虫蛇:泛指蛇和其他虫类。

4.49 又东二百里,曰太山①,上多金玉、桢(zhēn)木②。有兽焉,其状如牛而白首,一目而蛇尾,其名曰蜚(fěi)③,行水则竭,行草则死,见则天下大疫。钩水④出焉,而北流注于劳水⑤,其中多鳛(qiū)鱼⑥。

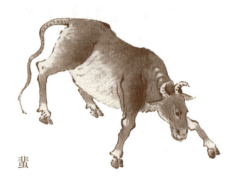

蜚

【译文】

　　再向东二百里是太山,山上有很多金和玉,还长着很多女贞树。山中有一种兽,形状像牛,头部白色,长着一只眼睛,蛇一样的尾巴,名字叫蜚,它在水中行走,水便会干涸;它在草丛中行走,草便会枯死。只要它一出现,天下就会发生大的瘟疫。

【注释】

①太山:山名,具体所指未详。一说即今东岳泰山。　②桢木:即女贞,常绿大灌木或小乔木,叶卵形,开白色花,果实椭圆形。　③蜚:传说中的一种兽。　④钩水:水名,具体所指未详。　⑤劳水:水

国学经典详注·全译·精解

钩水发源于这里,向北流入劳水,水中有很多鳝鱼。

名,具体所指未详。　⑥鳝鱼:鱼名。

4.50　凡东次四经之首,自北号之山①至于②大③山,凡八山,一千七百二十里。

【译文】

　　总计东山经中第四列山系中的山,从首座北号山到太山,共八座山,长为一千七百二十里。

【注释】

①北号之山:见4.42注②。

②于:《宋本山海经》作"子",应改。　③大:即"太"。

4.51　右①东经之山志②,凡四十六山,万八千八百六十里。

【译文】

　　以上是东山经中记载的山,共四十六座山,长为一万八千八百六十里。

【注释】

①右:见1.43注①。

②志:记载的文字。

中山经第五

【解读】

  中山经自中山一经至中次十二经,共十二篇,记述了位于中国中部的一系列山,以及发源于这些山的河流,在这些山上生长的动物、植物及其形状、特点,出产的矿物,与这些山和水有关的神、历史人物,掌管这些山的山神的形状、祭祀这些山神的方法等。中山经是《山海经》的五篇山经中内容最多的一篇,共记述了一百九十七座山,它们分别位于今河南、山西、陕西、四川、重庆、安徽、湖北、湖南、江西等境内,其中绝大部分山的具体位置都难以确定。

一、中山一经

【解读】

  中山一经记述了位于中国中部的十五座山,这些山的具体位置都难以确定,但它们大多应在今山西境内。

  中山一经中无奇禽怪兽及怪鱼之类,但记载了不少动植物及其药用价值。如有一种豪鱼,吃了可以治疗白癣;有一种名叫貀(nuó)的兽,吃了它的肉可治疗颈上的囊状瘤子;有一种鬼草,吃了能使人忘掉忧愁;有一种名叫雕棠的植物,吃了可以治疗耳聋;有一种栃(lì)木,吃了它的果实可以增强记忆力;等等。

  5.1 中山经薄山①之首,曰甘枣之山②。共水③出焉,而西流注于河。其上多枏(niǔ)④木,其下有草焉,葵本⑤而杏叶,黄华⑥而荚⑦实,名曰箨(tuò)⑧,可以已⑨瞢(méng)⑩。有兽焉,其状如默(dú)鼠⑪而文题⑫,其名曰貀(nuó)⑬,食之已瘿(yǐng)⑭。

【译文】	**【注释】**
中山经中薄山山系中的首座山叫甘枣山。共水发	①薄山:山系名,具体所指未详。 ②甘枣之山:即甘枣山,山名,具体所指

源于这里,向西流入黄河。山上长着很多杻树,山下长着一种草,根茎像葵,叶子像杏叶,开黄色的花,结荚果,名字叫箨,可以治疗眼睛视物模糊的病。山中有一种兽,形状像鮌鼠,额上有花纹,名字叫𤟤,吃了它的肉可以治疗颈上长囊状瘤子的病。

未详。一说在今山西永济市南。

③共水:水名,具体所指未详。

④杻:见2.7注②。　⑤本:草木的根或茎。　⑥华:同"花"。

⑦荚:豆类植物长形的果实。

⑧箨:草名,具体所指未详。　⑨已:治愈。　⑩瞢:眼睛视物模糊。

⑪鮌鼠:鼠名,具体所指未详。

⑫题:额头。　⑬𤟤:兽名。

⑭瘿:长在颈上的囊状瘤子。

5.2 又东二十里,曰历儿之山①,其上多櫃(jiāng)②,多栃(lì)木③,是木也,方茎而员④叶,黄华而毛,其实如楝(liàn)⑤,服之不忘。

【译文】
　　再向东二十里是历儿山,山上有很多櫃树,还有很多栃木,这种树的茎干呈方形,叶子圆形,开黄色的花,花瓣上有绒毛,所结的果实与楝树相似,吃了它能增强记忆力。

【注释】
①历儿之山:即历儿山,山名,具体所指未详。一说即历山,在今山西永济市境内。　②櫃:见2.7注③。　③栃木:木名,具体所指未详。　④员:同"圆"。　⑤楝:即楝树,落叶乔木,小叶卵形至椭圆形,果实黄色,长圆形或球形。

5.3 又东十五里,曰渠猪之山①,其上多竹。渠猪之水②出焉,而南流注于河。其中是多豪鱼③,状如鲔(wěi)④,赤喙尾⑤赤羽⑥,可以已⑦白癣⑧。

【译文】
　　再向东十五里是渠猪山,山上长着很多竹子。渠猪水发源于这里,向南流入黄河。水中有很

【注释】
①渠猪之山:即渠猪山,山名,具体所指未详。一说在今山西芮城县北。　②渠猪之水:即渠猪水,水名,具体所指未详。

③豪鱼:神话传说中的一种鱼。

多豪鱼，形状像鲔鱼，长着红色的嘴，红色的尾巴，红色的鳍，吃了它的肉可以治疗白癣。

④鲔：见4.37注⑩。　⑤尾：一说"尾"前应有"赤"字。　⑥羽：鸟类或昆虫的翅膀。这里当指鳍。　⑦已：治愈。　⑧癣：由真菌引起的某些皮肤病的统称。

5.4　又东三十五里，曰葱聋之山①，其中多大谷，是多白垩（è）②，黑、青、黄垩。

【译文】

再向东三十五里是葱聋山，山中有很多巨大的山谷，这里有很多白垩和黑垩、青垩、黄垩。

【注释】

①葱聋之山：即葱聋山，山名，具体所指未详。一说在今山西芮城县东北。
②白垩：白土，石灰岩的一种，白色，质软而轻。垩：白色泥土。也泛指泥土。

5.5　又东十五里，曰涹（wō）山①，其上多赤铜，其阴多铁。

【译文】

再向东十五里是涹山，山上有很多赤铜，山的阴面有很多铁。

【注释】

①涹山：山名，具体所指未详。

5.6　又东七十里，曰脱扈（hù）之山①。有草焉，其状如葵叶而赤华②，荚③实，实如棕④荚，名曰植楮（chǔ）⑤，可以已⑥瘪（shǔ）⑦，食之不眯（mì）⑧。

【译文】

再向东七十里是脱扈山。山中有一种草，形状像葵的叶子，开红色的花，结荚果，果实像棕榈的荚，名字叫植楮，可以用它来治疗瘘疮，吃了这种果实后就不会梦魇。

【注释】

①脱扈之山：即脱扈山，山名，具体所指未详。　②华：同"花"。
③荚：见5.1注⑦。　④棕：指棕榈。　⑤植楮：植物名，具体所指未详。　⑥已：治愈。　⑦瘪：瘘（lòu）疮。　⑧眯：梦魇。

5.7　又东二十里，曰金星之山①，多天婴②，其状如龙骨③，可以已痤（cuó）④。

150

【译文】

　　再向东二十里是金星山，山中有很多天婴，它的形状像龙骨，可以用来治疗痤疮。

【注释】

①金星之山：即金星山，山名，具体所指未详。②天婴：所指未详。一说指植物；一说指天然的生物化石块。　③龙骨：所指未详。一说指植物；一说指某些哺乳动物的化石。　④痤：痤疮，一种皮肤病，俗称粉刺。

5.8　又东七十里，曰泰威之山①，其中有谷，曰枭（xiāo）谷，其中多铁。

【译文】

　　再向东七十里是泰威山，山中有一个山谷，名叫枭谷，谷中有很多铁。

【注释】

①泰威之山：即泰威山，山名，具体所指未详。

5.9　又东十五里，曰橿（jiāng）谷之山①，其中多赤铜。

【译文】

　　再向东十五里是橿谷山，山中有很多赤铜。

【注释】

①橿谷之山：即橿谷山，山名，具体所指未详。

5.10　又东百二十里，曰吴林之山①，其中多菅（jiān）②草。

【译文】

　　再向东一百二十里是吴林山，山中长着很多茅草。

【注释】

①吴林之山：即吴林山，山名，具体所指未详。　②菅：同"菅"，见1.10注⑩。

5.11　又北三十里，曰牛首之山①。有草焉，名曰鬼草②，其叶如葵而赤茎，其秀③如禾④，服之不忧。劳水⑤出焉，而西流注于潏（jué）水⑥。是多飞鱼⑦，其状如鲋（fù）鱼⑧，食之已⑨痔衕（dòng）⑩。

【译文】

　　再向北三十里是牛首山。山中有一种草，名

【注释】

①牛首之山：即牛首山，山名，具体所指未详。　②鬼草：草名，具体所指未详。

叫鬼草,它的叶子像葵叶,红色的茎,像禾一样抽穗开花,人吃了它就不会再忧愁。劳水发源于这里,向西流入滴水。水中有很多飞鱼,它的形状像鲫鱼,人吃了它的肉后可以治疗痔漏。

③秀:谷类植物抽穗开花。　④禾:粟。也指稻。　⑤劳水:水名,具体所指未详。与4.49中的劳水不同。　⑥滴水:水名,具体所指未详。今陕西省有滴水,源出终南山,在西安市注入渭水。　⑦飞鱼:鱼名,具体所指未详。　⑧鲋鱼:鲫鱼。　⑨已:治愈。　⑩痔衕:即痔漏,肛瘘的通称。

飞鱼

5.12　又北四十里,曰霍山①,其木多榖(gǔ)②。有兽焉,其状如狸③而白尾有鬣(liè)④,名曰朏(fěi)朏⑤,养之可以已忧。

【译文】

再向北四十里是霍山,山中生长的树多为构树。山中有一种兽,形状像狸猫,白色的尾巴,颈上有长毛,名字叫朏朏,饲养它可以解除忧愁。

【注释】

①霍山:山名,具体所指未详。一说在今山西境内。　②榖:见1.1注⑧。　③狸:见1.6注②。④鬣:兽类颈上的长毛。⑤朏朏:兽名。

5.13　又北五十二里,曰合谷之山①,是多薝(zhān)棘②。

【译文】

再向北五十二

【注释】

①合谷之山:即合谷山,山名,具体所指未详。

里是合谷山，山中长着很多薝棘。

一说在今山西境内。②薝棘：植物名。一说指薝卜和棘，薝卜是一种花，棘指酸枣树。

5.14 又北三十五里，曰阴山①，多砺（lì）②石、文石。少水③出焉，其中多雕棠④，其叶如榆叶而方，其实如赤菽（shū）⑤，食之已⑥聋。

【译文】

再向北三十五里是阴山，山中有很多粗磨刀石和有花纹的石头。少水发源于这里，这一带有很多雕棠，它的叶子像榆树叶，呈方形，所结的果实像赤小豆，吃了以后可以治疗耳聋。

【注释】

①阴山：山名，具体所指未详。②砺：粗的磨刀石。③少水：水名，具体所指未详。④雕棠：植物名。⑤赤菽：即赤小豆。⑥已：治愈。

5.15 又东北四百里，曰鼓镫（dēng）之山①，多赤铜。有草焉，名曰荣草②，其叶如柳，其本③如鸡卵，食之已风④。

【译文】

再向东北四百里是鼓镫山，山中有很多赤铜。山中有一种草，名字叫荣草，叶子像柳叶，根茎像鸡蛋，吃了它可以治疗中风、痛风等疾病。

【注释】

①鼓镫之山：即鼓镫山，山名，具体所指未详。②荣草：草名，具体所指未详。③本：草木的根或茎。④风：病名，指中风、痛风等。

5.16 凡薄山①之首，自甘枣之山②至于鼓镫之山，凡十五山，六千六百七十里。历儿③，冢④也，其祠⑤礼：毛⑥，太牢⑦之具，县⑧以吉玉⑨。其余十三山者，毛用一羊，县婴⑩用桑封⑪，瘗（yì）⑫而不糈（xǔ）⑬。桑封者，桑主⑭也，方其下而锐其上，而中穿之加金⑮。

【译文】

总计薄山山系中的山，从

【注释】

①薄山：见5.1注①。②甘枣之

首座甘枣山到鼓镫山,共十五座山,长为二千六百七十里。历儿山在其中处于统领地位,祭祀其山神的仪式是:用牛、羊、猪三种毛物具备的太牢之礼,上面悬挂吉玉。祭祀其余十三位山神的仪式是:用一头羊为毛物,用桑封作为山神悬挂的颈饰,祭祀完毕后把它们埋入地下,不用精米。所谓桑封,也就是桑主,它的下面是方的,上面是尖的,中间穿孔并用金装饰。

山:见5.1注②。　③历儿:指历儿山,见5.2注①。　④冢:这里当指居于统领地位。　⑤祠:祭祀。　⑥毛:见1.10注⑤。　⑦太牢:见2.20注⑤。　⑧县:同"悬",指悬挂。一说该字后脱一"婴"字。　⑨吉玉:彩色的玉。　⑩婴:颈饰。　⑪桑封:桑主,即用桑木做的神主。一说应作"藻珪",即带彩纹的圭。　⑫瘗:埋葬。　⑬糈:祭神用的精米。　⑭桑主:一说应作"藻玉"。　⑮加金:指以金为装饰。

二、中次二经

【解读】

中次二经记述了位于中国中部的九座山,这些山的具体位置都难以确定,但它们大多应在今河南境内。

中次二经中记述了四种怪异的动物,包括人面虎身的马腹、形状像猪而有角的蛮蚔(lóngchī)、形状像蛇而有四翼的鸣蛇和人面豺身而有鸟翼的化蛇。

5.17 中次二经济山①之首,曰辉诸之山②,其上多桑,其兽多闾(lú)③麋(mí)④,其鸟多鸽(hé)⑤。

【译文】

中山经中第二列山系即济山山系中的首座山叫作辉诸山,山上长着很多桑树,山中的兽多为闾和麋鹿,鸟多为

【注释】

①济山:山系名,具体所指未详。　②辉诸之山:即辉诸山,山名,具体所指未详。一说在今河南境内。　③闾:一种像驴的兽。　④麋:见2.36注②。　⑤鹖:鸟名,即鹖鸡,羽毛大部分黑褐色兼带黄色,

鹝鸟。　　　　　　　　脚有硬距,善斗。

5.18　又西南二百里,曰发视之山①,其上多金玉,其下多砥砺(dǐlì)②。即鱼之水③出焉,而西流注于伊水④。

【译文】

　　再向西南二百里是发视山,山上有很多金和玉,山下有很多磨刀石。即鱼水发源于这里,向西流入伊河。

【注释】

①发视之山:即发视山,山名,具体所指未详。一说在今河南境内。　②砥砺:磨刀石。　③即鱼之水:即即鱼水,水名,具体所指未详。　④伊水:水名,即伊河,洛河的支流,在今河南西部。

5.19　又西三百里,曰豪山①,其上多金玉而无草木。

【译文】

　　再向西三百里是豪山,山上有很多金和玉,不长草木。

【注释】

①豪山:山名,具体所指未详。

5.20　又西三百里,曰鲜山①,多金玉,无草木。鲜水②出焉,而北流注于伊水③。其中多鸣蛇④,其状如蛇而四翼,其音如磬(qìng),见(xiàn)则其邑⑤大旱。

鸣蛇

【译文】

　　再向西三百里是鲜山,山中有很多金和玉,不长草木。鲜水发源于

【注释】

①鲜山:山名,具体所指未详。一说在今河南嵩县境内。

155

这里，向北流入伊河。水中有很多鸣蛇，它的形状像蛇，长着四只翅膀，发出的声音像击磬，它在哪个地方出现，哪个地方就会发生大旱。

②鲜水：水名，具体所指未详。
③伊水：见 5.18 注④。
④鸣蛇：传说中的水中动物名。
⑤邑：人民聚居的地方。

5.21　又西三百里，曰阳山①，多石，无草木。阳水②出焉，而北流注于伊水。其中多化蛇③，其状如人面而豺④身，鸟翼而蛇行，其音如叱⑤呼，见则其邑大水。

化蛇

【译文】

再向西三百里是阳山，山中有很多石头，不长草木。阳水发源于这里，向北流入伊河。水中有很多化蛇，它长着人一样的脸，豺一样的身子，鸟一样的翅膀，像蛇一样游动，发出的声音像人在大声呵斥，它在哪个地方出现，哪个地方就会发大水。

【注释】

①阳山：山名，具体所指未详。一说在今河南嵩县境内。与3.49中的阳山不同。　②阳水：水名，具体所指未详。与3.71中的阳水不同。　③化蛇：传说中的一种动物。　④豺：一种像狼的野兽，嘴比狼的短。也叫豺狗。　⑤叱：大声呵斥。

5.22　又西二百里，曰昆吾之山①，其上多赤铜。有兽焉，其状如彘（zhì）②而有角，其音如号③，名曰蠪蚔（lóngchī）④，食之不眯（mǐ）⑤。

【译文】

再向西二百里是昆吾山，山上有很多赤铜。山中有一种兽，形状像猪，头上长着角，发出的声音像人号哭，名字叫蚕蚔，人吃了它的肉后不会梦魇。

【注释】

①昆吾之山：即昆吾山，山名，具体所指未详。一说在今河南境内。
②彘：猪。　③号：号哭。
④蚕蚔：传说中的一种兽。
⑤眯：梦魇。

5.23　又西百二十里，曰蓤（jiān）山①。蓤水②出焉，而北流注于伊水③，其上多金玉，其下多青雄黄④。有木焉，其状如棠⑤而赤叶，名曰芒草⑥，可以毒鱼。

【译文】

再向西一百二十里是蓤山。蓤水发源于这里，向北流入伊河，山上有很多金和玉，山下有很多青雘和雄黄。山中有一种树，形状像棠梨，红色的树叶，名字叫芒草，可以用来毒杀鱼。

【注释】

①蓤山：山名，具体所指未详。一说在今河南境内。　②蓤水：水名，具体所指未详。　③伊水：见5.18注④。
④青雄黄：见2.34注②。　⑤棠：见2.35注③。　⑥芒草：又叫茵（wǎng）草、莽草。形状像石楠而叶稀，有毒。

5.24　又西一百五十里，曰独苏之山①，无草木而多水。

【译文】

再向西一百五十里是独苏山，山中不长草木，有很多水。

【注释】

①独苏之山：即独苏山，山名，具体所指未详。

5.25　又西二百里，曰蔓渠之山①，其上多金玉，其下多竹箭②。伊水③出焉，而东流注于洛④。有兽焉，其名曰马腹⑤，其状如人面⑥虎身，其音如婴儿，是食人。

【译文】

再向西二百里是蔓渠山，山上有很多金和玉，山下长着

【注释】

①蔓渠之山：即蔓渠山，山名，具体所指未详。一说在今河南境内。

很多细竹。伊河发源于这里，向东流入洛河。这一带有一种兽，名字叫马腹，形状是人面虎身，叫声像婴儿啼哭，会吃人。

②竹箭：细竹。一说指箭竹。
③伊水：见5.18注④。　　④洛：即洛河，见2.8注⑭。　　⑤马腹：传说中的一种兽。　　⑥面：有的本子作"而"。

马腹

中次二经山神

5.26　凡济山①经②之首,自辉诸之山③至于蔓渠之山,凡九山,一千六百七十里,其神④皆人面而鸟身。祠⑤用毛⑥,用一吉玉⑦,投而不糈(xǔ)⑧。

【译文】
　　总计济山山系中的山,从首座辉诸山到蔓渠山,共九座山,长为一千六百七十里,这些山的山神的形状都是人面鸟身。祭祀他们时都用毛物,并用一块吉玉,把它投入山中,不用精米。

【注释】
①济山：见5.17注①。　　②经：一说该字疑为衍文。　　③辉诸之山：见5.17注②。　　④神：指山神。　　⑤祠：祭祀。　　⑥毛：见1.10注⑤。　　⑦吉玉：彩色的玉。　　⑧糈：祭神用的精米。

三、中次三经

【解读】
　　中次三经记述了中国中部的五座山,它们的具体位置都难以确定,但大多应位于今河南境内。

中次三经篇幅不长,除了记述一些常见的动植物、矿物,主要记述了熏池、武罗、泰逢三位神的形状特点,以及两种长得较怪的动物:一是形状像白鹿而有四角的夫诸,一是外形像猪的飞鱼。

5.27 中次三经萯(bèi)山①之首,曰敖岸之山②,其阳多琈玗(tūfú)③之玉,其阴多赭(zhě)④、黄金。神熏池⑤居之。是常出美玉。北望河林⑥,其状如蒨(qiàn)⑦如举⑧。有兽焉,其状如白鹿而四角,名曰夫诸⑨,见(xiàn)则其邑⑩大水。

【译文】

中山经中第三列山系即萯山山系中的首座山叫作敖岸山,山的阳面有很多琈玗玉,阴面有很多红土和黄金。名叫熏池的神住在这座山上。这一带经常出美玉。北面可以望见河林,形状好像是茜草或榉树。山中有一种兽,形状像白鹿,长着四只角,名字叫夫诸,它在哪个地方出现,哪个地方就会发大水。

【注释】

①萯山:山名,具体所指未详。一说在今河南境内。　②敖岸之山:即敖岸山,山名,具体所指未详。　③琈玗:美玉名。④赭:红土。　⑤熏池:传说中的神名。⑥河林:所指未详。一说指黄河岸边的树林。　⑦蒨:同"茜",即茜草,多年生草本植物,根圆锥形,黄赤色,茎有倒生刺,叶心脏形或长卵形,花冠黄色,果实球形。⑧举:即"榉(jǔ)",榉树,落叶乔木,叶卵形或椭圆披针形。也指榉柳,落叶乔木,羽状复叶,互生,小叶长椭圆形,有毒。⑨夫诸:传说中的兽名。　⑩邑:人民聚居的地方。

5.28 又东十里,曰青要之山①,实维帝②之密都③。北望河曲④,是多驾鸟⑤。南望墠渚(shànzhǔ)⑥,禹父⑦之所化,是多仆累⑧、蒲卢⑨。魃(shén)⑩武罗⑪司⑫之,其状人面而豹文,小腰⑬而白齿,而穿耳以镰(qú)⑭,其鸣如鸣玉。是山也,宜女子。畛(zhěn)水⑮出焉,而北流注于河。其中有鸟焉,名曰鹕(yǎo)⑯,其状如凫(fú)⑰,青身而朱目赤尾,食之宜子。有草焉,其状如葌(jiān)⑱而方茎、黄华⑲、赤实,其本⑳如藁(gǎo)本㉑,名曰荀草㉒,

服之美人色。

武罗

【译文】

　　再向东十里是青要山，这里其实是天帝的静居之地。北面可以望见河曲，那里有很多驾鸟。南面可以望见畛渚，那里是大禹的父亲鲧死后化身的地方，有很多蜗牛和蒲卢。名叫武罗的神掌管着这座山，他长着人一样的脸，身上有豹一样的斑纹，细小的腰，洁白的牙齿，耳朵上戴着金属制的耳饰，发出像玉器互相撞击一样的声音。这座山对女子最为适宜。畛水发源于这里，向北流入黄河。山中有一种鸟，名字叫鹖，形状像野鸭，青色的身子，红色的眼睛，红色的尾羽，吃了它的肉后有利于生育。山中有一种草，形状像兰草，茎干呈方形，开黄色的花，结红色的

【注释】

①青要之山：即青要山，山名，具体所指未详。一说在今河南境内。　②帝：天帝。一说指黄帝。　③密都：传说中天帝静居之地。　④河曲：黄河弯曲的地方。　⑤驾鸟：鸟名。

⑥畛渚：地名，具体所指未详。畛：经过整治的郊野平地。渚：水中间的小块陆地。　⑦禹父：指大禹之父，即鲧（gǔn），号崇伯。曾奉尧命治水，因筑堤堵水，九年未治平，被舜杀死在羽山。传说鲧死后化身为黄熊。　⑧仆累：蜗牛。　⑨蒲卢：即果蠃（luó），一种细腰的蜂。一说指蛤或田螺。　⑩魁：神。　⑪武罗：传说中的神名。

⑫司：主管；职掌。　⑬膋：即"腰"。⑭镍：金属制的耳饰。　⑮畛水：水名，具体所指未详。一说在今河南新安县境内。　⑯鹖：鸟名。　⑰凫：水鸟名，俗称野鸭。　⑱荄：兰草，一种多年生草本植物，叶子卵圆形，花白色或带紫色，有香气。　⑲华：同"花"。

果实,它的茎干像藁本,名字叫荀草,人吃了它能使面部气色美丽。

⑳本:草木的根或茎。 ㉑藁本:香草名。多年生草本,叶呈羽状,开白花,根紫色。 ㉒荀草:传说中的香草。

5.29 又东十里,曰騩(guī)山①,其上有美枣,其阴有琈珸(tūfú)②之玉。正回之水③出焉,而北流注于河。其中多飞鱼④,其状如豚⑤而赤文,服之不畏雷,可以御兵。

【译文】

再向东十里是騩山,山上长着味道鲜美的枣,山的阴面有琈珸玉。正回水发源于这里,向北流入黄河。水中有很多飞鱼,形状像猪,身上有红色的斑纹,吃了它的肉后不怕惊雷,还可以防御兵器的伤害。

【注释】

①騩山:山名,具体所指未详。一说在今河南新安县北。 ②琈珸:美玉名。 ③正回之水:即正回水,水名,具体所指未详。 ④飞鱼:鱼名。与5.11中所说的飞鱼不同。 ⑤豚:小猪;也泛指猪。

5.30 又东四十里,曰宜苏之山①,其上多金玉,其下多蔓居②之木。潕(yōng)潕之水③出焉,而北流注于河,是多黄贝。

【译文】

再向东四十里是宜苏山,山上有很多金和玉,山下长着很多蔓居木。潕潕水发源于这里,向北流入黄河,水中有很多黄色的贝。

【注释】

①宜苏之山:即宜苏山,山名,具体所指未详。一说在今河南境内。 ②蔓居:木名,具体所指未详。一说指蔓荆,又叫荆,落叶小灌木,小叶阔卵形,花冠淡紫色。 ③潕潕之水:即潕潕水,水名,在今河南嵩县西。

5.31 又东二十里,曰和山①,其上无草木而多瑶碧②,实惟河之九都③。是山也,五曲,九水出焉,合而北流注于河,其中多苍玉④。吉神泰逢⑤司⑥之,其状如人而虎尾,是好居于萯(bèi)山⑦之阳,出入有光。泰⑧逢神动天地气⑨也。

　　再向东二十里是和山,山上不长草木,有很多瑶碧,它实际上是黄河的九条支流的发源地。这座山蜿蜒连绵,有五个大的弯曲处,九条水流发源于此,汇合后向北流入黄河,水中有很多青色的玉。名叫泰逢的吉祥之神掌管着这座山,他的形状像人,长着虎一样的尾巴,喜欢居住在蕡山的阳面,出入时身上发出光亮。泰逢神能兴云作雨,改变天气。

【注释】

①和山:山名,具体所指未详。一说在今河南境内。　　②瑶碧:两种玉名。见2.53注②。　　③河之九都:黄河的九条支流的发源地。都:指水流汇聚的地方。④苍玉:青色的玉。　　⑤泰逢:传说中的神名。　　⑥司:主管;职掌。　　⑦蕡山:见5.27注①。⑧泰:《宋本山海经》作"太",应改,以与上文统一。　　⑨动天地气:指能兴云作雨,改变天气。

泰逢

　　5.32　凡蕡山之首,自敖岸之山①至于和山,凡五山,四百四十里。其祠②:泰③逢、熏池④、武罗⑤皆一牡羊⑥副(pì)⑦,婴⑧用吉玉⑨。其二神用一雄鸡瘗(yì)⑩之,糈(xǔ)⑪用稌(tú)⑫。

【译文】

　　总计蕡山山系中的山,从首座敖岸山到和山,共五座山,长为四百四十里。祭祀这些山的山神的方法是:泰逢、熏池、武罗这三位山

【注释】

①敖岸之山:见5.27注②。②祠:祭祀。　　③泰:见5.31注⑧。　　④熏池:见5.27注⑤。　　⑤武罗:见5.28注⑪。

神都用一只剖开的公羊,用彩色的玉作为山神的颈饰。其余两位山神用一只雄鸡,祭祀时把它埋入地下,用粳米或糯米作祭神用的精米。

⑥牡羊:公羊。　⑦副:剖开;割裂。　⑧婴:颈饰。　⑨吉玉:彩色的玉。　⑩瘗:埋葬。　⑪糈:祭神用的精米。　⑫稌:粳稻。也指糯稻。

四、中次四经

【解读】

　　中次四经记述了中国中部的九座山,它们大致位于今河南和陕西境内,其中熊耳山、玄扈(hù)山等的具体位置可以确定。

　　中次四经中记述的怪兽有两种:一为麔(yín),其状如貉(hé)而人目;一为獭(xié),其状如獳(nòu)犬而有鳞。此外,文中还记述了一些常见的动物、矿物及菝(bá)和葶藭(dǐngnìng)两种可用来毒鱼的植物等。

　　5.33　中次四经釐山①之首,曰鹿蹄之山②,其上多玉,其下多金。甘水③出焉,而北流注于洛④,其中多泠(líng)石⑤。

【译文】

　　中山经中第四列山系即釐山山系中的首座山是鹿蹄山,山上有很多玉,山下有很多金。甘水发源于这里,向北流入洛河,水中有很多泠石。

【注释】

①釐山:山系名,具体所指未详。一说在今河南境内。　②鹿蹄之山:即鹿蹄山,山名,具体所指未详。　③甘水:水名,具体所指未详。　④洛:即洛河,见2.8注⑭。　⑤泠石:石名,具体所指未详。泠:一说应作"泠"。

　　5.34　西五十里,曰扶猪之山①,其上多礝(ruǎn)石②。有兽焉,其状如貉(hé)③而人目,其名曰麔(yín)④。虢(guó)水⑤出焉,而北流注于洛,其中多瓀(ruǎn)石⑥。

【译文】

　　向西五十里是扶猪

【注释】

①扶猪之山:即扶猪山,山名,具体所指

山,山上有很多次于玉的美石。山中有一种兽,形状像貉,长着人一样的眼睛,它的名字叫麐。虢水发源于这里,向北流入洛河,水中有很多似玉的美石。

未详。一说在今河南境内。　②礝石:即"碝(ruǎn)石",指次于玉的美石。　③貉:兽名,毛棕灰色,耳小,嘴尖。　④麐:传说中的一种兽。
⑤虢水:水名,具体所指未详。
⑥礝石:似玉的美石。

5.35　又西一百二十里,曰釐山①,其阳多玉,其阴多蒐(sōu)②。有兽焉,其状如牛,苍身,其音如婴儿,是食人,其名曰犀渠③。滽(yōng)滽之水④出焉,而南流注于伊水⑤。有兽焉,名曰㹷(xié)⑥,其状如獳(nòu)⑦犬而有鳞,其毛如彘(zhì)⑧鬣(liè)⑨。

㹷

【译文】
　　再向西一百二十里是釐山,山的阳面有很多玉,阴面有很多茜草。山中有一种兽,形状像牛,青色的身子,叫声像婴儿啼哭,会吃人,它的名字叫犀渠。滽滽水发源于这里,向南流入伊河。这一带有一种兽,名字叫㹷,它的形状像发怒的狗,身

【注释】
①釐山:山名,多认为在今河南嵩县境内。　②蒐:即茜草,见5.27注⑦。　③犀渠:古代传说中的兽名。一说即犀牛之类。　④滽滽之水:见5.30注③。　⑤伊水:见5.18注④。　⑥㹷:传说中的兽名。　⑦獳:狗发怒的样子。
⑧彘:猪。　⑨鬣:兽类颈上的

上有鳞,毛像猪鬃。　　　　　　长毛。

5.36　又西二百里,曰箕尾之山①,多榖(gǔ)②,多涂石③,其上多㻬珸(tūfú)④之玉。

【译文】

再向西二百里是箕尾山,山中长着很多构树,还有很多涂石,山上有很多㻬珸玉。

【注释】

①箕尾之山:即箕尾山,山名,具体所指未详。一说在今河南境内。与1.9中的箕尾山不同。　②榖:见1.1注⑧。　③涂石:石名,具体所指未详。　④㻬珸:美玉名。

5.37　又西二百五十里,曰柄山①,其上多玉,其下多铜。滔雕之水②出焉,而北流注于洛③。其中多瑊(qián)羊④。有木焉,其状如樗(chū)⑤,其叶如桐⑥而荚⑦实,其名曰茇(bá)⑧,可以毒鱼。

【译文】

再向西二百五十里是柄山,山上有很多玉,山下有很多铜。滔雕水发源于这里,向北流入洛河。山中有很多瑊羊。山中有一种树,形状像臭椿树,叶子像桐树叶,结荚果,名字叫茇,可以用来毒杀鱼类。

【注释】

①柄山:山名,具体所指未详。
②滔雕之水:即滔雕水,水名,具体所指未详。　③洛:即洛河,见2.8注⑭。　④瑊羊:见2.1注④。
⑤樗:臭椿树。　⑥桐:见3.6注③。　⑦荚:豆类植物长形的果实。　⑧茇:木名,具体所指未详。

5.38　又西二百里,曰白边之山①,其上多金玉,其下多青雄黄②。

【译文】

再向西二百里是白边山,山上有很多金和玉,山下有很多青腰和雄黄。

【注释】

①白边之山:即白边山,山名,具体所指未详。　②青雄黄:见2.34注②。

5.39　又西二百里,曰熊耳之山①,其上多漆②,其下多棕③。

浮濠之水④出焉,而西流注于洛⑤,其中多水玉⑥,多人鱼⑦。有草焉,其状如苏⑧而赤华⑨,名曰葶薴(dīngnìng)⑩,可以毒鱼。

【译文】

　　再向西二百里是熊耳山,山上长着很多漆树,山下长着很多棕榈。浮濠水发源于这里,向西流入洛河,水中有很多水晶,还有很多鮹鱼。山中有一种草,形状像紫苏,开红色的花,名字叫葶薴,可以用来毒杀鱼类。

【注释】

①熊耳之山:即熊耳山,山名,在今河南宜阳县,系秦岭东段支脉。　②漆:见2.69注②。　③棕:指棕榈。　④浮濠之水:即浮濠水,水名,具体所指未详。⑤洛:即洛河,见2.8注⑭。　⑥水玉:水晶。　⑦人鱼:指鮹鱼,俗称娃娃鱼。⑧苏:植物名,即紫苏,一年生草本植物,茎方形,开淡紫色花。　⑨华:同"花"。⑩葶薴:草名。

5.40　又西三百里,曰牡山①,其上多文石,其下多竹箭②、竹镝(mèi)③。其兽多㸲(zuó)牛④、羬(qián)羊⑤,鸟多赤鷩(bì)⑥。

【译文】

　　再向西三百里是牡山,山上有很多带花纹的石头,山下长着很多细竹、竹镝。山中的兽多为㸲牛、羬羊,鸟多为赤鷩。

【注释】

①牡山:山名,具体所指未详。　②竹箭:细竹。一说指箭竹。　③镝:见2.7注⑦。　④㸲牛:山牛名。⑤羬羊:见2.1注④。　⑥赤鷩:山鸡的一种。

5.41　又西三百五十里,曰讙(huān)举之山①。雒(luò)水②出焉,而东北流注于玄扈(hù)之水③,其中多马肠之物④。此二山⑤者,洛间⑥也。

【译文】

　　再向西三百五十里是讙举山。洛河发源于这里,向东北流入玄扈水,水中有

【注释】

①讙举之山:即讙举山,山名,具体所指未详。一说在今陕西洛南县西北。　②雒水:即洛河,见2.8注⑭。雒:同"洛"。　③玄扈之水:即玄扈水,水名,在今陕西洛南县西。

很多马腹之类的东西。洛河处于谨举山和玄扈山这两座山之间。

④马肠之物:所指未详。一说马肠即 5.25 中的"马腹"。　⑤二山:指谨举山和玄扈山。玄扈山在今陕西洛南县西,洛水之南。　⑥洛间:指洛河处于其间。

5.42　凡釐山①之首,自鹿蹄之山②至于玄扈之山③,凡九山,千六百七十里。其神④状皆人面兽身。其祠⑤之:毛⑥用一白鸡,祈而不糈(xǔ)⑦,以彩⑧衣之。

中次四经山神

【译文】

　　总计釐山山系中的山,从首座鹿蹄山到玄扈山,共九座山,长为一千六百七十里。这些山的山神的形状都是人面兽身。祭祀他们的方法是:用一只白鸡为毛物,祈祷时不用精米,把彩色的饰物披在鸡的身上。

【注释】

①釐山:见 5.33 注①。　②鹿蹄之山:见 5.33 注②。　③玄扈之山:即玄扈山,见 5.41 注⑤。　④神:指山神。　⑤祠:祭祀。　⑥毛:见 1.10 注⑤。　⑦糈:祭神用的精米。　⑧彩:彩色的饰物。

五、中次五经

【解读】

　　中次五经记述了位于中国中部的十五座山,其中绝大部分山的具体位置都难以确定,但它们大致在今河南、山西、陕西境内。

中次五经中只记述了一种怪异的动物，它名叫䣀（dài）鸟，形状像枭（xiāo）而有三只眼睛，吃了它的肉可以治疗湿气病。

5.43 中次五经薄山①之首，曰苟床之山②，无草木，多怪石。

【译文】
中山经中的第五列山系即薄山山系中的首座山是苟床山，山中不长草木，有很多形状奇特的石头。

【注释】
①薄山：见5.1注①。　②苟床之山：即苟床山，山名，具体所指未详。一说在今山西永济市西南。床：有的本子作"林"。

5.44 东三百里，曰首山①，其阴多穀（gǔ）②柞（zuò）③，草多术（zhú）④芫（yuán）⑤；其阳多㻬珟（tūfú）⑥之玉，木多槐。其阴有谷，曰机谷，多䣀（dài）鸟⑦，其状如枭（xiāo）⑧而三目，有耳，其音如录⑨，食之已⑩垫⑪。

䣀鸟

【译文】
向东三百里是首山，山的阴面长着很多构树和柞树，生长的草多为术和芫花；山的阳面有很多㻬珟玉，生长的树多为槐树。山的阴面有一个山谷，名叫机谷，谷中有很

【注释】
①首山：山名，具体所指未详。一说指今山西永济市的首阳山。　②穀：见1.1注⑧。　③柞：见2.13注③。　④术：多年生草本植物，术（zhú）属植物如白术、苍术等的泛称。　⑤芫：指芫华，即芫花，落叶灌木，花先叶开放，花蕾可入药。一说指芫荽（yánsuī），即香菜。　⑥㻬

多鸱鸟，它的形状像猫头鹰，长着三只眼睛，有耳朵，叫声像鹿，吃了它的肉可以治疗湿气病。

珒：美玉名。　⑦鸱鸟：传说中的一种鸟。　⑧枭：即"鸮（xiāo）"，指猫头鹰一类的鸟。　⑨录：见2.49注⑩。　⑩已：治愈。　⑪垫：湿气病。

【解读】

本书中提到的首山或首阳山，它们或在今山西境内，或在今河南境内，对此有加以辨析的必要。首阳山又称首山，经常提到的有两处，一处在今山西永济市蒲州南，也叫雷首山，据传商朝末年的伯夷、叔齐就饿死于此；一处在今河南偃师市西北，北接孟津县界，是邙（máng）山最高处，因日出先照，故名。另外，在陕西、湖北亦有首阳山。

5.45　又东三百里，曰县斸（zhú）之山①，无草木，多文石。

【译文】

再向东三百里是县斸山，山中不长草木，有很多带花纹的石头。

【注释】

①县斸之山：即县斸山，山名，具体所指未详。一说在今山西绛县境内。

5.46　又东三百里，曰葱聋之山①，无草木，多㻬（bàng）②石。

【译文】

再向东三百里是葱聋山，山中不长草木，有很多㻬石。

【注释】

①葱聋之山：即葱聋山，山名，具体所指未详。一说与5.4中所说的葱聋山属于同一山中的不同峰岭。　②㻬：同"珤"，指次于玉的美石。

5.47　东北五百里，曰条谷之山①，其木多槐桐②，其草多芍药③、虋（mén）冬④。

【译文】

向东北五百里是条谷山，山中生长的树多为槐树和桐树，生长

【注释】

①条谷之山：即条谷山，山名，具体所指未详。一说在今山西境内。　②桐：见3.6注③。　③芍药：见3.70注④。　④虋冬：同"虋

▲采薇图（局部），南宋李唐绘，描绘了商朝末年孤竹君的两个儿子伯夷、叔齐义不食周粟，在首阳山采薇而食的情形。这里描绘的首阳山，在今山西永济市境内。

的草多为芍药、蘽冬。　　　　　　　（mén）冬”，指天门冬和麦门冬。

5.48　又北十里，曰超山①，其阴多苍玉②，其阳有井，冬有水而夏竭。

【译文】

　　再向北十里是超山，山的阴面有很多青色的玉，阳面有一口井，冬天里面有水而夏天枯竭。

【注释】

①超山：山名，具体所指未详。一说在今山西境内。
②苍玉：青色的玉。

5.49　又东五百里，曰成侯之山①，其上多櫄（chūn）②木，其草多芃（péng）③。

【译文】

　　再向东五百里是成侯山，山上长着很多椿树，山中生长的草多为秦芃。

【注释】

①成侯之山：即成侯山，山名，具体所指未详。一说可能在今山西境内。　②櫄：同"椿"，即椿树，通称香椿。　③芃：同"芁（jiāo）"，"芁"同"芁（jiāo）"，即秦芁，多年生草本植物，根可入药。

5.50　又东五百里，曰朝歌之山①，谷多美垩（è）②。

【译文】

　　再向东五百里是朝歌山，山谷中有很多优质的垩。

【注释】

①朝歌之山：即朝歌山，山名，具体所指未详。一说可能在今河南淇县。　②垩：白色泥土。也泛指泥土。

5.51　又东五百里，曰槐山①，谷多金、锡。

【译文】

　　再向东五百里是槐山，山谷中有很多金和锡。

【注释】

①槐山：山名，具体所指未详。一说应作"稷山"，在今山西稷山县境内。

5.52　又东十里，曰历山①，其木多槐，其阳多玉。

【译文】

再向东十里是历山，山中生长的树多为槐树，山的阳面有很多玉。

【注释】

①历山：古山名，具体所指未详。今山西阳城县和垣曲县交界处有历山。一说指传说中舜所耕作的历山，但历山有多处，且大多因舜耕作而得名。

5.53　又东十里，曰尸山①，多苍玉②，其兽多麖（jīng）③。尸水④出焉，南流注于洛水⑤，其中多美玉。

【译文】

再向东十里是尸山，山中有很多青色的玉，山中的兽多为水鹿。尸水发源于这里，向南流入洛河，水中有很多美玉。

【注释】

①尸山：山名，具体所指未详。一说在今陕西洛南县北。　②苍玉：青色的玉。　③麖：水鹿，又叫马鹿、黑鹿。鹿的一种，古称大鹿。体型高大壮硕，栗棕色，耳大而直立，四肢细长，善奔跑。　④尸水：水名，具体所指未详。⑤洛水：即洛河，见2.8注⑭。

5.54　又东十里，曰良余之山①，其上多穀（gǔ）②柞（zuò）③，无石。余水④出于其阴，而北流注于河；乳水⑤出于其阳，而东南流注于洛。

【译文】

再向东十里是良余山，山上长着很多构树和柞树，没有石头。余水发源于良余山的阴面，向北流入黄河；乳水发源于良余山的阳面，向东南流入洛河。

【注释】

①良余之山：即良余山，山名，具体所指未详。一说在今陕西华阴市西南。②穀：见1.1注⑧。　③柞：见2.13注③。　④余水：水名，具体所指未详。　⑤乳水：水名，具体所指未详。

5.55　又东南十里，曰蛊尾之山①，多砺（lì）②石、赤铜。龙余之水③出焉，而东南流注于洛。

国学经典详注·全译·精解

【译文】

　　再向东南十里是蛊尾山,山中有很多粗磨刀石和赤铜。龙余水发源于这里,向东南流入洛河。

【注释】

①蛊尾之山:即蛊尾山,山名,具体所指未详。一说在今陕西洛南县南。　②砺:粗的磨刀石。　③龙余之水:即龙余水,水名,具体所指未详。

5.56　又东北二十里,曰升山①,其木多穀(gǔ)②、柞(zuò)③、棘④,其草多薯藇(yù)⑤、蕙⑥,多寇脱⑦。黄酸之水⑧出焉,而北流注于河,其中多琁(xuán)玉⑨。

【译文】

　　再向东北二十里是升山,山中生长的树多为构树、柞树和酸枣树,生长的草多为山药和蕙草,还长着很多通脱木。黄酸水发源于这里,向北流入黄河,水中有很多琁玉。

【注释】

①升山:山名,具体所指未详。一说在今陕西华阴市境内。　②穀:见1.1注⑧。　③柞:见2.13注③。　④棘:即酸枣树。　⑤薯藇:见3.53注④。　⑥蕙:见2.14注⑪。　⑦寇脱:通脱木的别名。常绿灌木或小乔木,叶大,开白色小花,核果近球形。俗称通草。　⑧黄酸之水:即黄酸水,水名,具体所指未详。　⑨琁玉:美玉。一说指次于玉的美石。琁:同"璇(xuán)"。

5.57　又东十二里,曰阳虚之山①,多金,临于玄扈(hù)之水②。

【译文】

　　再向东十二里是阳虚山,山中有很多金,阳虚山临近玄扈水。

【注释】

①阳虚之山:即阳虚山,山名,具体所指未详。一说在今河南洛南县境内。　②玄扈之水:即玄扈水,水名,具体所指未详。与5.41中所说的玄扈水不同。

5.58　凡薄山①之首,自苟林之山②至于阳虚之山,凡十六山,二千九百八十二里。升山③,冢④也,其祠⑤礼:大牢⑥,婴⑦用吉玉⑧。首山⑨,魅(shén)⑩也,其祠用稌(tú)⑪、黑牺⑫大牢之具、蘗

（niè）⑬酿，干⑭儛（wǔ）⑮，置鼓，婴用一璧。尸水⑯，合天也，肥牲祠之，用一黑犬于上，用一雌鸡于下，刉（jī）⑰一牝羊⑱，献血。婴用吉玉，彩⑲之，飨（xiǎng）⑳之。

【译文】

总计薄山山系中的山，从首座苟林山到阳虚山，共十六座山，长为二千九百八十二里。其中的升山居于统领地位，祭祀其山神的仪式是：用牛、羊、猪三牲齐备的太牢之礼，以彩色的玉作为山神的颈饰。首山的山神是鬼之神者，祭祀他时用粳米或糯米、纯黑色的牛、羊、猪三牲齐备的太牢之礼及用酒母酿造的酒，祭祀者手持盾牌起舞，并配以鼓乐，再用一块璧作为山神的颈饰。尸水之神上与天合，要用很肥的牲畜来祭祀他，把一只黑狗供在上面，一只母鸡供在下面，再用刀割雌羊的血来祭献。以彩色的玉作为他的颈饰，把彩色的饰物披在他身上，并请他享用祭品。

【注释】

①薄山：见5.1注①。　②苟林之山：见5.43注②。　③升山：见5.56注①。　④冢：这里当指居于统领地位。
⑤祠：祭祀。　⑥大牢：即"太牢"，见2.20注⑤。　⑦婴：颈饰。　⑧吉玉：彩色的玉。
⑨首山：见5.44注①。　⑩魈：即"神"。这里指鬼之神者。
⑪稌：粳稻。也指糯稻。
⑫牺：古代指供祭祀用的毛色纯一的牲畜。　⑬糵：酒母，制酒时所用的发酵物。　⑭干：盾牌。　⑮儛：跳舞。　⑯尸水：见5.53注④。　⑰刉：切；割。　⑱牝羊：雌羊。
⑲彩：彩色的饰物。　⑳飨：祭祀；祭献。

六、中次六经

【解读】

中次六经记述了位于中国中部的十四座山，它们大致在今河南、陕西等境内，其中只有平逢山、𤸷（guī）山、夸父山、阳华山等少数几座山的具体位置可以确定。

中次六经中记述了长着两个脑袋的骄虫神的形状特点，怪异的动物只有旋龟一种，其形状是鸟首而鳖尾。此外，文中还介绍了几种动植物的药用价值,如有一种名叫鸰鷝(língyāo)的鸟,吃了它的肉后不会梦魇;有一种修辟鱼,吃了它的肉后可以治疗白癣;有一种名叫苦辛的草,可以治疗疟疾;等等。

5.59　中次六经缟羝(gǎodī)山①之首,曰平逢之山②,南望伊③洛④,东望谷城之山⑤,无草木,无水,多沙石。有神焉,其状如人而二首,名曰骄虫⑥,是为螫(shì)虫⑦,实惟蜂蜜⑧之庐。其祠⑨之:用一雄鸡,禳(ráng)⑩而勿杀。

骄虫

【译文】

　　中山经中的第六列山系即缟羝山山系中的首座山是平逢山,向南可以望见伊河和洛河,向东可以望见谷城山,山中不长草木,没有水,到处是沙子和石头。山中有一位神,形状像人,长着两个脑袋,名字叫骄虫,这是一种螫虫,这里实际上是各种蜂的巢穴所在。祭祀的方法是:用一只雄鸡为祭品来祈祷,不要把它杀死。

【注释】

①缟羝山:山系名,具体所指未详。一说在今河南西北部。　②平逢之山:即平逢山,山名,具体所指未详。一说指位于今河南洛阳市北之北邙(máng)山。　③伊:即伊水,见5.18注④。　④洛:即洛河,见2.8注⑭。　⑤谷城之山:即谷城山,山名,具体所指未详。　⑥骄虫:传说中的神名。　⑦螫虫:尾部有毒针可刺人的虫。　⑧蜜:这里指一种蜂。　⑨祠:祭祀。　⑩禳:迷信的人祈祷以消除灾殃。

5.60 西十里,曰缟羝之山①,无草木,多金玉。

【译文】

向西十里是缟羝山,山中不长草木,有很多金和玉。

【注释】

①缟羝之山:即缟羝山,山名,缟羝山系即据此山命名。

5.61 又西十里,曰厘(guī)山①,其阴多琈珬(tūfú)②之玉。其西有谷焉,名曰雚(guàn)谷,其木多柳楮(chǔ)③。其中有鸟焉,状如山鸡而长尾,赤如丹火而青喙,名曰鸰鹩(língyāo)④,其鸣自呼,服之不眯(mì)⑤。交觞(shāng)之水⑥出于其阳,而南流注于洛;俞随之水⑦出于其阴,而北流注于穀(gǔ)水⑧。

【译文】

再向西十里是厘山,山的阴面有很多琈珬玉。山的西面有一个山谷,名字叫雚谷,谷中生长的树多为柳树和构树。谷中有一种鸟,形状像山鸡,尾巴很长,浑身红如丹火,青色的嘴,名字叫鸰鹩,它的鸣叫声像在喊自己的名字,吃了它的肉后不会梦魇。交觞水发源于这座山的阳面,向南流入洛河;俞随水发源于这座山的阴面,向北流入穀水。

【注释】

①厘山:山名,在今河南洛阳市西,也叫谷口山。

②琈珬:美玉名。 ③楮:见 2.28 注④。 ④鸰鹩:鸟名。 ⑤眯:梦魇。

⑥交觞之水:即交觞水,古水名。 ⑦俞随之水:即俞随水,水名,具体所指未详。

⑧穀水:水名,具体所指未详。

5.62 又西三十里,曰瞻诸之山①,其阳多金,其阴多文石。渫(xiè)水②出焉,而东南流注于洛;少水③出其阴,而东流注于穀水。

【译文】

再向西三十里是瞻诸山,山的阳面有很多金,阴面有很多带花纹的石头。渫水发源于这里,向东南流入洛河;少水发源于瞻诸

【注释】

①瞻诸之山:即瞻诸山,传说中的山名。 ②渫水:古水名,源出今河南新安县,南入于洛水。

③少水:水名,具体所指未详。与

山的阴面，向东南流入榖水。　　5.14 中的少水不同。

5.63　又西三十里，曰娄涿之山①，无草木，多金玉。瞻水②出于其阳，而东流注于洛；陂(pí)水③出于其阴，而北流注于榖水，其中多茈(zǐ)④石、文石。

【译文】

　　再向西三十里是娄涿山，山中不长草木，有很多金和玉。瞻水发源于娄涿山的阳面，向东流入洛河；陂水发源于娄涿山的阴面，向北流入榖水，水中有很多紫色的石头和带花纹的石头。

【注释】

①娄涿之山：即娄涿山，山名，具体所指未详。一说在今河南洛宁县境内。　　②瞻水：水名，具体所指未详。　　③陂水：水名，具体所指未详。　　④茈：通"紫"，指紫色。

5.64　又西四十里，曰白石之山①。惠水②出于其阳，而南流注于洛，其中多水玉③。涧水④出于其阴，西北流注于榖水，其中多麋(mí)石⑤、栌(lú)丹⑥。

【译文】

　　再向西四十里是白石山。惠水发源于白石山的阳面，向南流入洛河，水中有很多水晶。涧水发源于白石山的阴面，向西北流入榖水，水中有很多麋石和栌丹。

【注释】

①白石之山：即白石山，山名，具体所指未详。一说在今河南渑(miǎn)池县南。②惠水：水名，具体所指未详。　　③水玉：水晶。　　④涧水：古水名，源出今河南新安县南。　　⑤麋石：即眉石，也叫画眉石，指石墨。麋：通"眉"。　　⑥栌丹：所指未详。一说疑为黑丹。

5.65　又西五十里，曰榖山①，其上多榖②，其下多桑。爽水③出焉，而西北流注于榖水，其中多碧绿④。

【译文】

　　再向西五十里是榖山，山上长着很多构树，山

【注释】

①榖山：山名，具体所指未详。一说在今河南渑池县境内。　　②榖：见1.1注⑧。

下长着很多桑树。爽水发源于这里,向西北流入穀水,水中有很多碧玉。

③爽水:古水名,在函谷关城东,又名纻麻涧。　④碧绿:即碧玉,矿物名,含铁的石英石,呈红色、褐色或绿色。也称碧石。

5.66　又西七十二里,曰密山①,其阳多玉,其阴多铁。豪水②出焉,而南流注于洛③,其中多旋龟④,其状鸟首而鳖尾,其音如判木⑤。无草木。

【译文】

再向西七十二里是密山,山的阳面有很多玉,阴面有很多铁。豪水发源于这里,向南流入洛河,水中有很多旋龟,它长着鸟一样的头,鳖一样的尾巴,发出的声音像劈开木头一样。山中不长草木。

【注释】

①密山:古代传说中的山名。
②豪水:水名,具体所指未详。一说在今河南新安县境内。
③洛:即洛河,见2.8注⑭。
④旋龟:见1.4注⑩。　⑤判木:劈开木头。判:剖开。

5.67　又西百里,曰长石之山①,无草木,多金玉。其西有谷焉,名曰共谷,多竹。共水②出焉,西南流注于洛,其中多鸣石③。

【译文】

再向西一百里是长石山,山中不长草木,有很多金和玉。山的西面有一个山谷,名字叫共谷,谷中长着很多竹子。共水发源于这里,向西南流入洛河,水中有很多鸣石。

【注释】

①长石之山:即长石山,山名,具体所指未详。一说在今河南新安县境内。　②共水:水名,具体所指未详。与3.60、5.1中所说的共水都不同。　③鸣石:撞击后发出的声音能传出很远的石头。

5.68　又西一百四十里,曰傅山①,无草木,多瑶碧②。厌染之水③出于其阳,而南流注于洛,其中多人鱼④。其西有林焉,名曰墦(fán)冢。穀(gǔ)水⑤出焉,而东流注于洛,其中多珚(yān)⑥玉。

【译文】

再向西一百四十里是傅山,山中不长草木,有很多瑶碧。厌染水发源于傅山的阳面,向南流入洛河,水中有很多鲵鱼。傅山的西面有一片树林,名字叫墦冢。穀水发源于这里,向东流入洛河,水中有很多珚玉。

【注释】

①傅山:山名,具体所指未详。一说在今河南宜阳县西。　②瑶碧:两种玉名。见2.53注②。③厌染之水:即厌染水,水名,具体所指未详。　④人鱼:指鲵鱼,俗称娃娃鱼。　⑤穀水:见5.61注⑧。　⑥珚:玉名。

5.69　又西五十里,曰橐(tuó)山①,其木多樗(chū)②,多楠(bèi)木③,其阳多金玉,其阴多铁,多萧④。橐水⑤出焉,而北流注于河,其中多脩辟之鱼⑥,状如黾(měng)⑦而白喙,其音如鸱(chī)⑧,食之已⑨白癣⑩。

【译文】

再向西五十里是橐山,山中生长的树多为臭椿树和楠木,山的阳面有很多金和玉,阴面有很多铁,还长着很多艾蒿。橐水发源于这里,向北流入黄河,水中有很多脩辟鱼,形状像蛙,长着白色的嘴,发出的声音像鸱鹰叫,吃了它的肉可以治疗白癣。

【注释】

①橐山:山名,具体所指未详。一说在今河南三门峡境内。　②樗:臭椿树。③楠木:木名,即盐肤木。落叶灌木或小乔木。开黄白色小花。　④萧:即艾蒿,多年生草本植物,叶子有香气,可入药。⑤橐水:水名,具体所指未详。　⑥脩辟之鱼:即脩辟鱼,鱼名,具体所指未详。⑦黾:蛙的一种。　⑧鸱:见1.11注⑭。　⑨已:治愈。　⑩癣:由真菌引起的某些皮肤病的统称。

5.70　又西九十里,曰常烝(zhēng)之山①,无草木,多垩(è)②。潐(qiáo)水③出焉,而东北流注于河,其中多苍玉④。菑(zī)水⑤出焉,而北流注于河。

【译文】

再向西九十里是常烝山,山中不长草木,有很多垩。潐

【注释】

①常烝之山:即常烝山,山名,具体所指未详。一说在今河南灵宝市境内。

179

水发源于这里,向东北流入黄河,水中有很多青色的玉。蓄水发源于这里,向北流入黄河。

②垩:白色泥土。也泛指泥土。③潐水:古水名。 ④苍玉:青色的玉。 ⑤蓄水:水名,具体所指未详。

5.71 又西九十里,曰夸父之山①,其木多棕②楠③,多竹箭④,其兽多㸿(zuó)牛⑤、㸸(qián)羊⑥,其鸟多赤鷩(bì)⑦,其阳多玉,其阴多铁。其北有林焉,名曰桃林⑧,是广员⑨三百里,其中多马。湖水⑩出焉,而北流注于河,其中多珚(yān)⑪玉。

【译文】

再向西九十里是夸父山,山中生长的树多为棕榈和楠木,还长着很多细竹,山中的兽多为㸿牛和㸸羊,鸟多为赤鷩,山的阳面有很多玉,阴面有很多铁。山的北面有一片树林,名字叫桃林,长宽达三百里,里面有很多马。湖水发源于这里,向北流入黄河,水中有很多珚玉。

【注释】

①夸父之山:即夸父山,山名,在今河南灵宝县东南。 ②棕:即棕榈。③楠:见1.24注③。 ④竹箭:细竹。一说指箭竹。 ⑤㸿牛:山牛名。 ⑥㸸羊:见2.1注④。⑦赤鷩:山鸡的一种。 ⑧桃林:地名,在今河南灵宝市西。 ⑨广员:指土地面积的长和宽。 ⑩湖水:水名,具体所指未详。 ⑪珚:玉名。

【解读】

据《魏土地记》载,湖水又叫鼎湖,传说黄帝在荆山下铸鼎,鼎铸成后,有龙垂下胡髯来迎接黄帝,黄帝爬上了龙背,升仙而去。后人就称此黄帝铸鼎之地为鼎湖。

5.72 又西九十里,曰阳华之山①,其阳多金玉,其阴多青雄黄②,其草多薯萸(yù)③,多苦莘(xīn)④,其状如楸(qiū)⑤,其实如瓜,其味酸甘,食之已⑥疟⑦。杨水⑧出焉,而西南流注于洛⑨,其中多人鱼⑩。门水⑪出焉,而东北流注于河,其中多玄碏(sù)⑫。鳕(zuó)姑之水⑬出于其阴,而东流注于门水,其上多铜。门水至⑭于河,七百九十里入雒(luò)⑮水。

【译文】

再向西九十里是阳华山，山的阳面有很多金和玉，阴面有很多青雘和雄黄，山中生长的草多为山药，还有很多苦辛，它的形状像楸树，结的果实像瓜，味道酸甜，吃了以后可以治疗疟疾。杨水发源于这里，向西南流入洛河，水中有很多鲵鱼。门水发源于这里，向东北流入黄河，水中有很多黑磨刀石。緒姑水发源于阳华山的阴面，向东流入门水，岸上有很多铜。门水到黄河后，经七百九十里流入洛河。

【注释】

①阳华之山：即阳华山，山名，在今陕西华阴市东南。　②青雄黄：见2.34注②。　③薯蓣：见3.53注④。　④苦辛：即"苦辛"，草名。　⑤楙：同"楸"，楸树，又名梓桐，落叶乔木，叶子广卵形或卵状椭圆形，前端尖长。　⑥已：治愈。　⑦疟：见4.42注⑤。　⑧杨水：水名，具体所指未详。　⑨洛：即洛河，见2.8注⑭。　⑩人鱼：指鲵鱼，俗称娃娃鱼。　⑪门水：水名，具体所指未详。一说即今宏农涧，在河南灵宝市西南。　⑫玄碡：黑色的磨刀石。玄：黑色。碡：磨刀石。　⑬緒姑之水：即緒姑水，水名，具体所指未详。緒：一说音jí。　⑭至：有的本子作"出"。　⑮雒：通"洛"。

5.73　凡缟羝（gǎodī）山①之首，自平逢之山②至于阳华之山，凡十四山，七百九十里。岳③在其中。以六月祭之，如诸岳之祠④法，则天下安宁。

【译文】

总计缟羝山山系中的山，从首座平逢山到阳华山，共十四座山，长为七百九十里。西岳华山位于这一带。在每年的六月举行祭祀山神的活动，方法与祭祀其他岳的山神一样，天下就会太平安宁。

【注释】

①缟羝山：见5.59注①。　②平逢之山：见5.59注②。　③岳：指西岳华山。　④祠：祭祀。

七、中次七经

【解读】

中次七经记述了位于中国中部的十九座山，它们大致在今河南境内，除了其中的大䓖（kǔ）山、少室山、泰室山、大騩（guī）山，其余山的具体位置均难以确定。

中次七经中记述了能带来怪风怪雨的天愚神，以及死后化身为䔄（yáo）草的天帝之女。怪异的动物有两种：一为三足龟；一为文文兽，形状如蜂而枝尾反舌。此外，中次七经中还记述了大量有药用价值的动植物，如可以疗毒的焉酸草，可以治疗疽疮的梨草，可以治疗蛊疾的鯷（tí）鱼，可以治疗瘘管的䲢（téng）鱼，等等。

5.74 中次七经苦山①之首，曰休与之山②，其上有石焉，名曰帝台③之棋④，五色而文，其状如鹑⑤卵。帝台之石，所以祷百神者也，服之不蛊⑥。有草焉，其状如蓍（shī）⑦，赤叶而本⑧丛生，名曰夙条⑨，可以为簳（gǎn）⑩。

【译文】

中山经中的第七列山系即苦山山系中的首座山是休与山，山上有一种石头，名叫帝台棋，五彩斑斓，并带有花纹，形状像鹌鹑蛋。这种帝台石是用来向百神祈祷的，服用它可以不得蛊疾。山中有一种草，形状像蓍草，红色的叶子，茎干丛生，名字叫夙条，可以用来做箭杆。

【注释】

①苦山：山系名，具体所指未详。一说自今河南伊川县绵延至中牟县。　②休与之山：即休与山，山名，具体所指未详。一说在今河南灵宝市境内。　③帝台：传说中的神仙名。　④棋：棋子；棋石。　⑤鹑：即鹌鹑。　⑥蛊：见1.8注③。　⑦蓍：蓍草，俗名蚰蜒草或锯齿草，多年生草本植物，茎直立，我国古代用它的茎来占卜。　⑧本：草木的根或茎。　⑨夙条：草名，具体所指未详。　⑩簳：箭杆。也指箭。

5.75 东三百里，曰鼓钟之山①，帝台之所以觞（shāng）②百神也。有草焉，方茎而黄华③，员④叶而三成⑤，其名曰焉酸⑥，可以为毒⑦。其上多砺（lì）⑧，其下多砥（dǐ）⑨。

【译文】

向东三百里是鼓钟山，这是帝台请百神饮酒聚会的地方。山中有一种草，茎干呈方形，开黄色的花，叶子圆形，有三重，它的名字叫焉酸，可以用来疗毒。山上有很多粗磨刀石，山下有很多细磨刀石。

【注释】

①鼓钟之山：即鼓钟山，山名，具体所指未详。一说在今河南嵩县境内。
②觞：以酒饮人；向人敬酒。
③华：同"花"。　④员：同"圆"。
⑤三成：三重（叶子）。　⑥焉酸：草名，具体所指未详。　⑦为毒：治毒，指解毒。　⑧砺：粗的磨刀石。
⑨砥：细的磨刀石。

5.76　又东二百里，曰姑媱（yáo）之山①。帝女死焉，其名曰女尸，化为䔄（yáo）草②，其叶胥（xū）成③，其华黄，其实如菟（tù）丘④，服之媚于人⑤。

【译文】

再向东二百里是姑媱山。天帝的女儿死在这里，她的名字叫女尸，死后化身为䔄草，这种草的叶子重叠而生，开黄色的花，所结的果实与菟丝子的果实相似，吃了以后会招人喜爱。

【注释】

①姑媱之山：即姑媱山，山名，具体所指未详。　②䔄草：草名，具体所指未详。　③胥成：重叠而生。
④菟丘：草名，即菟丝子，蔓生，茎细长，缠络于其他植物上，开淡红色花，种子圆形，细小。　⑤媚于人：招人喜爱。媚：喜爱。

5.77　又东二十里，曰苦山①。有兽焉，名曰山膏②，其状如逐③，赤若丹火，善詈（lì）④。其上有木焉，名曰黄棘⑤，黄华而员⑥叶，其实如兰⑦，服之不字⑧。有草焉，员叶而无茎，赤华而不实，名曰无条⑨，服之不瘿（yǐng）⑩。

【译文】

再向东二十里是苦山。山中有一种兽，名字叫山膏，形状像猪，浑身红得像火，常常发出骂人一样的声音。山上有一种树，

【注释】

①苦山：山名，具体所指未详。一说在今河南伊川县西北。　②山膏：传说中的一种怪兽。　③逐：同"豚"，指小猪。亦泛指猪。

名字叫黄棘,开黄色的花,叶子圆形,所结的果实与兰的果实相似,吃了以后就不会生育。山中有一种草,叶子圆形,没有茎干,开红色的花,不结果实,名字叫无条,吃了以后颈上不会长囊状瘤子。

④詈:骂。　⑤黄棘:树木名,具体所指未详。　⑥员:同"圆"。　⑦兰:兰花或兰草。⑧字:生育。　⑨无条:草名,具体所指未详。2.16中亦有"无条"。⑩瘿:长在颈上的囊状瘤子。

5.78　又东二十七里,曰堵山①,神天愚②居之,是多怪风雨。其上有木焉,名曰天楄(pián)③,方茎而葵状,服者不噎(yè)④。

【译文】
　　再向东二十七里是堵山,有位名叫天愚的神住在这里,山里常常刮怪风,下怪雨。山上有一种树,名字叫天楄,茎干呈方形,形状像葵,人吃了它以后不会噎食。

【注释】
①堵山:山名,具体所指未详。　②天愚:传说中的神名。　③天楄:木名,具体所指未详。　④噎:噎食。

5.79　又东五十二里,曰放皋(gāo)之山①。明水②出焉,南流注于伊水③,其中多苍玉④。有木焉,其叶如槐,黄华⑤而不实,其名曰蒙木⑥,服之不惑。有兽焉,其状如蜂,枝尾⑦而反舌⑧,善呼,其名曰文文⑨。

【译文】
　　再向东五十二里是放皋山。明水发源于这里,向南流入伊水,水中有很多青色的玉。山中有一种树,叶子像槐叶,开黄色的花,不结果实,名字叫蒙木,人吃了它以后脑子不会糊涂。山中有一种兽,形状像蜂,尾巴有分权,善于翻弄舌头,喜欢呼叫,它的名字叫文文。

【注释】
①放皋之山:即放皋山,山名,具体所指未详。　②明水:水名,具体所指未详。　③伊水:见5.18注④。④苍玉:青色的玉。　⑤华:同"花"。　⑥蒙木:木名,具体所指未详。一说指檬花树,落叶灌木,高约2米,叶长披针形,开黄色花,核果卵形。　⑦枝尾:动物分权的尾巴。⑧反舌:指舌善翻弄如百舌鸟。⑨文文:传说中的一种兽。

文文　　　　　　　　　　　　　　　三足龟

5.80　又东五十七里，曰大苦（kǔ）之山①，多琈珛（tūfú）②之玉，多麋（mí）玉③。有草焉，其状叶如榆，方茎而苍伤④，其名曰牛伤⑤，其根苍文，服者不厥⑥，可以御兵。其阳狂水⑦出焉，西南流注于伊水，其中多三足龟，食者无大疾，可以已⑧肿。

【译文】

　　再向东五十七里是大苦山，山中有很多琈珛玉，还有很多麋玉。山中有一种草，它的形状是叶子像榆叶，茎呈方形，长着青色的刺，名字叫牛棘，它的根有青色的纹理，人吃了它就不会昏厥，还可以防御兵器的伤害。狂水发源于大苦山的阳面，向西南流入伊河，水中有很多三足龟，吃了它的肉后就不会生大病，还可以治疗肿疾。

【注释】

①大苦之山：即大苦山，山名，在今河南登封市境内，今名大熊山。苦：也作"苦"。　②琈珛：美玉名。③麋玉：所指未详。　④伤：这里指"刺"。　⑤牛伤：即牛棘，落叶小灌木，茎、枝多尖刺，小叶倒卵形，开白花，果实球状。⑥厥：气闭；昏倒。　⑦狂水：水名，具体所指未详。与3.33中的狂水不同。　⑧已：治愈。

5.81　又东七十里，曰半石之山①，其上有草焉，生而秀②，其高丈余，赤叶赤华③，华而不实，其名曰嘉荣④，服之者不霆⑤。来需之水⑥出于其阳，而西流注于伊水，其中多鲐（lún）⑦鱼，黑文，其状如鲋（fù）⑧，食者不睡。合水⑨出于其阴，而北流注于洛⑩，多螣（téng）鱼⑪，状如鳜（guì）⑫，居逵⑬，仓⑭文赤尾，食者不痈（yōng）⑮，可以为瘘（lòu）⑯。

【译文】

再向东七十里是半石山，山上长着一种草，刚长出来就吐穗开花，高可达一丈多，红色的叶子，开红花，但是不结果实，名字叫嘉荣，吃了它可以不怕雷霆。来需水发源于半石山的阳面，向西流入伊河，水中有很多鲐鱼，这种鱼身上有黑色的斑纹，形状像鲫鱼，吃了它的肉后会没有睡意。合水发源于半石山的阴面，向北流入洛河，水中有很多螣鱼，它的形状像鳜鱼，居住在水下互相连通的孔穴中，身上有青色的斑纹，长着红色的尾巴，人吃了它的肉后就不会生痈疮，还可以治疗瘘管等病。

【注释】

①半石之山：即半石山，山名，具体所指未详。　②秀：谷类植物抽穗开花。　③华：同"花"。　④嘉荣：草名，具体所指未详。　⑤不霆：指不怕雷霆。一说霆字前应有"畏"字。

⑥来需之水：即来需水，水名，具体所指未详。　⑦鲐：传说中的一种鱼。　⑧鲋：鲫鱼。　⑨合水：水名，具体所指未详。　⑩洛：即洛河，见2.8注⑭。　⑪螣鱼：鱼名，也叫瞻星鱼，体呈亚圆筒形，后部侧扁，青灰色，头宽大平扁，口大，眼小。　⑫鳜：鳜鱼，也作"桂鱼"，体侧扁，尾鳍呈扇形，口大鳞细，体青黄色，有黑色斑点。

⑬逵：四通八达的道路，这里指水下互相连通的孔穴。　⑭仓：通"苍"，青色。　⑮痈：见3.4注④。

⑯瘘：病名，也叫瘘管。也指瘰疬（luǒlì）。

5.82　又东五十里，曰少室之山①，百草木成囷（qūn）②。其上有木焉，其名曰帝休③，叶状如杨，其枝五衢④，黄华黑实，服者不怒。其上多玉，其下多铁。休水⑤出焉，而北流注于洛，其中多鳒（tí）鱼⑥，状如蛰蜼（zhōuwèi）⑦而长距⑧，足白而对⑨，食者无蛊⑩疾，可以御兵。

【译文】

再向东五十里是少室山，山中各种草木茂密生长，看上去像圆形的谷仓。山上长着一种树，名字叫帝休，它的叶像杨树叶，树枝从五个方向向外伸展，开黄色的花，结黑色

【注释】

①少室之山：即少室山，山名，在今河南登封市西，是中岳嵩山中的山。　②囷：圆形的谷仓。　③帝休：木名，具体所指未详。　④衢：特指树枝交错互出。

的果实,吃了它的果实后就不会生气发怒。山上有很多玉,山下有很多铁。休水发源于这里,向北流入洛河,水中有很多鲥鱼,它的形状像猕猴,长着长长的足爪,白色的脚,脚趾相对,吃了它的肉后就不会得蛊疾,还可以防御兵器的伤害。

⑤休水:水名,具体所指未详。
⑥鲥鱼:见3.45注④。　⑦鲞蜼:一种形似猕猴的动物。
⑧距:雄鸡爪后面突出像脚趾的部分。　⑨对:一说指足趾相对;一说指两两成对。
⑩蛊:见1.8注③。

5.83　又东三十里,曰泰室之山①,其上有木焉,叶状如梨而赤理,其名曰栯(yǒu)②木,服者不妒。有草焉,其状如苫(zhú)③,白华黑实,泽如蘡薁(yīngyù)④,其名曰䔂(yáo)草⑤,服之不昧⑥。上多美石。

【译文】

再向东三十里是泰室山,山上长着一种树,叶子像梨叶,有红色的纹理,名字叫栯木,人服用它以后就不会嫉妒。山中有一种草,形状像苫,开白色的花,结黑色的果实,果实滑泽好像野葡萄,它的名字叫䔂草,人吃了以后就不会视物模糊。山上有很多美丽的石头。

【注释】

①泰室之山:即泰室山,山名,又作太室山,即嵩山,在今河南登封北。
②栯:木名。一说音yù。　③苫:见5.44注④。　④蘡薁:落叶藤本植物,枝条细长,有棱角,叶掌状,有三到五个深裂,果实黑紫色,俗称野葡萄、山葡萄。　⑤䔂草:草名。与5.76中的䔂草不同。
⑥昧:目不明。

5.84　又北三十里,曰讲山①,其上多玉,多柘(zhè)②,多柏。有木焉,名曰帝屋③,叶状如椒④,反伤⑤,赤实,可以御凶。

【译文】

再向北三十里是讲山,山上有很多玉,还长着很多柘树和柏树。山中有一种树,名字叫帝屋,叶子像椒叶,长着倒刺,结红色的果实,可以用来防御

【注释】

①讲山:山名,具体所指未详。
②柘:见3.13注③。　③帝屋:传说中的树木名。　④椒:指某些果实或种子有刺激性味道的植物,如胡椒、花椒和辣椒。　⑤反伤:

凶灾。　　　　　　　　倒长着刺。

5.85　又北三十里,曰婴梁之山①,上多苍玉②,镎(chún)③于玄④石。

【译文】

再向北三十里是婴梁山,山上有很多青色的玉,附着在黑色的石头上。

【注释】

①婴梁之山:即婴梁山,山名,具体所指未详。　②苍玉:青色的玉。　③镎:这里有依附的意思。　④玄:黑色。

5.86　又东三十里,曰浮戏之山①。有木焉,叶状如樗(chū)②而赤实,名曰亢木③,食者不蛊④。汜(sì)水⑤出焉,而北流注于河。其东有谷,因名曰蛇谷,上多少辛⑥。

【译文】

再向东三十里是浮戏山。山中有一种树,叶子的形状像臭椿叶,结红色的果实,名字叫亢木,吃了它的果实的人不会得蛊疾。汜水发源于这里,向北流入黄河。浮戏山的东面有一个山谷,谷中有很多蛇,因此命名为蛇谷,谷的上面长着很多细辛。

【注释】

①浮戏之山:即浮戏山,山名,具体所指未详。　②樗:臭椿树。　③亢木:传说中的一种树。　④蛊:见1.8注③。　⑤汜水:水名,具体所指未详。一说发源于今河南巩义市东南,北流经荥阳市汜水镇西入黄河。与3.62中的汜水不同。　⑥少辛:即细辛,多年生草本植物,叶通常为两枚,开紫色花。

5.87　又东四十里,曰少陉(xíng)之山①。有草焉,名曰茵(gāng)草②,叶状如葵而赤茎白华③,实如蘡薁(yīngyù)④,食之不愚。器难之水⑤出焉,而北流注于役水⑥。

【译文】

再向东四十里是少陉山。山中有一种草,名叫茵草,叶子的形状像葵叶,红色的

【注释】

①少陉之山:即少陉山,山名,具体所指未详。一说在今河南荥阳市境内。
②茵草:草名,具体所指未详。

茎干,开白花,所结的果实像野葡萄,吃了以后能使人聪明。器难水发源于这里,向北流入役水。

③华:同"花"。　④蘡薁:见5.83注④。　⑤器难之水:即器难水,水名,具体所指未详。　⑥役水:水名,具体所指未详。

5.88　又东南十里,曰太山①。有草焉,名曰梨②,其叶状如荻(dí)③而赤华,可以已④疽(jū)⑤。太水⑥出于其阳,而东南流注于没水⑦;承水⑧出于其阴,而东北流注于没⑨。

【译文】

　　再向东南十里是太山。山中有一种草,名字叫梨,它的叶子像荻叶,开红色的花,吃了以后可以治疗疽疮。太水发源于太山的阳面,向东南流入没水;承水发源于太山的阴面,向东北流入没水。

【注释】

①太山:山名,具体所指未详。不是东岳泰山,一说应在今河南境内。　②梨:草名。③荻:多年生草本植物,生长在水边,叶子长形,与芦苇相似,开紫色花。　④已:治愈。　⑤疽:见3.3注⑧。　⑥太水:水名,具体所指未详。　⑦没水:水名。具体所指未详。没:有的本子作"役"。⑧承水:水名,具体所指未详。　⑨没:即没水。有的本子作"役"。

5.89　又东二十里,曰末山①,上多赤金。末水②出焉,北流注于没。

【译文】

　　再向东二十里是末山,山上有很多赤金。末水发源于这里,向北流入没水。

【注释】

①末山:山名,具体所指未详。一说在今河南中牟县境内。　②末水:水名,具体所指未详。

5.90　又东二十五里,曰役山①,上多白金,多铁。役水②出焉,北注于河。

【译文】

　　再向东二十五里是役山,山

【注释】

①役山:山名,具体所指未详。一说

十六神

三神

▲中次七经山神图，选自《中国清代宫廷版画》。

上有很多白金和铁。役水发源于这
里，向北流入黄河。

在今河南境内。　②役水：
见 5.87 注⑥。

5.91　又东三十五里，曰敏山①，上有木焉，其状如荆②，白
华③而赤实，名曰葪（jì）柏④，服者不寒。其阳多㻬琈（tūfú）⑤之
玉。

【译文】

　　再向东三十五里是敏山，
山上有一种树，形状像荆，开白
色的花，结红色的果实，名字叫
葪柏，人服用它后就会不怕寒
冷。山的阳面有很多㻬琈玉。

【注释】

①敏山：山名，具体所指未详。一说即
梅山，在今河南境内。　②荆：见
1.24 注④。　③华：同“花”。
④葪柏：植物名，具体所指未详。葪：
通“蓟”。　⑤㻬琈：美玉名。

5.92　又东三十里，曰大騩（guī）之山①，其阴多铁、美玉、青
垩（è）②。有草焉，其状如蓍（shī）③而毛，青华而白实，其名曰蒗
（láng）④，服之不夭，可以为腹疾。

【译文】

　　再向东三十里是大騩山，山的
阴面有很多铁、美玉和青垩。山中
长着一种草，它的形状像蓍草，叶
子上有毛，开青色的花，结白色的
果实，名字叫蒗，人吃了以后就不
会夭亡，还可以治疗腹部的疾病。

【注释】

①大騩之山：即大騩山，山名，在
今河南新郑市西南。　②垩：
白色泥土。也泛指泥土。
③蓍：见 5.74 注⑦。　④蒗：
指蒗毒，药草名，其根外用可治各
种疮毒。

5.93　凡苦山①之首，自休与之山②至于大騩之山，凡十有九
山，千一百八十四里。其十六神③者，皆豕（shǐ）④身而人面。其
祠⑤：毛牷（quán）⑥用一羊羞⑦，婴⑧用一藻玉⑨瘗（yì）⑩。苦山、
少室⑪、太室⑫皆豕⑬也，其祠之：太牢⑭之具，婴以吉玉⑮。其神状
皆人面而三首，其余属皆豕身人面也。

【译文】

总计苦山山系中的山，从首座休与山到大騩山，共十九座山，长为一千一百八十四里。其中十六座山的山神都是猪身人面。祭祀他们的方法是：用一整只纯色的羊为毛物，用一块有彩纹的玉作为山神的颈饰，祭祀后把它埋入地下。苦山、少室山、太室山都居于统领的地位，祭祀这三座山的山神的方法是：用牛、羊、猪三牲齐备的太牢之礼，用彩色的玉作为山神的颈饰。这三位山神的形状都是有三个脑袋，长着人一样的脸，其余十六位山神的形状都是猪身人面。

【注释】

①苦山：见5.74注①。

②休与之山：见5.74注②。

③神：指山神。　④�豕：猪。

⑤祠：祭祀。　⑥毛牷：带毛的纯色的全牲。牷：纯色的全牲。　⑦羞：进献食品。

⑧婴：颈饰。　⑨藻玉：有彩纹的玉。　⑩瘗：埋葬。

⑪少室：即少室山，见5.82注①。　⑫太室：即泰室山，见5.83注①。　⑬冢：当指居于统领地位。　⑭太牢：见2.20注⑤。　⑮吉玉：彩色的玉。

八、中次八经

【解读】

中次八经记述了中国中部的二十三座山，除了其中的荆山和光山两座山，其余绝大部分山的具体位置都难以确定，但它们大致在今湖北、安徽境内。

中次八经主要记述了骄(tuó)围、计蒙、涉蠱三位神的形状特点，以及种类丰富的动物和植物，没有形状怪异的动物。

5.94 中次八经荆山①之首，曰景山②，其上多金玉，其木多杼(shù)③檀④。雎(jū)水⑤出焉，东南流注于江⑥，其中多丹粟⑦，多文鱼。

【译文】

中山经中的第八列山系即荆山山系中的首座山是景

【注释】

①荆山：山系名，具体所指未详。一说在今湖北北部。　②景山：山名，具

山,山上有很多金和玉,山中生长的树多为栎树和檀树。雎水发源于这里,向东南流入长江,水中有很多细丹砂,还有很多身上有斑纹的鱼。

体所指未详。一说在今湖北房县境内。③杻:指栎(lì)木。 ④檀:见2.28注③。 ⑤雎水:水名,在今湖北中部偏西。 ⑥江:指长江。⑦丹粟:见1.11注⑧。

5.95 东北百里,曰荆山①,其阴多铁,其阳多赤金,其中多犛(máo)牛②,多豹虎,其木多松柏,其草多竹③,多橘櫾(yòu)④。漳水⑤出焉,而东南流注于雎,其中多黄金,多鲛(jiāo)⑥鱼。其兽多闾(lú)⑦麋(mí)⑧。

【译文】

向东北一百里是荆山,山的阴面有很多铁,阳面有很多赤金,山中有很多犛牛、豹和虎,山中生长的树多为松树和柏树,生长的草多为蔺竹,还生长着很多橘树和柚树。漳水发源于这里,向东南流入雎水,水中有很多黄金,还有很多鲛鱼。山中生长的兽多为闾和麋鹿。

【注释】

①荆山:山名,在今湖北南漳县西部。②犛牛:野牛。形状毛尾与牦(máo)牛相同,但比牦牛大。一说即牦牛。 ③竹:见2.24注⑤。 ④櫾:同"柚",一种常绿乔木,种类很多,果实叫柚子,比橘子大。⑤漳水:水名,发源于荆山,与沮水合流后称为沮漳河。与3.65中的漳水不同。⑥鲛:鱼名,具体所指未详。一说指鲨鱼,但淡水中不应有鲨鱼。一说指"蛟",也叫蛟龙,古代传说中的一种龙。 ⑦闾:一种像驴的兽。 ⑧麋:即麋鹿,见2.36注②。

5.96 又东北百五十里,曰骄山①,其上多玉,其下多青雘(huò)②,其木多松柏,多桃枝③钩端④。神鼍(tuó)围⑤处之,其状如人面,羊角虎爪,恒游于雎(jū)⑥漳之渊,出入有光。

【译文】

再向东北一百五十里是骄山,山上有很多玉,山下有很多可作青色颜料的矿

【注释】

①骄山:山名,具体所指未详。 ②青雘:见

物,山中生长的树多为松树和柏树,还长
着很多桃枝竹和钩端竹。有位名叫蛊围的
神居住在这里,他的形状是长着人一样
的脸,羊一样的角,虎一样的爪子,经常
在雎水和漳水的深潭中巡游,出入时身上
发出光亮。

1.8 注②。　　③桃枝:
见 2.14 注⑤。　　④钩
端:见 2.14 注⑥。
⑤蛊围:传说中的神名。
⑥雎:即雎水,见 5.94 注
⑤。

蛊围

5.97　又东北百二十里,曰女几之山①,其上多玉,其下多黄
金,其兽多豹虎,多闾(lú)②、麋(mí)③、麖(jīng)④、麂(jǐ)⑤,其
鸟多白鹩(jiāo)⑥,多翟(dí)⑦,多鸩(zhèn)⑧。

【译文】

再向东北一百二
十里是女几山,山上有
很多玉,山下有很多黄
金,山中的兽多为豹和
虎,还有很多闾、麋鹿、
麖和麂,山中的鸟多为
白色的鹩雉、长尾的野
鸡和鸩鸟。

【注释】

①女几之山:即女几山,山名,具体所指未详。
②闾:一种像驴的兽。　　③麋:即麋鹿,见
2.36 注②。　　④麖:见 5.53 注③。
⑤麂:一种小型的鹿,腿细而有力,善跳跃,雄
的有长牙和短角,有黄麂、黑麂、赤麂等。
⑥鹩:鸟名,雉的一种,又称鹩雉。　　⑦翟:
长尾的野鸡。　　⑧鸩:传说中的一种毒鸟,
把它的羽毛泡在酒里,喝了可以把人毒死。

5.98　又东北二百里,曰宜诸之山①,其上多金玉,其下多青

膴（huò）②。浍（wéi）水③出焉，而南流注于漳④，其中多白玉。

【译文】

再向东北二百里是宜诸山，山上有很多金和玉，山下有很多可作青色颜料的矿物。浍水发源于这里，向南流入漳水，水中有很多白玉。

【注释】

①宜诸之山：即宜诸山，山名，具体所指未详。一说在今湖北境内。②青膴：见1.8注②。③浍水：古水名，在今湖北境内。④漳：即漳水，见5.95注⑤。

5.99　又东北三百五十里，曰纶山①，其木多梓②楠③，多桃枝④，多柤（zhā）⑤、栗、橘、櫾（yòu）⑥，其兽多闾（lú）⑦、麈（zhǔ）⑧、麢（líng）⑨、臭（chuò）⑩。

【译文】

再向东北三百五十里是纶山，山中生长的树多为梓树和楠木，还有很多桃枝竹、山楂、栗树、橘树和柚树，山中的兽多为闾、麈、羚羊和臭。

【注释】

①纶山：山名，具体所指未详。②梓：见1.24注②。③楠：见1.24注③。④桃枝：见2.14注⑤。⑤柤：同"楂"，指山楂。⑥櫾：见5.95注④。⑦闾：一种像驴的兽。⑧麈：鹿一类的动物，也叫驼鹿。俗称四不像。⑨麢：同"羚"，指羚羊。⑩臭：一种像兔子的兽。

5.100　又东北二百里，曰陆鄈（guǐ）之山①，其上多㻠珸（tūfú）②之玉，其下多垩（è）③，其木多杻（niǔ）④橿（jiāng）⑤。

【译文】

再向东北二百里是陆鄈山，山上有很多㻠珸玉，山下有很多垩，山中生长的树多为杻树和橿树。

【注释】

①陆鄈之山：即陆鄈山，山名，具体所指未详。②㻠珸：美玉名。③垩：白色泥土。也泛指泥土。④杻：见2.7注②。⑤橿：见2.7注③。

5.101　又东百三十里，曰光山①，其上多碧②，其下多木③。神计蒙④处之，其状人身而龙首，恒游于漳⑤渊，出入必有飘风⑥

山海经·中山经第五·中次八经

暴雨。

【译文】

再向东一百三十里是光山，山上有很多碧，山下长着很多树。有位名叫计蒙的神居住在这里，他的形状是人身龙首，他经常在漳水的深潭中巡游，出入时必然会伴有暴风雨。

【注释】

①光山:山名,在今河南光山县。

②碧:青绿色或青白色的玉。

③木:一说应作"水"。　④计蒙:传说中的神名。　⑤漳:即漳水,见5.95注⑤。　⑥飘风:暴风;旋风。

计蒙

涉蟲

5.102　又东百五十里,曰歧山①,其阳多赤金,其阴多白珉(mín)②,其上多金玉,其下多青腹(huò)③,其木多樗(chū)④。神涉蟲(tuó)⑤处之,其状人身而方面,三足。

【译文】

再向东一百五十里是歧山,山的阳面有很多赤金,阴面有很多白色的似玉美石,山上有很多金和玉,山下有很多可作青色颜料的矿物,山中生长的树多为臭椿。有位名叫涉蟲的神居住在这里,他长着人一样的身体,脸部呈方形,有三只脚。

【注释】

①歧山:山名,具体所指未详。歧:有的本子作"岐"。　②珉:似玉的美石。　③青腹:见1.8注②。　④樗:臭椿树。　⑤涉蟲:传说中的神名。

5.103 又东百三十里,曰铜山①,其上多金、银、铁,其木多穀(gǔ)②、柞(zuò)③、柤(zhā)④、栗、橘、櫾(yòu)⑤,其兽多犳(zhuó)⑥。

【译文】

再向东一百三十里是铜山,山上有很多金、银和铁,山中生长的树多为构树、柞树、山楂、栗树、橘树和柚树,山中的兽多为犳。

【注释】

①铜山:山名,具体所指未详。②穀:见1.1注⑧。　③柞:见2.13注③。　④柤:同"楂",指山楂。⑤櫾:见5.95注④。　⑥犳:见2.32注⑥。

5.104 又东北一百里,曰美山①,其兽多兕(sì)②牛,多闾(lú)③麈(zhǔ)④,多豕(shǐ)⑤鹿。其上多金,其下多青雘(huò)⑥。

【译文】

再向东北一百里是美山,山中的兽多为兕和牛,还有很多闾、麈、猪和鹿。山上有很多金,山下有很多可作青色颜料的矿物。

【注释】

①美山:山名,具体所指未详。②兕:见1.30注③。　③闾:一种像驴的兽。　④麈:见5.99注⑧。　⑤豕:猪。　⑥青雘:见1.8注②。

5.105 又东北百里,曰大尧之山①,其木多松柏,多梓②桑,多机③;其草多竹④;其兽多豹、虎、麢(líng)⑤、臭(chuò)⑥。

【译文】

再向东北一百里是大尧山,山中生长的树多为松树、柏树、梓树和桑树,还有很多枑木树;生长的草多为篇竹;兽多为豹、虎、羚羊和臭。

【注释】

①大尧之山:即大尧山,山名,具体所指未详。　②梓:见1.24注②。③机:即机木,见3.1注②。　④竹:见2.24注⑤。　⑤麢:同"羚",指羚羊。　⑥臭:一种像兔子的兽。

5.106 又东北三百里,曰灵山①,其上多金玉,其下多青雘(huò)②,其木多桃、李、梅、杏。

【译文】

再向东北三百里是灵山，山上有很多金和玉，山下有很多可作青色颜料的矿物，山中生长的树多为桃树、李树、梅树和杏树。

【注释】

①灵山：山名，具体所指未详。　②青雘：见1.8注②。

5.107　又东北七十里，曰龙山①，上多寓木②，其上多碧③，其下多赤锡④，其草多桃枝⑤钩端⑥。

【译文】

再向东北七十里是龙山，山上有很多寄生在别的树上的植物，还有很多碧，山下有很多赤锡，山中生长的草多为桃枝竹和钩端竹。

【注释】

①龙山：山名，具体所指未详。　②寓木：寄生在别的树上的植物。　③碧：青绿色或青白色的玉。　④赤锡：一说应为"赤铜"，因为没有红色的锡。　⑤桃枝：见2.14注⑤。　⑥钩端：见2.14注⑥。

5.108　又东南五十里，曰衡山①，上多寓木、穀（gǔ）②、柞（zuò）③，多黄垩（è）④、白垩。

【译文】

再向东南五十里是衡山，山上有很多寄生在别的树上的植物、构树和柞树，还有很多黄垩和白垩。

【注释】

①衡山：山名，具体所指未详。　②穀：见1.1注⑧。　③柞：见2.13注③。　④垩：白色泥土。也泛指泥土。

5.109　又东南七十里，曰石山①，其上多金，其下多青雘（huò）②，多寓木。

【译文】

再向东南七十里是石山，山上有很多金，山下有很多可作青色颜料的矿物，还有很多寄生在别的树上的植物。

【注释】

①石山：山名，具体所指未详。　②青雘：见1.8注②。

国学经典详注·全译·精解

5.110 又南百二十里，曰若山①，其上多琈玞(tūfú)②之玉，多赭(zhě)③，多邽(guī)④石，多寓木，多柘(zhè)⑤。

【译文】

再向南一百二十里是若山，山上有很多琈玞玉，有很多红土和邽石，还长着很多寄生在别的树上的植物及柘树。

【注释】

①若山：山名，具体所指未详。

②琈玞：美玉名。　③赭：红土。

④邽：通"圭"，指宝圭。一说应作"封"。　⑤柘：见3.13注③。

5.111 又东南一百二十里，曰虒(zhì)山①，多美石，多柘。

【译文】

再向东南一百二十里是虒山，山中有很多美丽的石头，还长着很多柘树。

【注释】

①虒山：山名，具体所指未详。一说即今安徽黄山。

5.112 又东南一百五十里，曰玉山①，其上多金玉，其下多碧②、铁，其木多柏。

【译文】

再向东南一百五十里是玉山，山上有很多金和玉，山下有很多碧和铁，山中生长的树多为柏树。

【注释】

①玉山：山名，具体所指未详。　②碧：青绿色或青白色的玉。

5.113 又东南七十里，曰讙(huān)山①，其木多檀②，多邽(guī)③石，多白锡。郁水④出于其上，潜于其下，其中多砥砺(dǐlì)⑤。

【译文】

再向东南七十里是讙山，山中生长的树多为檀树，山中还有很多邽石和白锡。郁水发源于讙山的山上，在山下潜流，水中有很多磨刀石。

【注释】

①讙山：山名，具体所指未详。

②檀：见2.28注③。　③邽：见5.110注④。　④郁水：水名，具体所指未详。　⑤砥砺：磨刀石。

199

5.114　又东北百五十里,曰仁举之山①,其木多榖(gǔ)②柞(zuò)③,其阳多赤金,其阴多赭(zhě)④。

【译文】

　　再向东北一百五十里是仁举山,山中生长的树多为构树和柞树,山的阳面有很多赤金,阴面有很多红土。

【注释】

①仁举之山:即仁举山,山名,具体所指未详。　②榖:见1.1注⑧。　③柞:见2.13注③。
④赭:红土。

5.115　又东五十里,曰师每之山①,其阳多砥砺(dǐlì)②,其阴多青雘(huò)③。其木多柏,多檀④,多柘(zhè)⑤;其草多竹⑥。

【译文】

　　再向东五十里是师每山,山的阳面有很多磨刀石,阴面有很多可作青色颜料的矿物。山中生长的树多为柏树、檀树和柘树,草多为篇竹。

【注释】

①师每之山:即师每山,山名,具体所指未详。　②砥砺:磨刀石。
③青雘:见1.8注②。　④檀:见2.28注③。　⑤柘:见3.13注③。
⑥竹:见2.24注⑤。

5.116　又东南二百里,曰琴鼓之山①,其木多榖(gǔ)②、柞(zuò)③、椒④、柘;其上多白珉(mín)⑤,其下多洗石⑥;其兽多豕(shǐ)⑦鹿,多白犀;其鸟多鸩(zhèn)⑧。

【译文】

　　再向东南二百里是琴鼓山,山中生长的树多为构树、柞树、椒树和柘树;山上有很多白珉,山下有很多洗石;山中的兽多为猪和鹿,还有很多白犀;山中的鸟多为鸩鸟。

【注释】

①琴鼓之山:即琴鼓山,山名,具体所指未详。　②榖:见1.1注⑧。
③柞:见2.13注③。　④椒:见5.84注④。这里应指胡椒或花椒。
⑤珉:似玉的美石。　⑥洗石:见2.1注③。　⑦豕:猪。　⑧鸩:见5.97注⑧。

5.117　凡荆山①之首,自景山②至琴鼓之山,凡二十三山,二千八百九十里，其神③状皆鸟身而人面。其祠④：用一雄鸡祈瘗（yì）⑤，用一藻圭⑥，糈（xǔ）⑦用稌（tú）⑧。骄山⑨，冢⑩也，其祠：用羞⑪酒少牢⑫祈瘗，婴⑬毛⑭一璧。

中次八经山神

【译文】

　　总计荆山山系中的山，从首座景山到琴鼓山，共有二十三座山，长为二千八百九十里，这些山的山神的形状都是鸟身人面。祭祀他们的方法是：用一只雄鸡为祭品，祈祷后埋入地下，用一块有彩纹的圭，用粳米或糯米作祭神的精米。骄山处于统领地位，祭祀其山神的方法是：用酒、猪、羊为祭品，祈祷后埋入地下，用一块璧作为山神的颈饰。

【注释】

①荆山：见5.94注①。　②景山：见5.94注②。　③神：指山神。　④祠：祭祀。
⑤瘗：埋葬。　⑥藻圭：有彩纹的圭。　⑦糈：祭神用的精米。　⑧稌：粳稻。也指糯稻。
⑨骄山：见5.96注①。　⑩冢：当指处于统领地位。　⑪羞：进献食品。　⑫少牢：供祭祀用的羊和猪。　⑬婴：颈饰。
⑭毛：应作"用"。

九、中次九经

【解读】

　　中次九经记述了位于中国中部的十六座山，除了其中的岷山、崃（lái）山、崌（jū）山、岐山这四座山，其余山的具体位置都难以确定，但它们大致在今四川、重庆、湖北境内。

中次九经中记述了种类丰富的动物和植物，无奇禽怪兽。较为引人注意的是在 5.130 中，说有一个熊居住的洞穴，它夏启冬闭，经常有神人从洞中出来，并称若洞门在冬天开启，就必定会发生战争。

5.118　中次九经岷山①之首，曰女几之山②，其上多石涅③，其木多杻(niǔ)④橿(jiāng)⑤，其草多菊茶(zhú)⑥。洛水⑦出焉，东注于江，其中多雄黄⑧，其兽多虎豹。

【译文】

中山经中的第九列山系即岷山山系的首座山是女几山，山上有很多石涅，山中生长的树多为杻树和橿树，生长的草多为菊和茶。洛水发源于这里，向东流入长江，水中有很多雄黄，这一带的兽多为虎和豹。

【注释】

①岷山：山系名，具体所指未详。
②女几之山：即女几山，山名，具体所指未详。一说在今四川境内。与 5.97 中的女几山不同。　③石涅：见 2.25 注②。　④杻：见 2.7 注②。　⑤橿：见 2.7 注③。　⑥茶：见 5.44 注④。
⑦洛水：水名，具体所指未详。一说即今沱江。　⑧雄黄：见 2.24 注③。

5.119　又东北三百里，曰岷山①。江水②出焉，东北流注于海，其中多良龟，多鼍(tuó)③。其上多金玉，其下多白珉(mín)④。其木多梅棠⑤；其兽多犀象，多夔(kuí)牛⑥；其鸟多翰⑦鷩(bì)⑧。

【译文】

再向东北三百里是岷山。长江发源于这里，向东北流入大海，水中有很多良龟，还有很多扬子鳄。山上有很多金和玉，山下有很多白珉。山中生长的树多为梅树和棠树，山中的兽多为犀牛、象和夔牛，鸟多为白翰和赤鷩。

【注释】

①岷山：山名，在今四川北部，绵延四川、甘肃两省边境，为长江和黄河的分水岭。
②江水：指长江。一说这里应指岷江。
③鼍：鼍龙，即扬子鳄，爬行动物，是鳄的一种，俗称猪婆龙。　④珉：似玉的美石。　⑤棠：见 2.35 注③。　⑥夔牛：传说中的一种兽，体形似牛，重达数千斤。　⑦翰：即白翰，见 2.14 注⑨。
⑧鷩：指赤鷩，山鸡的一种。

5.120　又东北一百四十里,曰崃(lái)山①。江水②出焉,东流注大江③。其阳多黄金,其阴多麋(mí)④塵(zhǔ)⑤。其木多檀⑥柘(zhè)⑦,其草多薤(xiè)⑧韭,多药(yuè)⑨、空夺⑩。

【译文】

再向东北一百四十里是邛崃山。江水发源于这里,向东流入长江。山的阳面有很多黄金,阴面有很多麋鹿和塵。山中生长的树多为檀树和柘树,草多为薤和韭菜,还有很多白芷和空夺。

【注释】

①崃山:山名,即邛(qióng)崃山,在今四川西部岷江和大渡河之间。　②江水:指长江的支流,具体所指未详。一说即青衣江。

③大江:指长江。　④麋:即麋鹿,见2.36注②。　⑤塵:见5.99注⑧。　⑥檀:见2.28注③。　⑦柘:见3.13注③。

⑧薤:见3.8注③。　⑨药:见2.69注④。

⑩空夺:一说指寇脱,见5.56注⑦;一说指蛇蜕,即蛇脱下的皮。

5.121　又东一百五十里,曰崌(jū)山①。江水②出焉,东流注于大江,其中多怪蛇,多鷙(zhì)鱼③。其木多楢(yóu)④杻(niǔ)⑤,多梅梓⑥,其兽多夔(kuí)牛⑦、麢(líng)⑧、臭(chuò)⑨、犀、兕(sì)⑩。有鸟焉,状如鸮(xiāo)⑪而赤身白首,其名曰窃脂⑫,可以御火。

【译文】

再向东一百五十里是崌山。江水发源于这里,向东流入长江,水中有很多怪蛇,还有很多鷙鱼。山中生长的树多为楢树、杻树、梅树和梓树,山中的兽多为夔牛、羚羊、臭和犀牛、兕。山中有一种鸟,形状像猫头鹰,红色的身子,白色的头,名字叫窃脂,可以用来

【注释】

①崌山:山名,在今四川境内。

②江水:指长江的支流,具体所指未详。

③鷙鱼:鱼名,具体所指未详。

④楢:木名,具体所指未详。据说古代常用它来制作车轮。　⑤杻:见2.7注②。　⑥梓:见1.24注②。　⑦夔牛:见5.119注⑥。　⑧麢:同"羚",指羚羊。　⑨臭:一种像兔子的兽。

⑩兕:见1.30注③。　⑪鸮:猫头鹰一类的鸟。　⑫窃脂:传说中的一种

203

防火。　　　　　　　　　鸟名。

5.122　又东三百里,曰高梁之山①,其上多垩(è)②,其下多砥砺(dǐlì)③,其木多桃枝④钩端⑤。有草焉,状如葵而赤华⑥,荚⑦实白柎(fū)⑧,可以走马⑨。

【译文】
　　再向东三百里是高梁山,山上有很多垩,山下有很多磨刀石,山中生长的树多为桃枝竹和钩端竹。山中有一种草,形状像葵,开红色的花,结带荚的果实,花萼白色,骑马的人把它佩带在身上,可以使马跑得快。

【注释】
①高梁之山:即高梁山,山名,具体所指未详。一说在今四川剑阁县北。
②垩:白色泥土。也泛指泥土。
③砥砺:磨刀石。　　④桃枝:见2.14注⑤。　　⑤钩端:见2.14注⑥。
⑥华:同"花"。　　⑦荚:豆类植物长形的果实。　　⑧柎:花萼(è)房或子房。　　⑨走马:见2.15注⑯。

5.123　又东四百里,曰蛇山①,其上多黄金,其下多垩,其木多枸(xún)②,多豫章③,其草多嘉荣④、少辛⑤。有兽焉,其状如狐而白尾长耳,名㹰(shì)狼⑥,见(xiàn)则国内有兵。

【译文】
　　再向东四百里是蛇山,山上有很多黄金,山下有很多垩,山中生长的树多为枸树和樟树,生长的草多为嘉荣和细辛。山中有一种兽,形状像狐,长着白色的尾巴,耳朵很长,名字叫㹰狼,只要它一出现,国内就会发生战争。

【注释】
①蛇山:山名,具体所指未详。
②枸:木名。《宋本山海经》作"相",应改。　　③豫章:见2.32注④。　　④嘉荣:草名。具体所指未详。　　⑤少辛:见5.86注⑥。　　⑥㹰狼:传说中的一种兽。

5.124　又东五百里,曰鬲(lì)山①,其阳多金,其阴多白珉(mín)②。蒲鸏(hōng)之水③出焉,而东流注于江,其中多白玉。其兽多犀、象、熊、罴(pí)④,多猿蜼(wèi)⑤。

【译文】

　　再向东五百里是鬲山,山的阳面有很多金,阴面有很多白珉。蒲鹳水发源于这里,向东流入长江,水中有很多白玉。山中的兽多为犀牛、象、熊和罴,还有很多猿和蜼。

【注释】

①鬲山:山名,相传为夏桀的死地。　②珉:似玉的美石。③蒲鹳之水:即蒲鹳水,水名,具体所指未详。　④罴:见2.14注⑧。　⑤蜼:一种长尾猿。

5.125　又东北三百里,曰隅阳之山①,其上多金玉,其下多青腹(huò)②,其木多梓③桑,其草多茈(zǐ)④。徐之水⑤出焉,东流注于江,其中多丹粟⑥。

【译文】

　　再向东北三百里是隅阳山,山上有很多金和玉,山下有很多可作青色颜料的矿物,山中生长的树多为梓树和桑树,生长的草多为紫草。徐水发源于这里,向东流入长江,水中有很多细丹砂。

【注释】

①隅阳之山:即隅阳山,山名,具体所指未详。一说在今四川境内。②青腹:见1.8注②。　③梓:见1.24注②。　④茈:即茈草,见2.63注②。　⑤徐之水:即徐水,水名,具体所指未详。　⑥丹粟:见1.11注⑧。

5.126　又东二百五十里,曰歧山①,其上多白金,其下多铁,其木多梅梓,多杻(niǔ)②楢(yóu)③。减水④出焉,东南流注于江。

【译文】

　　再向东二百五十里是歧山,山上有很多白金,山下有很多铁,山中生长的树多为梅树、梓树、杻树和楢树。减水发源于这里,向东南流入长江。

【注释】

①歧山:应作"岐山",山名,在今陕西岐山县境内。　②杻:见2.7注②。　③楢:见5.121注④。④减水:水名,具体所指未详。与4.5中的减水不同。

5.127　又东三百里,曰勾㺎(mí)之山①,其上多玉,其下多黄金,其木多栎(lì)②柘(zhè)③,其草多芍药④。

【译文】

再向东三百里是勾棕山，山上有很多玉，山下有很多黄金，山中生长的树多为栎树和柘树，生长的草多为芍药。

【注释】

①勾棕之山：即勾棕山，山名，具体所指未详。　②栎：见2.71注②。③柘：见3.13注③。　④芍药：见3.70注④。

5.128　又东一百五十里，曰风雨之山①，其上多白金，其下多石涅②，其木多楸（zōu）③樿（shàn）④，多杨。宣余之水⑤出焉，东流注于江，其中多蛇。其兽多闾（lú）⑥麋（mí）⑦，多麈（zhǔ）⑧、豹、虎，其鸟多白鹬（jiāo）⑨。

【译文】

再向东一百五十里是风雨山，山上有很多白金，山下有很多石涅，山中生长的树多为楸树、樿树和杨树。宣余水发源于这里，向东流入长江，水中有很多蛇。山中的兽多为闾、麋鹿、麈、豹和虎，鸟多为白色的鹬雉。

【注释】

①风雨之山：即风雨山，山名，具体所指未详。　②石涅：见2.25注②。③楸：传说中的木名。　④樿：木名，木纹白色，又叫白理木。　⑤宣余之水：即宣余水，水名，具体所指未详。⑥闾：一种像驴的兽。　⑦麋：即麋鹿，见2.36注②。　⑧麈：见5.99注⑧。　⑨鹬：见5.97注⑥。

5.129　又东北二百里，曰玉山①，其阳多铜，其阴多赤金，其木多豫章②、楢（yóu）③、杻（niǔ）④，其兽多豕（shǐ）⑤、鹿、麢（líng）⑥、臭（chuò）⑦，其鸟多鸩（zhèn）⑧。

【译文】

再向东北二百里是玉山，山的阳面有很多铜，阴面有很多赤金，山中生长的树多为樟树、楢树和杻树，兽多为猪、鹿、羚羊和臭，鸟多为鸩鸟。

【注释】

①玉山：山名，具体所指未详。　②豫章：见2.32注④。　③楢：见5.121注④。　④杻：见2.7注②。⑤豕：猪。　⑥麢：同"羚"，指羚羊。⑦臭：一种像兔子的兽。　⑧鸩：见5.97注⑧。

5.130 又东一百五十里，曰熊山①。有穴焉，熊之穴，恒出神人，夏启而冬闭。是穴也，冬启乃必有兵。其上多白玉，其下多白金，其木多樗（chū）②柳，其草多寇脱③。

【译文】

再向东一百五十里是熊山。山中有一个洞穴，是熊住的地方，经常有神人从洞中出来，这个洞的洞门夏天开启，冬天关闭。如果洞门在冬天开启，就必然会发生战争。山上有很多白玉，山下有很多白金，山中生长的树多为臭椿树和柳树，生长的草多为通草。

【注释】

①熊山：山名，具体所指未详。　②樗：臭椿树。　③寇脱：见5.56注⑦。

5.131 又东一百四十里，曰騩（guī）山①，其阳多美玉、赤金，其阴多铁，其木多桃枝②、荆③、芑（qǐ）④。

【译文】

再向东一百四十里是騩山，山的阳面有很多美玉和赤金，阴面有很多铁，山中生长的树多为桃枝竹、荆和杞。

【注释】

①騩山：山名，具体所指未详。　②桃枝：见2.14注⑤。　③荆：见1.24注④。　④芑：通"杞"，指枸杞或杞柳。

5.132 又东二百里，曰葛山①，其上多赤金，其下多瑊（jiān）②石，其木多柤（zhā）②、栗、橘、櫾（yòu）④、楢（yóu）⑤、杻（niǔ）⑥，其兽多麢（líng）⑦、奂（chuò）⑧，其草多嘉荣⑨。

【译文】

再向东二百里是葛山，山上有很多赤金，山下有很多瑊石，山中生长的树多为山楂、栗树、橘树、柚树、楢树和杻树，山中的兽多为羚羊和奂，草多为嘉荣。

【注释】

①葛山：山名，具体所指未详。一说在今湖北兴山县境内。　②瑊：似玉的美石。　③柤：同"楂"，指山楂。　④櫾：见5.95注④。　⑤楢：见5.121注④。　⑥杻：见2.7注②。　⑦麢：同"羚"，指羚羊。　⑧奂：一种像兔子的兽。　⑨嘉荣：草名，具体所指未详。

5.133　又东一百七十里,曰贾超之山①,其阳多黄垩(è)②,其阴多美赭(zhě)③,其木多柤、栗、橘、櫾,其中多龙修④。

【译文】

　　再向东一百七十里是贾超山,山的阳面有很多黄垩,阴面有很多优质的红土,山中生长的树多为山楂、栗树、橘树和柚树,山中还长着很多龙须草。

【注释】

①贾超之山:即贾超山,山名,具体所指未详。一说在今湖北远安县境内。
②垩:白色泥土。也泛指泥土。
③赭:红土。　④龙修:即龙须草,多年生草本植物,茎青绿色,线形,茎上无叶,开淡绿色花,蒴(shuò)果长椭圆形。

5.134　凡岷山①之首,自女几山②至于贾超之山,凡十六山,三千五百里。其神③状皆马身而龙首。其祠④:毛⑤用一雄鸡瘗(yì)⑥,糈(xǔ)⑦用稌(tú)⑧。文山⑨、勾㮚(mí)⑩、风雨⑪、騩(guī)之山⑫,是皆冢⑬也,其祠之:羞⑭酒,少牢⑮具,婴⑯毛⑰一吉玉⑱。熊山⑲,席⑳也,其祠:羞酒㉑,大牢㉒具,婴毛一璧。干㉓儛(wǔ)㉔,用兵以禳(ráng)㉕;祓(fú)㉖,璆(qiú)㉗冕㉘舞。

中次九经山神

【译文】

　　总计岷山山系中的山,从首座女几山到贾超山,共十六

【注释】

①岷山:见5.118注①。　②女几山:见5.118注②。　③神:指山神。

208

座山，长为三千五百里。这些山的山神的形状都是马身龙首。祭祀他们的方法是：以一只雄鸡为毛物，祭祀后把它埋入地下，用粳米或糯米作祭神用的精米。文山、勾欥山、风雨山、骢山都居于统领地位，祭祀这些山的山神的方法是：向他们敬酒，用猪、羊二牲齐备的少牢之礼，用一块彩色的玉作为山神的颈饰。熊山的山神是众山神之主，祭祀他的方法是：向他敬酒，用猪、羊、牛三牲齐备的太牢之礼，用一块璧作为山神的颈饰。祭祀时，手持盾牌而舞，并手持兵器，以求消除灾殃；举行祭礼时，则手持美玉、头戴礼帽而起舞。

④祠：祭祀。　　⑤毛：见 1.10 注⑤。
⑥瘗：埋葬。　　⑦糈：祭神用的精米。　　⑧秵：粳稻。也指糯稻。
⑨文山：即岷山，见 5.119 注①。
⑩勾欥：见 5.127 注①。　　⑪风雨：见 5.128 注①。　　⑫骢之山：即骢山，见 5.131 注①。骢：《宋本山海经》作"鵩"，应改。　　⑬冢：当指居于统领地位。　　⑭羞：进献食品。
⑮少牢：供祭祀用的羊和猪。
⑯婴：颈饰。　　⑰毛：应作"用"。
⑱吉玉：彩色的玉。　　⑲熊山：见 5.130 注①。　　⑳席：一说应作"帝"。　　㉑酒：《宋本山海经》作"席"，应改。　　㉒大牢：即"太牢"，见 2.20 注⑤。　　㉓干：盾牌。
㉔儛：跳舞。　　㉕禳：迷信的人祈祷以消除灾殃。　　㉖祓：古代为除灾去邪而举行的祭礼。有的本子作"祈"。
㉗璆：美玉。　　㉘冕：一种礼帽。

十、中次十经

【解读】

中次十经记述了位于中国中部的九座山，这些山的具体位置都难以确定，但它们大致在今河南、湖北境内。

中次十经篇幅不长，除了记述一些常见的动植物及矿物，还记述了一种名叫跂踵（qǐzhǒng）的怪鸟，它的形状像鸮（xiāo），只有一条腿，长着猪一样的尾巴。

5.135 中次十经之首，曰首阳之山①，其上多金玉，无草木。

【译文】

中山经中第十列山系中的首座山是首阳山，山上有很多金和玉，不长草木。

【注释】

①首阳之山：即首阳山，山名，具体所指未详。一说在今河南偃师市境内。

5.136 又西五十里，曰虎尾之山①，其木多椒②椐（jū）③，多封石④。其阳多赤金，其阴多铁。

【译文】

再向西五十里是虎尾山，山中生长的树多为椒树和椐树，还有很多封石。山的阳面有很多赤金，阴面有很多铁。

【注释】

①虎尾之山：即虎尾山，山名，具体所指未详。　②椒：见5.116注④。　③椐：见3.6注④。　④封石：所指未详。一说指一种植物，味甜，无毒。

5.137　又西南五十里，曰繁缋（huì）之山①，其木多楢（yóu）②杻（niǔ）③，其草多枝勾④。

【译文】

再向西南五十里是繁缋山，山中生长的树多为楢树和杻树，生长的草多为枝勾。

【注释】

①繁缋之山：即繁缋山，山名，具体所指未详。②楢：见5.121注④。　③杻：见2.7注②。　④枝勾：草名，一说指桃枝（见2.14注⑤）和钩端（见2.14注⑥）。

5.138　又西南二十里，曰勇石之山①，无草木，多白金，多水。

【译文】

再向西南二十里是勇石山，山中不长草木，有很多白金，还有很多水。

【注释】

①勇石之山：即勇石山，山名，具体所指未详。

5.139　又西二十里，曰复州之山①，其木多檀②，其阳多黄金。有鸟焉，其状如鸮（xiāo）③而一足，彘（zhì）④尾，其名曰跂踵（qǐzhǒng）⑤，见（xiàn）则其国大疫。

【译文】

再向西二十里是复州山,山中生长的树多为檀树,山的阳面有很多黄金。山中有一种鸟,形状像猫头鹰,只有一只脚,长着猪一样的尾巴,它的名字叫跂踵,只要它在哪个国家出现,哪个国家就会发生大的瘟疫。

【注释】

①复州之山:即复州山,山名,具体所指未详。
②檀:见2.28注③。
③鸮:猫头鹰一类的鸟。
④彘:猪。 ⑤跂踵:传说中的一种鸟。

跂踵

5.140 又西三十里,曰楮(chǔ)山①,多寓木②,多椒③椐(jū)④,多柘(zhè)⑤,多垩(è)⑥。

【译文】

再向西三十里是楮山,山中有很多寄生在别的树上的植物,有很多椒树、椐树和柘树,还有很多垩。

【注释】

①楮山:传说中的山名。 ②寓木:寄生在别的树上的植物。 ③椒:见5.116注④。 ④椐:见3.6注④。 ⑤柘:见3.13注③。 ⑥垩:白色泥土。也泛指泥土。

5.141 又西二十里,曰又原之山①,其阳多青䨼(huò)②,其阴多铁,其鸟多鸜鹆(qúyù)③。

【译文】

　　再向西二十里是又原山,山的阳面有很多可作青色颜料的矿物,阴面有很多铁,山中的鸟多为八哥。

【注释】

①又原之山:即又原山,山名,具体所指未详。　②青䨼:见1.18注③。

③鸜鹆:同"鸲(qú)鹆",鸟名,即八哥。鸜:《宋本山海经》作"鹳",应改。

　　5.142　又西五十里,曰涿山①,其木多榖(gǔ)②、柞(zuò)③、杻(niǔ)④,其阳多㻬珷(tūfú)⑤之玉。

【译文】

　　再向西五十里是涿山,山中生长的树多为构树、柞树和杻树,山的阳面有很多㻬珷玉。

【注释】

①涿山:山名,具体所指未详。

②榖:见1.1注⑧。　③柞:见2.13注③。　④杻:见2.7注②。

⑤㻬珷:美玉名。

　　5.143　又西七十里,曰丙山①,其木多梓②檀③,多弞杻(shěnniǔ)④。

【译文】

　　再向西七十里是丙山,山中生长的树多为梓树和檀树,还有很多弞杻。

【注释】

①丙山:山名,具体所指未详。　②梓:见1.24注②。　③檀:见2.28注③。

④弞杻:木名,具体所指未详。一说指高大的杻树。

　　5.144　凡首阳山①之首,自首山②至于丙山,凡九山,二百六十七里。其神③状皆龙身而人面。其祠④之:毛⑤用一雄鸡瘗(yì)⑥,糈(xǔ)⑦用五种之糈⑧。堵山⑨,冢⑩也,其祠之:少牢⑪具,羞⑫酒祠,婴⑬毛⑭一璧瘗。騩(guī)山⑮,帝也,其祠:羞酒,大牢⑯具⑰,合巫祝⑱二人儛(wǔ)⑲,婴一璧。

【译文】

　　总计首阳山山系中的山,从首座首阳山到丙山,共九座山,

【注释】

①首阳山:这里当指山系名。

②首山:即首阳山,见5.135注①。

长为二百六十七里。这些山的山神的形状都是龙身人面。祭祀他们的方法是：以一只雄鸡为毛物，祭祀后把它埋入地下，用去皮壳后的黍、稷、稻、粱、麦作为祭神用的精米。堵山，居于统领的地位，祭祀这座山的山神的方法是：用猪、羊二牲齐备的少牢之礼，并向他献酒，用一块璧作为他的颈饰，祭祀后把它埋入地下。骓山的山神是众山神之主，祭祀他的方法是：向他献酒，用猪、羊、牛三牲齐备的太牢之礼，让巫和祝两个人一起跳舞，用一块璧作为山神的颈饰。

③神：指山神。　④祠：祭祀。
⑤毛：见 1.10 注⑤。　⑥瘞：埋葬。　⑦糈：祭神用的精米。
⑧五种之糈：指去皮壳后的黍、稷、稻、粱、麦。糈：一说应作"精"。
⑨堵山：即楮(chǔ)山，见 5.140 注①。　⑩冢：当指居于统领地位。　⑪少牢：供祭祀用的羊和猪。　⑫羞：进献食品。
⑬婴：颈饰。　⑭毛：应作"用"。
⑮骓山：见 5.131 注①。　⑯大牢：即"太牢"，见 2.20 注⑤。
⑰具：《宋本山海经》作"其"，应改。
⑱巫祝：古代称事鬼神者为巫，祭主赞词者为祝，后连用以指掌管占卜祭祀的人。　⑲舞：跳舞。

中次十经山神

十一、中次十一经

【解读】

　　中次十一经记述了位于中国中部的四十八座山，其中绝大部分山的具体位置都难以确定，但它们大致在今河南、湖北、安徽境内。

中次十一经是《山海经》五篇山经中的二十六篇小山经中篇幅最长、记述山的数目最多的一篇，但所记多为寻常的动植物及矿物。其中形状怪异的动物有三种：一为三足鳖，一为可引发洪水的蛟，一为形状如犬、虎爪有甲的獜（lìn）。另有一位名叫耕父的神，出入时有光。还有一种名叫帝女桑的树，树围达五丈，叶子有一尺多大。

5.145　中次一十一山经①荆山②之首，曰翼望之山③。湍（zhuān）水④出焉，东流注于济⑤；贶（kuàng）水⑥出焉，东南流注于汉⑦，其中多蛟⑧。其上多松柏，其下多漆⑨梓⑩，其阳多赤金，其阴多珉（mín）⑪。

【译文】

中山经中第十一列山系即荆山山系中的首座山是翼望山。湍水发源于这里，向东流入济水；贶水也发源于这里，向东南流入汉江，水中有很多蛟龙。山上长着很多松树和柏树，山下长着很多漆树和梓树，山的阳面有很多赤金，阴面有很多似玉的美石。

【注释】

①山经：按前面的体例，"山"字系衍文。
②荆山：山系名，具体所指未详。一说在今河南西部，是熊耳山和伏牛山的合称。
③翼望之山：即翼望山，山名，具体所指未详。一说在今河南内乡县北。与2.60中的翼望山不同。　④湍水：水名，在今河南境内。
⑤济：即济水，水名，具体所指未详。一说应作"淯水"，在今河南境内。　⑥贶水：水名，具体所指未详。　⑦汉：即汉江，见2.13注⑨。　⑧蛟：即蛟龙，传说中能引发洪水的一种龙。　⑨漆：见2.69注②。
⑩梓：见1.24注②。　⑪珉：似玉的美石。

5.146　又东北一百五十里，曰朝歌之山①，沬（wǔ）水②出焉，东南流注于荣③，其中多人鱼④。其上多梓⑤楠⑥，其兽多麢（líng）⑦麋（mí）⑧。有草焉，名曰莽草⑨，可以毒鱼。

【译文】

再向东北一百五十里是朝歌山，沬

【注释】

①朝歌之山：即朝歌山，山名，具体所指未详。一说在今河南方城县境内。与5.50中的朝歌山

水发源于这里,向东南流入荥水,水中有很多鲵鱼。山上长着很多梓树和楠木,山中的兽多为羚羊和麋鹿。山中有一种草,名叫莽草,可以用来毒杀鱼类。

不同。　②沘水:水名,一作舞水,源出今河南方城县东,东流经舞阳县南,至西平县东注入汝水。　③荥:水名,具体所指未详。一说应作"荥"。　④人鱼:指鲵鱼,俗称娃娃鱼。　⑤梓:见1.24注②。　⑥楠:见1.24注③。　⑦麢:同"羚",指羚羊。　⑧麋:即麋鹿,见2.36注②。　⑨莽草:即"芒草",见5.23注⑥。

5.147　又东南二百里,曰帝囷(qūn)之山①,其阳多琄珸(tūfú)②之玉,其阴多铁。帝囷之水③出于其上,潜于其下,多鸣蛇④。

【译文】
　　再向东南二百里是帝囷山,山的阳面有很多琄珸玉,阴面有很多铁。帝囷水发源于帝囷山的山上,在山下潜流,水中有很多鸣蛇。

【注释】
①帝囷之山:即帝囷山,山名,具体所指未详。一说在今河南舞阳县境内。②琄珸:美玉名。　③帝囷之水:即帝囷水,水名,具体所指未详。④鸣蛇:传说中的水中动物名。

5.148　又东南五十里,曰视山①,其上多韭。有井焉,名曰天井,夏有水,冬竭。其上多桑,多美垩(è)②、金玉。

【译文】
　　再向东南五十里是视山,山上长着很多韭菜。山中有一口井,名叫天井,夏天时井里有水,到冬天就枯竭。山上长着很多桑树,还有很多美垩、金和玉。

【注释】
①视山:山名,具体所指未详。一说在今河南桐柏县西。　②垩:白色泥土。也泛指泥土。

5.149　又东南二百里,曰前山①,其木多櫧(zhū)②,多柏,其阳多金,其阴多赭(zhě)③。

【译文】

　　再向东南二百里是前山，山中生长的树多为楮树和柏树，山的阳面有很多金，阴面有很多红土。

【注释】

①前山：山名，具体所指未详。一说在今河南信阳市境内。　②楮：常绿乔木，叶子长椭圆形，开黄绿色花，果实球形，木质坚硬。　③赭：红土。

　　5.150　又东南三百里，曰丰山①。有兽焉，其状如蝯（yuán）②，赤目、赤喙、黄身，名曰雍和③，见（xiàn）则国有大恐。神耕父④处之，常⑤游清泠（líng）之渊⑥，出入有光，见则其国为败。有九钟焉，是知⑦霜鸣。其上多金，其下多榖（gǔ）⑧、柞（zuò）⑨、杻（niǔ）⑩、橿（jiāng）⑪。

【译文】

　　再向东南三百里是丰山。山中有一种兽，形状像猿，长着红色的眼睛，红色的嘴，黄色的身子，名字叫雍和，只要它一出现，国家就会发生大的令人恐慌之事。有位名叫耕父的神居住在丰山上，他常常去清泠渊巡游，出入时会发出光亮，他在哪个国家出现，哪个国家就会衰败。山中有九口钟，每当有霜出现，它们就会鸣响。山上有很多金，山下长着很多构树、柞树、杻树和橿树。

【注释】

①丰山：山名，多认为在今河南南阳市北。　②蝯：即猿。
③雍和：传说中的一种兽。
④耕父：传说中的神名。
⑤常：《宋本山海经》作"帝"，应改。　⑥清泠之渊：即清泠渊，水名，具体所指未详。
⑦知：有的本子作"和"。
⑧榖：见1.1注⑧。　⑨柞：见2.13注③。　⑩杻：见2.7注②。　⑪橿：见2.7注③。

　　5.151　又东北八百里，曰兔床之山①，其阳多铁，其木多薯藇（yù）②，其草多鸡榖③，其本④如鸡卵，其味酸甘，食者利于人。

【译文】

　　再向东北八百里是兔床山，山的阳面有很多铁，山中生长的树多为薯藇，生长的草多

【注释】

①兔床之山：即兔床山，山名，具体所指未详。　②薯藇：见3.53注④。薯藇即山药，非树木，此处文字当有

为鸡谷,它的根像鸡蛋,味道酸甜,人吃了以后有利于健康。

误。　③鸡谷:草名,具体所指未详。　④本:草木的根或茎。

【解读】

"又东北八百里,曰兔床之山",即从丰山向东北八百里,就是兔床山。对经中的这一说法,学者们多认为存在问题,因为按此计算,就进入了中次七经记述的地域。所以有人认为应改为"又东北八十里",有人认为应改为"又东北二百里",等等,但均难以令人信服。《山海经》中诸如此类的问题很多,它给后人考证经中提到的山或水的具体位置带来了极大的困难。

5.152　又东六十里,曰皮山①,多垩(è)②,多赭(zhě)③,其木多松柏。

【译文】

再向东六十里是皮山,山中有很多垩,还有很多红土,山中生长的树多为松树和柏树。

【注释】

①皮山:山名,具体所指未详。
②垩:白色泥土。也泛指泥土。
③赭:红土。

5.153　又东六十里,曰瑶碧之山①,其木多梓②楠③,其阴多青雘(huò)④,其阳多白金。有鸟焉,其状如雉,恒食蜚(fěi)⑤,名曰鸩(zhèn)⑥。

【译文】

再向东六十里是瑶碧山,山中生长的树多为梓树与楠木,山的阴面有很多可作青色颜料的矿物,阳面有很多白金。山中有一种鸟,形状像野鸡,喜欢吃蜚,名字叫鸩。

【注释】

①瑶碧之山:即瑶碧山,山名,具体所指未详。　②梓:见1.24注②。
③楠:见1.24注③。　④青雘:见1.8注②。　⑤蜚:一种吃稻花的害虫,轻小似蚊。　⑥鸩:鸟名,见5.97注⑧。一说与5.97中所说的鸩不同。

5.154　又东四十里,曰支离之山①。济水②出焉,南流注于汉③。有鸟焉,其名曰婴勺④,其状如鹊,赤目、赤喙、白身,其尾若勺,其鸣自呼。多柞(zuó)牛⑤,多羬(qián)羊⑥。

婴勺

【译文】

再向东四十里是支离山。济水发源于这里,向南流入汉江。山中有一种鸟,名字叫婴勺,形状像喜鹊,长着红色的眼睛,红色的嘴,白色的身子,尾巴的形状像勺,它的鸣叫声像在喊自己的名字。山中还有很多柞牛和羬羊。

【注释】

①支离之山:即支离山,山名,具体所指未详。　②济水:见5.145注⑤。　③汉:即汉江,见2.13注⑨。　④婴勺:鸟名,具体所指未详。　⑤柞牛:山牛名。　⑥羬羊:见2.1注④。

5.155　又东北五十里,曰袟篙(zhìdiāo)之山①,其上多松、柏、机②、桓③。

【译文】

再向东北五十里是袟篙山,山上长着很多松树、柏树、桤木树和无患木。

【注释】

①袟篙之山:即袟篙山,山名,具体所指未详。②机:即机木,见3.1注②。　③桓:木名,指无患木,传说可镇鬼祛邪。有的本子作"柏"。

5.156　又西北一百里,曰堇(qín)理之山①,其上多松柏,多美梓②,其阴多丹腹(huò)③,多金,其兽多豹虎。有鸟焉,其状如鹊,青身白喙,白目白尾,名曰青耕④,可以御疫,其鸣自叫。

【译文】

　　再向西北一百里是董理山,山上长着很多松树和柏树,还有很多形状美观的梓树,山的阴面有很多可作红色颜料的矿物,还有很多金,山中的兽多为豹和虎。山中有一种鸟,形状像喜鹊,长着青色的身子、白色的嘴、白色的眼睛和白色的尾巴,名字叫青耕,可以用它来防御瘟疫,它的鸣叫声像在叫自己的名字。

【注释】

①董理之山:即董理山,山名,具体所指未详。　②梓:见1.24注②。

③丹雘:可作红色颜料的矿物。

④青耕:传说中的鸟。

5.157　又东南三十里,曰依轱(gū)之山①,其上多杻(niǔ)②檀(jiāng)③,多苴(zhǎ)④。有兽焉,其状如犬,虎爪有甲,其名曰獜(lìn)⑤,善駚牥(yǎngfèn)⑥,食者不风⑦。

【译文】

　　再向东南三十里是依轱山,山上长着很多杻树和檀树,还有很多山楂树。山中有一种兽,它的形状像狗,长着虎一样的爪子,身上有鳞甲,名字叫獜,擅长跳跃扑击,人吃了它的肉后不会得中风、痛风之类的病。

【注释】

①依轱之山:即依轱山,山名,具体所指未详。　②杻:见2.7注②。

③檀:见2.7注③。　④苴:通"柤(zhā)","柤"同"楂",指山楂。

⑤獜:传说中的一种兽。　⑥駚牥:跳跃扑击。　⑦风:病名,指中风、痛风等。

5.158　又东南三十五里,曰即谷之山①,多美玉,多玄豹②,多闾(lú)③麈(zhǔ)④,多麢(líng)⑤臭(chuò)⑥。其阳多珉(mín)⑦,其阴多青雘(huò)⑧。

【译文】

　　再向东南三十五里是即谷山,山中有很多美玉,还有很多黑豹、闾、麈、羚羊和臭。山的阳面有很多似玉的美石,阴面有很多可作青色颜料的矿物。

【注释】

①即谷之山:即即谷山,山名,具体所指未详。　②玄豹:黑豹。　③闾:一种像驴的兽。　④麈:见5.99注⑧。

⑤麢:同"羚",指羚羊。　⑥臭:一种像兔子的兽。　⑦珉:似玉的美石。

⑧青雘:见1.8注②。

5.159 又东南四十里,曰鸡山①,其上多美梓②,多桑,其草多韭。

【译文】

　　再向东南四十里是鸡山,山上长着很多外形美观的梓树,还有很多桑树,山中生长的草多为韭菜。

【注释】

①鸡山:山名,具体所指未详。　②梓:见1.24注②。

5.160 又东南五十里,曰高前之山①,其上有水焉,甚寒而清,帝台②之浆③也,饮之者不心痛。其上有金,其下有赭(zhě)④。

【译文】

　　再向东南五十里是高前山,山上有水,水又冷又清,这是帝台神饮用的水,人喝了这种水就不会得心痛的病。这座山的山上有金,山下有红土。

【注释】

①高前之山:即高前山,山名,具体所指未详。一说在今河南内乡县境内。　②帝台:传说中的神仙名。　③浆:这里指水。　④赭:红土。

5.161 又东南三十里,曰游戏之山①,多杻(niǔ)②、橿(jiāng)③、穀(gǔ)④,多玉,多封石⑤。

【译文】

　　再向东南三十里是游戏山,山中长着很多杻树、橿树和构树,还有很多玉和封石。

【注释】

①游戏之山:即游戏山,山名,具体所指未详。　②杻:见2.7注②。　③橿:见2.7注③。　④穀:见1.1注⑧。　⑤封石:见5.136注④。

5.162 又东南三十五里,曰从山①,其上多松柏,其下多竹。从水②出于其上,潜于其下,其中多三足鳖,枝尾③,食之无蛊④疫。

【译文】

　　再向东南三十五里是从山,山上长着很多松树和柏树,山下长着很多竹。从水

【注释】

①从山:山名,具体所指未详。　②从水:水

发源于从山的山上,在山下潜流,水中有很
多三只脚的鳖,鳖尾上有分叉,吃了它的肉
后不会得蛊疾和瘟疫。

名,具体所指未详。
③枝尾:尾巴有分叉。
④蛊:见 1.8 注③。

三足鳖

5.163　又东南三十里,曰婴㟲(yīn)之山①,其上多松柏,其
下多梓②櫄(chūn)③。

【译文】

　　再向东南三十里是婴㟲
山,山上长着很多松树和柏
树,山下长着很多梓树和椿
树。

【注释】

①婴㟲之山:即婴㟲山,山名,具体所
指未详。㟲:一说音 zhēn。　②梓:
见 1.24 注②。　③櫄:见 5.49 注
②。

5.164　又东南三十里,曰毕山①。帝苑之水②出焉,东北流注
于视③,其中多水玉④,多蛟⑤。其上多璑珝(tūfú)⑥之玉。

【译文】

　　再向东南三十
里是毕山。帝苑水发
源于这里,向东北
流入视水,水中有
很多水晶和蛟龙。
山上有很多璑珝玉。

【注释】

①毕山:山名,具体所指未详。　②帝苑之
水:即帝苑水,水名,具体所指未详。　③视:
水名,具体所指未详。一说应作“浸(qìn)”,指
今河南泌阳、遂平县境内的沙河。　④水玉:
水晶。　⑤蛟:见 5.145 注⑧。　⑥璑珝:
美玉名。

5.165　又东南二十里,曰乐马之山①。有兽焉,其状如彙

（huì）②，赤如丹火，其名曰猲（lì）③，见（xiàn）则其国大疫。

【译文】

　　再向东南二十里是乐马山。山中有一种兽，形状像刺猬，浑身红得像火，名字叫猲，它在哪个国家出现，哪个国家就会发生大的瘟疫。

【注释】

①乐马之山：即乐马山，山名，具体所指未详。　②彙：指刺猬。　③猲：传说中的一种兽。

　　5.166　又东南二十五里，曰葴（zhēn）山①。视水②出焉，东南流注于汝水③，其中多人鱼④，多蛟⑤，多颉（xié）⑥。

人鱼　　　　　　　　　　　　　　　　　　蛟

【译文】

　　再向东南二十五里是葴山。视水发源于这里，向东南流入汝水，水中有很多鲵鱼、蛟龙和颉。

【注释】

①葴山：山名，具体所指未详。　②视水：见5.164注③。　③汝水：古水名，源出今河南鲁山县大盂山，注入淮河。　④人鱼：指鲵鱼，俗称娃娃鱼。　⑤蛟：见5.145注⑧。　⑥颉：传说中的兽名，状如青狗。

　　5.167　又东四十里，曰婴山①，其下多青雘（huò）②，其上多金玉。

【译文】

　　再向东四十里是婴山，山下有很多可作青色颜料的矿物，山上有很多金和玉。

【注释】

①婴山：山名，具体所指未详。　②青雘：见1.8注②。

5.168 又东三十里,曰虎首之山①,多苴(zhǎ)②、稠(chóu)③、椐(jū)④。

【译文】

再向东三十里是虎首山,山中长着很多山楂树、稠树和椐树。

【注释】

①虎首之山:即虎首山,山名,具体所指未详。
②苴:通"柤(zhā)","柤"同"楂",指山楂。
③稠:木名,一种遇寒不凋的树。　④椐:见3.6注④。

5.169 又东二十里,曰婴侯之山①,其上多封石②,其下多赤锡③。

【译文】

再向东二十里是婴侯山,山上有很多封石,山下有很多赤锡。

【注释】

①婴侯之山:即婴侯山,山名,具体所指未详。　②封石:见5.136注④。
③赤锡:见5.107注④。

5.170 又东五十里,曰大孰之山①。杀水②出焉,东北流注于视水③,其中多白垩(è)④。

【译文】

再向东五十里是大孰山。杀水发源于这里,向东北流入视水,水中有很多白垩。

【注释】

①大孰之山:即大孰山,山名,具体所指未详。　②杀水:水名,具体所指未详。
③视水:见5.164注③。　④白垩:白土,石灰岩的一种。

5.171 又东四十里,曰卑山①,其上多桃、李、苴(zhǎ)②、梓③,多累(léi)④。

【译文】

再向东四十里是卑山,山上长着很多桃树、李树、山楂树和梓树,还长着很多累。

【注释】

①卑山:山名,具体所指未详。　②苴:通"柤(zhā)","柤"同"楂",指山楂。
③梓:见1.24注②。　④累:所指未详。一说指虎豆、狸豆之类。

223

5.172 又东三十里,曰倚帝之山①,其上多玉,其下多金。有兽焉,其状如獙(fèi)②鼠,白耳白喙,名曰狙(jū)如③,见(xiàn)则其国有大兵。

【译文】
　　再向东三十里是倚帝山,山上有很多玉,山下有很多金。山中有一种兽,形状像獙鼠,长着白色的耳朵,白色的嘴,名字叫狙如,只要它在哪个国家出现,哪个国家就会发生大的战争。

【注释】
①倚帝之山:即倚帝山,山名,具体所指未详。　②獙:鼠名。
③狙如:传说中的兽名。

5.173 又东三十里,曰鲵山①。鲵水②出于其上,潜于其下,其中多美垩(è)③。其上多金,其下多青雘(huò)④。

【译文】
　　再向东三十里是鲵山。鲵水发源于鲵山的山上,在山下潜流,水中有很多优质的垩。山上有很多金,山下有很多可作青色颜料的矿物。

【注释】
①鲵山:山名,具体所指未详。一说在今河南镇平县境内。　②鲵水:水名,具体所指未详。　③垩:白色泥土,也泛指泥土。　④青雘:见1.8注②。

5.174 又东三十里,曰雅山①。澧(lǐ)水②出焉,东流注于视水③,其中多大鱼。其上多美桑,其下多苴(zhǎ)④,多赤金。

【译文】
　　再向东三十里是雅山。澧水发源于这里,向东流入视水,水中有很多大鱼。山上有很多外形美观的桑树,山下有很多山楂树,还有很多赤金。

【注释】
①雅山:山名,具体所指未详。　②澧水:水名,有二:一为源出今河南方城县北,流至周口镇与颍河合;一为源出今河南桐柏县西北,注入唐河。　③视水:见5.164注③。　④苴:通"柤(zhā)","柤"同"楂",指山楂。

5.175 又东五十五里,曰宣山①。沦水②出焉,东南流注于视水,其中多蛟③。其上有桑焉,大五十尺,其枝四衢④,其叶大尺余,赤理、黄华⑤、青柎(fū)⑥,名曰帝女之桑⑦。

【译文】

再向东五十五里是宣山。沦水发源于这里,向东南流入视水,水中有很多蛟龙。山上长着一棵桑树,树围达五十尺,巨大的树枝从四个方向往外伸展,叶子有一尺多大,红色的纹理,开黄色的花,青色的花萼,名字叫帝女桑。

【注释】

①宣山:山名,具体所指未详。 ②沦水:古水名,具体所指未详。 ③蛟:见5.145注⑧。 ④衢:特指树枝交错互出。 ⑤华:通"花"。 ⑥柎:花萼(è)房或子房。 ⑦帝女之桑:即帝女桑,神话传说中的桑树。因赤帝之女居此桑而升天,故名。

5.176 又东四十五里,曰衡山①,其上多青膺(huò)②,多桑,其鸟多鸜鹆(qúyù)③。

【译文】

再向东四十五里是衡山,山上有很多可作青色颜料的矿物,还长着很多桑树,山中的鸟多为八哥。

【注释】

①衡山:山名,具体所指未详。非南岳衡山。 ②青膺:见1.8注②。 ③鸜鹆:见5.141注③。

5.177 又东四十里,曰丰山①,其上多封石②,其木多桑,多羊桃③,状如桃而方茎,可以为皮张④。

【译文】

再向东四十里是丰山,山上有很多封石,山中生长的树多为桑树,还有很多羊桃树,它的形状像桃树,茎干呈方形,可以用来治疗皮肤肿起的病。

【注释】

①丰山:山名,具体所指未详。当非5.150中的丰山。 ②封石:见5.136注④。 ③羊桃:别名鬼桃。具体所指未详。 ④为皮张:治疗皮肤肿起。

5.178 又东七十里,曰妪山①,其上多美玉,其下多金,其草多鸡穀②。

【译文】

再向东七十里是姁山，山上有很多美玉，山下有很多金，山中生长的草多为鸡榖。

【注释】

①姁山：山名，具体所指未详。　②鸡榖：草名，具体所指未详。

5.179　又东三十里，曰鲜山①，其木多楢（yóu）②、杻（niǔ）③、苴（zhǎ）④，其草多薳（mén）冬⑤，其阳多金，其阴多铁。有兽焉，其状如膜大⑥，赤喙、赤目、白尾，见（xiàn）则其邑⑦有火，名曰㺉（yí）即⑧。

【译文】

再向东三十里是鲜山，山中生长的树多为楢树、杻树和山楂树，生长的草多为薳冬，山的阳面有很多金，阴面有很多铁。山中有一种兽，形状像膜大，长着红色的嘴，红色的眼睛，白色的尾巴，它在哪个地方出现，哪个地方就会发生火灾，它的名字叫㺉即。

【注释】

①鲜山：山名，具体所指未详。②楢：见5.121注④。　③杻：见2.7注②。　④苴：通"柤（zhā）"，"柤"同"楂"，指山楂。　⑤薳冬：见5.47注④。　⑥膜大：兽名，具体所指未详。一说"大"应作"犬"。　⑦邑：人民聚居的地方。　⑧㺉即：传说中的一种兽。

5.180　又东三十里，曰章山①，其阳多金，其阴多美石。皋（gāo）水②出焉，东流注于澧（lǐ）水③，其中多脆石④。

【译文】

再向东三十里是章山，山的阳面有很多金，阴面有很多美丽的石头。皋水发源于这里，向东流入澧水，水中有很多脆石。

【注释】

①章山：山名，具体所指未详。章：一说应作"皋"。　②皋水：水名，具体所指未详。　③澧水：见5.174注②。　④脆石：所指未详。脆：有的本子作"脆"；有的本子作"脆"。

5.181　又东二十五里，曰大支之山①，其阳多金，其木多榖（gǔ）②柞（zuò）③，无草。

【译文】

　　再向东二十五里是大支山，山的阳面有很多金，山中生长的树多为构树和柞树，不长草。

【注释】

①大支之山：即大支山，山名，具体所指未详。　②榖：见1.1注⑧。　③柞：见2.13注③。

5.182　又东五十里,曰区吴之山①,其木多苴(zhǎ)②。

【译文】

　　再向东五十里是区吴山，山中生长的树多为山楂树。

【注释】

①区吴之山：即区吴山，山名，具体所指未详。与1.25中的区吴山不同。　②苴：通"柤(zhā)"，"柤"同"楂"，指山楂。

5.183　又东五十里,曰声匈之山①,其木多榖(gǔ)②,多玉,上多封石③。

【译文】

　　再向东五十里是声匈山，山中生长的树多为构树，山中有很多玉，山上有很多封石。

【注释】

①声匈之山：即声匈山，山名，具体所指未详。　②榖：见1.1注⑧。③封石：见5.136注④。

5.184　又东五十里,曰大騩(guī)之山①,其阳多赤金,其阴多砥(dǐ)②石。

【译文】

　　再向东五十里是大騩山，山的阳面有很多赤金，阴面有很多细磨刀石。

【注释】

①大騩之山：即大騩山，山名，具体所指未详。与5.92之大騩山不同。②砥：细的磨刀石。

5.185　又东十里,曰踵曰之山①,无草木。

【译文】

　　再向东十里是踵曰山，山中不长草木。

【注释】

①踵曰之山：即踵曰山，山名，具体所指未详。曰：有的本子作"臼"。

227

5.186　又东北七十里，曰历石之山①，其木多荆②芑（qǐ）③，其阳多黄金，其阴多砥（dǐ）④石。有兽焉，其状如狸⑤而白首虎爪，名曰梁渠⑥，见（xiàn）则其国有大兵。

【译文】

　　再向东北七十里是历石山，山中生长的树多为荆和杞，山的阳面有很多黄金，阴面有很多细磨刀石。山中有一种兽，它的形状像狸猫，长着白色的脑袋，虎一样的爪子，名字叫梁渠，它在哪个国家出现，哪个国家就会发生大的战争。

【注释】

①历石之山：即历石山，山名，具体所指未详。　　②荆：见1.24注④。　　③芑：见4.19注⑤。　　④砥：细的磨刀石。　　⑤狸：见1.6注②。　　⑥梁渠：传说中的一种兽。

5.187　又东南一百里，曰求山①。求水②出于其上，潜于其下，中有美赭（zhě）③。其木多枏（zhǎ）④，多䈽（mèi）⑤。其阳多金，其阴多铁。

【译文】

　　再向东南一百里是求山。求水发源于求山的山上，在山下潜流，水中有优质的红土。山中生长的树多为山楂树，还有很多䈽竹。山的阳面有很多金，阴面有很多铁。

【注释】

①求山：山名，具体所指未详。
②求水：水名，具体所指未详。
③赭：红土。　　④枏：通"柤（zhā）"，"柤"同"楂"，指山楂。
⑤䈽：见2.7注⑦。

5.188　又东二百里，曰丑阳之山①，其上多椆（chóu）②椐（jū）③。有鸟焉，其状如乌而赤足，名曰𩿧𪇐（zhītú）④，可以御火。

【译文】

　　再向东二百里是丑阳山，山上长着很多椆树和椐树。山中有一种鸟，形状像乌鸦，长着红色的脚，名字叫𩿧𪇐，可以用它来防御火灾。

【注释】

①丑阳之山：即丑阳山，山名，具体所指未详。　　②椆：木名，一种遇寒不凋的树。　　③椐：见3.6注④。　　④𩿧𪇐：传说中的一种鸟。《宋本山海经》作"𩿧𪇐"。

5.189　又东三百里，曰奥山①，其上多柏、杻（niǔ）②、橿（jiāng）③，其阳多琈珸（túfú）④之玉。奥水⑤出焉，东流注于视水⑥。

【译文】

　　再向东三百里是奥山，山上长着很多柏树、杻树和橿树，山的阳面有很多琈珸玉。奥水发源于这里，向东流入视水。

【注释】

①奥山：山名，具体所指未详。

②杻：见2.7注②。　③橿：见2.7注③。　④琈珸：美玉名。

⑤奥水：水名，具体所指未详。

⑥视水：见5.164注③。

5.190　又东三十五里，曰服山①，其木多苴（zhǎ）②，其上多封石③，其下多赤锡④。

【译文】

　　再向东三十五里是服山，山中生长的树多为山楂树，山上有很多封石，山下有很多赤锡。

【注释】

①服山：山名，具体所指未详。

②苴：通"柤（zhā）"，"柤"同"楂"，指山楂。　③封石：见5.136注④。

④赤锡：见5.107注④。

5.191　又东三百里①，曰杳山②，其上多嘉荣③草，多金玉。

【译文】

　　再向东三百里是杳山，山上长着很多嘉荣草，还有很多金和玉。

【注释】

①三百里：有的本子作"百十里"。

②杳山：山名，具体所指未详。

③嘉荣：草名，具体所指未详。

5.192　又东三百五十里，曰几山①，其木多楢（yóu）②、檀③、杻（niǔ）④，其草多香⑤。有兽焉，其状如彘（zhì）⑥，黄身、白头、白尾，名曰闻獜（lìn）⑦，见（xiàn）则天下大风。

【译文】

　　再向东三百五十里是几山，山中生长的树多为楢树、檀树和杻树，生长的草多为香草。山中有一

【注释】

①几山：山名，具体所指未详。几：有的本子作"凡"。　②楢：见5.121注④。　③檀：见2.28

种兽,形状像猪,长着黄色的身子,白色的脑袋,白色的尾巴,名字叫闻獜,只要它一出现,天下就会刮大风。

注③。　④杻:见2.7注②。
⑤香:指香草。《宋本山海经》该字被涂抹。　⑥彘:猪。
⑦闻獜:传说中的一种兽。

5.193　凡荆山①之首,自翼望之山②至于几山,凡四十八山,三千七百三十二里。其神③状皆彘身人首。其祠④:毛⑤用一雄鸡祈瘗(yì)⑥,用⑦一珪(guī)⑧,糈(xǔ)⑨用五种之精⑩。禾山⑪,帝也,其祠:太牢⑫之具,羞⑬瘗,倒毛⑭;用一璧,牛无常⑮。堵山⑯、玉山⑰,冢⑱也,皆倒祠⑲,羞毛⑳少牢㉑,婴㉒毛吉玉㉓。

中次十一经山神

【译文】
　　总计荆山山系中的山,从首座翼望山到几山,共四十八座山,长为三千七百三十二里。这些山的山神的形状都是猪身人首。祭祀他们的方法是:用一只雄鸡为毛物,祈祷后把它埋入地下,用一块圭作为山神的颈饰,用去掉皮壳后的黍、稷、

【注释】
①荆山:见5.145注②。　②翼望之山:见5.145注③。　③神:指山神。
④祠:祭祀。　⑤毛:见1.10注⑤。
⑥瘗:埋葬。　⑦用:前面当有"婴"字。　⑧珪:见2.20注⑮。
⑨糈:祭神用的精米。　⑩五种之精:指去皮壳后的黍、稷、稻、粱、麦。
⑪禾山:中次十一经中无禾山,可能是帝囷山(见5.147)或求山(见5.187)之

国学经典详注·全译·精解

230

稻、粱、麦作为祭祀用的精米。禾山的山神是众山神之主,祭祀他的方法是:用牛、羊、猪三牲齐备的太牢之礼,敬献后把它们倒转身子埋入地下;用一块璧玉,不一定要用牛作祭品。堵山、玉山居于统领地位,其山神都用把祭祀后的毛物倒转身子埋入地下的方法来祭祀,用牛、羊作为敬献的祭品,用彩色的玉作为山神的颈饰。

误。 ⑫太牢:见2.20注⑤。 ⑬羞:进献食品。 ⑭倒毛:把祭祀后的毛物倒转身子埋葬。 ⑮牛无常:祭祀时不一定非用牛作祭品。 ⑯堵山:中次十一经中无堵山,中次七经中有堵山(见5.78),中次十经中有楮山(见5.140)。 ⑰玉山:见5.112注①、5.129注①。 ⑱冢:当指居于统领地位。 ⑲倒祠:所指未详。一说即倒毛。 ⑳毛:应作"用"。 ㉑少牢:供祭祀用的羊和猪。 ㉒婴:颈饰。 ㉓吉玉:彩色的玉。

十二、中次十二经

【解读】

中次十二经记述了中国中部的十五座山,其中除了位于今湖南的洞庭山和江西的柴桑山,其余之山的具体位置均难以确定,但它们大致在今湖北、湖南、江西等境内。

中次十二经中记述了于儿神的形状特点,以及死后化身为神的尧帝的两个女儿娥皇和女英,其余所记多为寻常的动植物及矿物。该篇是中山经的最后一篇,也是五篇山经的结束篇,在该篇的末尾,有一段假借大禹之口说出的总结性的文字,内容包括天下名山的数目、出水之山的数目、出铜之山的数目、出铁之山的数目以及自然环境与人类活动的关系,等等。

5.194 中次十二经洞庭山①之首,曰篇遇之山②,无草木,多黄金。

【译文】

中山经中的第十二列山系即

【注释】

①洞庭山:山系名,具体所指未详。

洞庭山山系中的首座山是篇遇山，山中不长草木，有很多黄金。

②篇遇之山：即篇遇山，山名，具体所指未详。一说在今湖北境内。

5.195 又东南五十里，曰云山①，无草木。有桂竹②，甚毒，伤人必死。其上多黄金，其下多瑻琈（tūfú）③之玉。

【译文】

再向东南五十里是云山，山中不长草木。山中长着一种桂竹，毒性很强，人一旦被它所伤，就必死无疑。山上有很多黄金，山下有很多瑻琈玉。

【注释】

①云山：山名，具体所指未详。 ②桂竹：竹名，具体所指未详。

③瑻琈：美玉名。

5.196 又东南一百三十里，曰龟山①，其木多榖（gǔ）②、柞（zuò）③、椆（chóu）④、椐（jū）⑤，其上多黄金，其下多青雄黄⑥，多扶竹⑦。

【译文】

再向东南一百三十里是龟山，山中生长的树多为构树、柞树、椆树和椐树，山上有很多黄金，山下有很多青雘和雄黄，还长着很多扶竹。

【注释】

①龟山：山名，具体所指未详。 ②榖：见1.1注⑧。 ③柞：见2.13注③。

④椆：木名，一种遇寒不凋的树。 ⑤椐：见3.6注④。 ⑥青雄黄：见2.34注②。

⑦扶竹：竹名，也叫邛（qióng）竹，出产于邛山，适合做拐杖，又叫扶老竹。

5.197 又东七十里，曰丙山①，多筀（guì）竹②，多黄金、铜、铁，无木。

【译文】

再向东七十里是丙山，山中长着很多筀竹，还有很多黄金、铜和铁，不长树木。

【注释】

①丙山：山名，具体所指未详。与5.143中的丙山不同。 ②筀竹：一种竹子，即桂竹，见5.195注②。

5.198 又东南五十里，曰风伯之山①，其上多金玉，其下多痠

（suān）石②、文石，多铁，其木多柳、杻（niǔ）③、檀④、楮（chǔ）⑤。其东有林焉，名曰莽浮之林，多美木鸟兽。

【译文】

　　再向东南五十里是风伯山，山上有很多金和玉，山下有很多疲石和带花纹的石头，还有很多铁，山中生长的树多为柳树、杻树、檀树和构树。山的东面有一片树林，名叫莽浮林，林中有很多外形美观的树木和鸟兽。

【注释】

①风伯之山：即风伯山，山名，具体所指未详。

②疲石：石名，具体所指未详。　③杻：见2.7注②。

④檀：见2.28注③。

⑤楮：见2.28注④。

5.199　又东一百五十里，曰夫夫之山①，其上多黄金，其下多青雄黄②，其木多桑楮，其草多竹③、鸡鼓④。神于儿⑤居之，其状人身而身⑥操两蛇，常游于江渊，出入有光。

于儿

【译文】

　　再向东一百五十里是夫夫山，山上有很多黄金，山下有很多青腴和雄黄，山中生长的树多为桑树和构树，生长的草多为篇竹和鸡鼓。有位名叫于儿的神居住在这座山上，他长着人一样的身子，手中握着两条蛇，常常在江水的深潭中巡游，出入时会发出光亮。

【注释】

①夫夫之山：即夫夫山，山名，具体所指未详。　②青雄黄：见2.34注②。　③竹：见2.24注⑤。　④鸡鼓：同"鸡穀"，见5.151注③。

⑤于儿：传说中的神名。

⑥身：应改为"手"。

▲湘君湘夫人图（局部），明代文徵明绘。"湘君湘夫人"即帝之二女娥皇和女英。

5.200 又东南一百二十里，曰洞庭之山①，其上多黄金，其下多银铁，其木多柤(zhā)②、梨、橘、櫾(yòu)③，其草多葌(jiān)④、蘪芜(míwú)⑤、芍药⑥、芎藭(xiōngqióng)⑦。帝之二女⑧居之，是常游于江渊。澧(lǐ)⑨、沅(yuán)⑩之风，交潇湘⑪之渊，是在九江⑫之间，出入必以飘风⑬暴雨。是多怪神，状如人而载⑭蛇，左右手操蛇。多怪鸟。

【译文】

再向东南一百二十里是洞庭山，山上有很多黄金，山下有很多银和铁，山中生长的树多为楂树、梨树、橘树和柚树，生长的草多为葌草、蘪芜、芍药和川芎。尧帝的两个女儿居住在这里，她们常常去江水的深潭中游玩。从澧水和沅江刮来的风，在湘江的深潭处交汇，这个地方位于九条江河之间，她们俩出入时必然伴有狂风暴雨。这一带有很多怪神，他们的形状像人，头上盘着蛇，左右两只手上也握着蛇。这一带还有很多怪鸟。

【注释】

①洞庭之山：即洞庭山，山名，当为今湖南岳阳市洞庭湖畔的君山。 ②柤：同"楂"，指山楂。 ③櫾：见5.95注④。 ④葌：见5.10注②。 ⑤蘪芜：见4.44注⑨。 ⑥芍药：见3.70注④。 ⑦芎藭：见2.69注⑥。 ⑧帝之二女：指尧帝的两个女儿娥皇和女英。 ⑨澧：水名，当指澧水，源出今湖南西北部的桑植县，在澧县新洲附近流入洞庭湖。 ⑩沅：水名，当指沅江，在今湖南西部，上游叫清水江，源出今贵州云雾山，东北流经湖南常德市到汉寿县入洞庭湖。 ⑪潇湘：指湘江，湖南最大的河流，源出广西。 ⑫九江：九条江河。具体所指争议较多。 ⑬飘风：暴风；旋风。 ⑭载：即"戴"。

5.201 又东南一百八十里，曰暴山①，其木多棕②、楠③、荆④、芑(qǐ)⑤、竹箭⑥、䉋(mèi)⑦、箘(jùn)⑧，其上多黄金、玉，其下多文石、铁，其兽多麋(mí)⑨、鹿、麂(jǐ)⑩、就⑪。

【译文】

再向东南一百八十里是暴山，山中生长的

【注释】

①暴山：山名，具体所指未详。 ②棕：指棕榈。 ③楠：见1.24注③。 ④荆：

树多为棕榈、楠木、荆、杞和细竹、篟竹、箘竹，山上有很多黄金和玉，山下有很多带花纹的石头和铁，山中的兽多为麋鹿、鹿、麂，鸟多为鸷。

见1.24注④。　　⑤芭：见4.19注⑤。　　⑥竹箭：细竹。一说指箭竹。　　⑦篟：见2.7注⑦。　　⑧箘：竹名，适合制箭。　　⑨麋：见2.36注②。　　⑩麂：即"麂（jǐ）"，见5.97注⑤。　　⑪就：通"鹫"，雕的别名。"就"前疑缺"其鸟多"三个字。

5.202　又东南二百里，曰即公之山①，其上多黄金，其下多璈珸（tūfú）②之玉，其木多柳、杻（niǔ）③、檀④、桑。有兽焉，其状如龟而白身赤首，名曰蜼（guǐ）⑤，是可以御火。

【译文】

　　再向东南二百里是即公山，山上有很多黄金，山下有很多璈珸玉，山中生长的树多为柳树、杻树、檀树和桑树。山中有一种兽，形状像龟，白色的身子，红色的脑袋，名字叫蜼，可以用它来防御火灾。

【注释】

①即公之山：即即公山，山名，具体所指未详。　　②璈珸：美玉名。　　③杻：见2.7注②。　　④檀：见2.28注③。　　⑤蜼：异兽名，具体所指未详。

5.203　又东南一百五十九里，曰尧山①，其阴多黄垩（è）②，其阳多黄金，其木多荆③、芭（qǐ）④、柳、檀⑤，其草多薯蓣（yù）⑥、苵（zhú）⑦。

【译文】

　　再向东南一百五十九里是尧山，山的阴面有很多黄垩，阳面有很多黄金，山中生长的树多为荆、杞、柳树和檀树，生长的草多为山药和苵。

【注释】

①尧山：山名，具体所指未详。　　②垩：白色泥土。也泛指泥土。　　③荆：见1.24注④。　　④芭：见4.19注⑤。　　⑤檀：见2.28注③。　　⑥薯蓣：见3.53注④。　　⑦苵：见5.44注④。

5.204　又东南一百里，曰江浮之山①，其上多银、砥砺（dǐlì）②，无草木，其兽多豕（shǐ）③、鹿。

【译文】

再向东南一百里是江浮山，山上有很多银和磨刀石，山中不长草木，山中的兽多为猪和鹿。

【注释】

①江浮之山：即江浮山，山名，具体所指未详。　②砥砺：磨刀石。　③豕：猪。

5.205　又东二百里，曰真陵之山①，其上多黄金，其下多玉，其木多穀（gǔ）②、柞（zuò）③、柳、杻（niǔ）④，其草多荣草⑤。

【译文】

再向东二百里是真陵山，山上有很多黄金，山下有很多玉，山中生长的树多为构树、柞树、柳树和杻树，生长的草多为荣草。

【注释】

①真陵之山：即真陵山，山名，具体所指未详。　②穀：见1.1注⑧。③柞：见2.13注③。　④杻：见2.7注②。　⑤荣草：草名，具体所指未详。

5.206　又东南一百二十里，曰阳帝之山①，多美铜，其木多檀②、杻（niǔ）③、㯠（yǎn）④、楮（chǔ）⑤，其兽多麢（líng）⑥、麝（shè）⑦。

【译文】

再向东南一百二十里是阳帝山，山中有很多优质的铜，山中生长的树多为檀树、杻树、山桑和构树，山中的兽多为羚羊和香獐子。

【注释】

①阳帝之山：即阳帝山，山名，具体所指未详。　②檀：有的本子作"櫄"。③杻：见2.7注②。　④㯠：木名，即山桑，落叶乔木，木质坚硬，可用来制弓或车辕。　⑤楮：见2.28注④。　⑥麢：同"羚"，指羚羊。　⑦麝：见2.18注⑦。

5.207　又南九十里，曰柴桑之山①，其上多银，其下多碧②，多冷（líng）石③、赭（zhě）④，其木多柳、芑（qǐ）⑤、楮、桑，其兽多麋（mí）⑥、鹿，多白蛇、飞蛇⑦。

【译文】

再向南九十里是柴桑

【注释】

①柴桑之山：即柴桑山，山名，在今江西九

山，山上有很多银，山下有很多碧、泠石和红土，山中生长的树多为柳树、杞、构树和桑树，山中的兽多为麋鹿、鹿，还有很多白蛇和螣蛇。

江市境内。　②碧：青绿色或青白色的玉。　③泠石：即"泠石"，见5.33注⑤。　④赭：红土。　⑤芑：见4.19注⑤。　⑥麋：见2.36注②。　⑦飞蛇：即"螣（téng）蛇"，传说中一种能兴云驾雾而飞的蛇。

5.208　又东南①二百三十里，曰荣余之山②，其上多铜，其下多银，其木多柳芑，其虫③多怪蛇、怪虫。

【译文】
　　再向东南二百三十里是荣余山，山上有很多铜，山下有很多银，山中生长的树多为柳树和杞，山中的动物多为怪蛇和怪虫。

【注释】
①南：有的本子无该字。
②荣余之山：即荣余山，山名，具体所指未详。　③虫：古指含人在内的一切动物。

5.209　凡洞庭山①之首，自篇遇之山②至于荣余之山，凡十五山，二千八百里。其神③状皆鸟身而龙首。其祠④：毛⑤用一雄鸡、一牝豚⑥刉（jī）⑦，糈（xǔ）⑧用稌（tú）⑨。凡夫夫之山⑩、即公之山⑪、尧山⑫、阳帝之山⑬，皆冢⑭也，其祠：皆肆⑮瘞（yì）⑯，祈用酒，毛用少牢⑰，婴⑱毛⑲一吉玉⑳。洞庭㉑、荣余㉒山神也，其祠：皆肆瘞，祈酒，太牢㉓祠，婴用圭璧十五，五彩㉔惠㉕之。

中次十二经山神

238

【译文】

　　总计洞庭山山系中的山，从首座篇遇山到荣余山，共十五座山，长为二千八百里。这些山的山神的形状都是鸟身龙首。祭祀这些山神的方法是：用一只雄鸡和一头母猪为毛物，把它们切割后祭祀，用粳米或糯米作祭神用的精米。夫夫山、即公山、尧山和阳帝山居于统领的地位，祭祀这些山的山神的方法是：先陈列祭品，然后把这些祭品埋入地下，祈祷时要敬献酒，用以猪、羊这两种毛物为祭品的少牢之礼，用一块彩色的玉作为山神的颈饰。祭祀洞庭山和荣余山的山神的方法是：都要先陈列祭品，然后把这些祭品埋入地下，祈祷时敬献酒，用猪、羊、牛三牲齐备的太牢之礼来祭祀，用十五块圭和璧作为山神的颈饰，在这些圭和璧上都要绘上青、赤、白、黑、黄五种颜色。

【注释】

①洞庭山：见 5.194 注①。
②篇遇之山：见 5.194 注②。
③神：指山神。　④祠：祭祀。
⑤毛：见 1.10 注⑤。　⑥牝豚：母猪。　⑦刉：切；割。
⑧糈：祭神用的精米。　⑨稌：粳稻。也指糯稻。　⑩夫夫之山：见 5.199 注①。　⑪即公之山：见 5.202 注①。　⑫尧山：见 5.203 注①。　⑬阳帝之山：见 5.206 注①。　⑭冢：当指居于统领地位。　⑮肆：陈设；陈列。　⑯瘗：埋葬。
⑰少牢：供祭祀用的羊和猪。
⑱婴：颈饰。　⑲毛：应作“用”。
⑳吉玉：彩色的玉。　㉑洞庭：即洞庭山，见 5.200 注①。
㉒荣余：即荣余山。　㉓太牢：见 2.20 注⑤。　㉔五彩：指青、黄、赤、白、黑五种颜色。
㉕惠：通“绘”，指绘饰。

5.210　右①中经之山志②，大凡百九十七山，二万一千三百七十一里。

【译文】

　　以上是中山经上记载的山，共一百九十七座山，从首座山到最后一座山，共二万一千三百七十一里。

【注释】

①右：见 1.43 注①。　②志：记载的文字。

5.211　大凡天下名山五千三百七十，居地①大凡六万四千五十六里。

【译文】

总计天下的名山有五千三百七十座,分布的地方共计六万四千零五十六里。

【注释】

①居地:指分布的地方。

5.212　禹①曰:天下名山,经②五千三百七十山,六万四千五十六里,居地也。言其五臧③,盖其余小山甚众,不足记云。天地之东西二万八千里,南北二万六千里,出水之山者八千里,受水者八千里,出铜之山四百六十七,出铁之山三千六百九十。此天地之所分壤④树谷⑤也,戈矛之所发也,刀铩(shā)⑥之所起也,能者有余,拙者不足。封⑦于太山⑧,禅(shàn)于梁父⑨,七十二家,得失之数⑩,皆在此内,是谓国用⑪。

【译文】

禹说:天下的名山,我走过五千三百七十座,共计六万四千零五十六里,它们分布在各个地方。把上述五种山经中记述的山称为"五臧",是因为其他的小山实在太多,记不胜记。天地间从东到西为两万八千里,从南到北为两万六千里,河流发源的山有八千里,河流流经的地方有八千里,出产铜的山有四百六十七座,出产铁的山有三千六百九十座。它们是天地之间用来划分疆域、种植五谷的地方,戈和矛因此而产生,刀和铩由此而兴起,有能力的人富足有余,愚笨的人匮乏不足。以前在泰山上筑坛祭天,在梁父

【注释】

①禹:传说中夏朝的第一个国王,鲧(gǔn)的儿子。因治理大洪水成功,舜把帝位禅让给他。　②经:经过。　③五臧:即"五藏",指心、肝、脾、肺、肾五脏。这里喻指南山经、西山经、北山经、东山经、中山经五种山经中记载的山像五脏一样重要。　④分壤:划分疆域。
⑤树谷:种植五谷。谷:《宋本山海经》作"穀",应改。"穀"是木名,指构树。作为庄稼和粮食总称的,应作"穀","谷"是"穀"的简化字。此误用在《宋本山海经》中有多处,后不复注。　⑥铩:长刃刀矛之类的兵器。　⑦封:指在泰山上筑坛祭天。　⑧太山:即今东岳泰山。　⑨禅于梁父:在梁父山上辟场祭地。

240

山上辟场祭地的,共有七十二家,有关得失成败的规律都在其中,它们可以为国家所用。

禅:古代帝王祭祀土地山川。梁父:梁父山,在泰山的南面。　⑩数:规律;道理。　⑪国用:指为国所用。

5.213 右①《五藏山经》五篇,大凡一万五千五百三字②。

【译文】

以上是五篇《五藏山经》,共计一万五千五百零三个字。

【注释】

①右:见1.43注①。　②一万五千五百三字:实际字数超过此数,一说为两万一千二百六十五个字。

海外南经第六

【解读】

　　海外南经所记述的地域应大致在今中国的南方，而且是在南山经所记述的地域的南面，具体位置难以确定。海外南经系因图为文，并从西南方向东南方逐次展开叙述。透过这些简略的文字，我们可以看到一幅奇特而瑰异的画面。其中有结匈国、羽民国、讙（huān）头国等十三个国家，这些国家的人长得奇形怪状，他们或身生羽毛，或一身三首，或胸部有孔，或鸟喙人面，或口中喷火；有形状怪异的比翼鸟和毕方鸟；有树叶皆为珍珠的三株树……在海外南经中，值得我们注意的还有其中提到的一些历史人物和神话传说，如帝尧、帝喾（kù）、周文王，羿（yì）和凿齿战于寿华之野，乘龙而行的火神祝融，等等。

6.1　地之所载，六合①之间，四海之内，照之以日月，经②之以星辰，纪之以四时③，要④之以太岁⑤，神灵所生，其物异形，或天或寿，唯圣人能通其道。

【译文】

　　大地上所承载的，天地四方之间，四海之内，用日月来照耀，让星辰在天空中循行，用四季来表示季节的更替，用太岁星来矫正年度的变化，由神灵所产生的物体，它们的形状各不相同，寿命或长或短，这其中的道理，只有圣人才能通晓。

【注释】

①六合：指天地及东南西北四方。

②经：经过；经历；循行。

③四时：春夏秋冬四季。

④要：矫正；更正。　　⑤太岁：古代天文学中假设的一个星名，与岁星（即木星）相对应，也称岁阴或太阴，并以每年太岁在黄道上的位置来纪年。

【解读】

　　"四海"一词的含义较为复杂，但它主要指古人的一种地域观念，即认为中华大地的四周有海洋环绕，便称这些海洋为四海。四海本为泛指，后人则分别称之为东海、南海、西海和北海，于是有了把中国称为海内、外国称为海外的说法。不过，有时也把华夏族四周各族的居住地域称为四海。

6.2 海外①自西南陬(zōu)②至东南陬者。

【译文】
海外从西南角到东南角的地方。

【注释】
①海外：四海之外，泛指边远之地。
②陬：隅；角落。

【解读】
《山海经》中以"海外"冠名的有海外南经、海外西经、海外北经、海外东经四篇，亦可统称为海外经。海外经中的文字系依据古图而作，所以显得比较简洁、具象。遗憾的是，海外经依据的古图早已失传，因此，我们无法了解它的真实面貌。大致说来，海外经成书当在先秦时期，叙述的多为中国中心区域之外的东南西北四方地域中的国家、风物、传说等。

需要特别说明的是，"海外"一词，不能简单地理解为大海或海洋之外，它更多的是指古代中国中心区域外不开化或尚未充分被人了解的四方极远之地。

6.3 结匈国①在其②西南，其为人结匈③。

结匈国

【译文】　　　　　　　【注释】

　　结匈国在西南　　①结匈国：即结胸国，传说中的国名。匈：同"胸"。
部，这里的人胸部　　②其：当指海外南经所对应之古图。一说指灭蒙
的骨肉都向前凸出。　　鸟。　　③结匈：指胸部的骨肉向前凸出。

　　6.4　南山①在其②东南。自此山来，虫为③蛇，蛇号为鱼。一
曰④南山在结匈东南。

【译文】　　　　　　　【注释】

　　南山在它的东南。从南　　①南山：山名，具体所指未详。　　②其：
山这个地方开始，人们把虫　　指结匈国。　　③为：叫作；称为。
称为蛇，把蛇称为鱼。一说　　④一曰："一曰"及其后面的文字当不是
南山在结匈国的东南。　　经文，而是后人的注解。下同。

　　6.5　比翼鸟①在其②东，其为鸟青、赤两鸟比翼③。一曰在南
山东。

【译文】　　　　　　　【注释】

　　比翼鸟在它的东边，这种鸟是　　①比翼鸟：传说中的一种鸟。
一青一红两只鸟挨着翅膀飞翔。一　　②其：指南山。　　③比翼：翅
说比翼鸟在南山的东边。　　膀挨着翅膀（飞翔）。

比翼鸟

羽民国

　　6.6　羽民国①在其②东南，其为人长头，身生羽。一曰在比翼
鸟东南，其为人长颊③。

【译文】

　　羽民国在它的东南,这个国家的人脑袋很长,身上长着羽毛。一说羽民国在比翼鸟的东南,这个国家的人脸颊很长。

【注释】

①羽民国:传说中的国名,因其国中之人身上长着羽毛而得名。　②其:指比翼鸟。
③颊:脸颊。

【解读】

　　在绘于清代的《点石斋画报》中,有一则关于当时之人在海中的岛上偶遇羽人国的记载:"有客乘海舶,漂至一处,沙滩辽阔,数里外有山峦,一树高数丈,槎枒枯立。有人结巢而居,如猱(náo)而小,黑黝无衣,背生双翼,在地上或拾蛤蜃,或抱木枝,纷纷不计其数。语音如鸮(xiāo),不可辨。见人至,群相惊飞上树。后遇顺风船,询诸西人,曰:'是羽人国也。'"从现代人的眼光来看,此类说法并不可信,但是,我们或可从中窥知《山海经》中记述的一些奇禽异兽的来历。

6.7　有神人二八①,连臂②,为帝③司夜④于此野。在羽民东。其为人小颊赤肩,尽⑤十六人。

【译文】

　　有十六位神人,他们互相挽着胳膊在野外为帝主管夜间的报时。他们居住在羽民国的东边。他们长着小小的脸颊,红色的肩膀,总共只有十六个人。

【注释】

①二八:指十六人。一说指神名。
②连臂:挽着胳膊。　③帝:一说指天帝;一说指黄帝。
④司夜:主管夜间的报时。
⑤尽:所有的。

6.8　毕方鸟①在其②东,青水③西,其为鸟人面一脚。一曰在二八神东。

【译文】

　　毕方鸟在它的东边,青水的西边,这种鸟长着人一样的脸,只有一只脚。一说毕方鸟在十六位神人的东边。

【注释】

①毕方鸟:传说中的怪鸟。2.53中亦有毕方鸟,但其形状与此处所说不同。　②其:指神人二八。
③青水:水名,具体所指未详。

▲羽人国图，选自绘于清代的《点石斋画报》。

6.9 讙（huān）头国①在其②南，其为人人面有翼，鸟喙，方捕鱼。一曰在毕方东。或曰讙朱国。

【译文】

讙头国在它的南边，这个国家的人长着人一样的脸，身上有翅膀，嘴像鸟嘴，正在捕鱼。一说讙头国在毕方鸟的东边。有人说是讙朱国。

【注释】

①讙头国：传说中的古国名。

②其：指毕方鸟。

讙头国

厌火国

6.10 厌火国①在其国②南，兽③身黑色，生④火出其口中。一曰在讙朱东。

【译文】

厌火国在它的南边，这个国家的人长着兽一样的身子，浑身黑色，能从口中喷出火来。一说厌火国在讙国的东边。

【注释】

①厌火国：传说中的国名。厌：饱；足。

②其国：指讙头国。一说"国"字系衍文。 ③兽：该字前当有"其为人"三个字。 ④生：该字疑为衍文。

6.11 三株树①在厌火②北，生赤水③上，其为树如柏，叶皆为珠。一曰其为树若彗④。

【译文】

三株树在厌火国的北边，生长在赤水岸上，这种树的形

【注释】

①三株树：古代传说中的珍木。株：有的本子作"珠"。 ②厌火：指厌火

状像柏树,树叶都是珍珠。一　　国。　　③赤水:水名,具体所指未
说这种树的形状像扫帚星。　　详。　　④彗:彗星,俗称扫帚星。

【解读】

在《庄子·天地》篇中,有黄帝寻找玄珠的故事,似与此节内容有关。《庄子》中说,黄帝去赤水的北面游览,登上昆仑山顶向南而望,但在返回时丢失了身上带着的玄珠。他让知(寓意知识)去寻找,没有找到;让喫(chī)诟(寓意善辩)去寻找,也没有找到;最后让象罔(寓意无视、无闻、无知)去寻找,却找到了。《庄子》中所谓的赤水、玄珠与此节中的赤水、三株树上的树叶皆为珍珠当有关联,只是发挥出了只有无知、无闻、无视才能与道冥合的意思。

6.12　三苗国①在赤水东,其为人相随②。一曰三毛国。

【译文】

三苗国位于赤水的东边,这个国家的人前后相随而行。一说是三毛国。

【注释】

①三苗国:三苗是古族名,也称有苗或苗民,原住长江中游一带。传说尧把帝位禅让给舜,三苗之君不服,尧杀了三苗之君,三苗之民便叛入南海,称为三苗国。　　②相随:指互相跟随。描述的当是三苗之民相随南迁的情形。

6.13　载(zhí)国①在其②东,其为人黄,能操弓射蛇。一曰载国在三毛东。

【译文】

载国在它的东边,这个国家的人都是黄色的皮肤,能手持弓箭射蛇。一说载国在三毛国的东边。

【注释】

①载国:神话传说中的国名。　　②其:指三苗国。

6.14　贯匈国①在其②东,其为人匈有窍③。一曰在载国东。

【译文】

贯匈国在它的东边,这个国家的人胸部都有一个洞。一说

【注释】

①贯匈国:即贯胸国,传说中的国名。匈:同"胸"。　　②其:指载国。

贯匈国在载国的东边。　　　　　　③匈有窍:胸部有一个洞。

贯匈国

交胫国

6.15　交胫国①在其②东,其为人交胫③。一曰在穿匈④东。

【译文】

　　交胫国在它的东边,这个国家的人的两条小腿天生就互相交叉。一说交胫国在贯匈国的东边。

【注释】

①交胫国:传说中的国名。

②其:指贯匈国。　　③交胫:小腿交叉。胫:小腿。　　④穿匈:即贯匈国。

6.16　不死民①在其②东,其为人黑色,寿,不死。一曰在穿匈国③东。

【译文】

　　不死民在它的东边,这个国家的人浑身黑色,长生不死。一说不死民在穿匈国的东边。

【注释】

①不死民:指其国中之人长生不死。　　②其:指交胫国。

③穿匈国:即贯匈国。

6.17　歧舌国①在其②东。一曰在不死民东。

【译文】

　　歧舌国在它的东边。一说歧舌国在不死民的东边。

【注释】

①歧舌国:即"歧舌国",传说中的国名。歧舌:舌头有分叉。　　②其:指不死民。

6.18　昆仑墟①在其②东,墟③四方。一曰在歧舌东,为墟四方。

【译文】
　　昆仑墟在它的东边,山脚呈四方形。一说昆仑墟在歧舌国的东边,山脚呈四方形。

【注释】
①昆仑墟:指方丈山,传说中的海上神山。　②其:指歧舌国。③墟:山下之基;山脚。

6.19　羿(yì)①与凿齿②战于寿华③之野,羿射杀之。在昆仑墟东。羿持弓矢,凿齿持盾,一曰戈。

【译文】
　　羿与凿齿在寿华的原野上交战,羿用箭射死了凿齿。交战的地点位于昆仑墟的东边。羿手持弓箭,凿齿手拿盾牌,一说凿齿拿的是戈。

【注释】
①羿:即后羿,是夏朝有穷氏的酋长,擅长射箭。　②凿齿:古代传说中的野人,据说他的牙齿像凿,长五六尺。　③寿华:传说中的古地名。

6.20　三首国①在其②东,其为人一身三首。一曰在凿齿东。

三首国

【译文】
　　三首国在它的东边,这个国家的人一个身子上长着三个脑袋。一说三首国在凿齿的东边。

【注释】
①三首国:传说中的国名。　②其:指寿华之野。

国学经典详注·全译·精解

6.21 周饶国①在其②东，其为人短小，冠带③。一曰焦侥国④在三首东。

【译文】

周饶国在它的东边，这个国家的人长得非常矮小，人人都戴帽子束腰带。一说焦侥国在三首国的东边。

【注释】

①周饶国：传说中的小人国。周饶：侏儒。　②其：指三首国。③冠带：戴帽子束腰带。　④焦侥国：即周饶国。

6.22 长臂国①在其②东，捕鱼水中，两手各操一鱼。一曰在焦侥东，捕鱼海中。

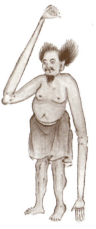

长臂国

【译文】

长臂国在它的东边，这个国家的人在水中捕鱼，两只手中各抓着一条鱼。一说长臂国在焦侥国的东边，他们在海中捕鱼。

【注释】

①长臂国：传说中的国名，因国中之人手臂特别长而得名。　②其：指周饶国。

6.23 狄山①，帝尧②葬于阳，帝喾（kù）③葬于阴。爰（yuán）④有熊、罴（pí）⑤、文虎、蜼（wěi）⑥、豹、离朱⑦、视肉⑧，吁咽⑨、文王⑩皆葬其所。一曰汤山⑪。一曰爰有熊、罴、文虎、蜼、豹、离朱、鸱（chī）久⑫、视肉、虖（hū）交⑬。其⑭范林⑮方三百里。

▲祝融图，选自绘于清代的《山海经图鉴》。

【译文】

狄山,帝尧葬在这座山的阳面,帝喾葬在这座山的阴面。这里有熊、罴、有斑纹的虎、长尾猿、豹、离朱和视肉,吁咽和周文王也都葬在这里。一说狄山也叫汤山。一说这里有熊、罴、有斑纹的虎、长尾猿、豹、离朱、鸱久、视肉和虖交。这一带有方圆三百里的范林。

【注释】

①狄山:传说中的山名。　②帝尧:即尧,传说中远古时期的部落联盟首领,号陶唐氏,名放勋,史称唐尧。他死后由舜继位。　③帝喾:传说中的五帝之一,黄帝之子玄嚣的后裔,居亳,号高辛氏。　④爰:这里;那里。　⑤罴:见2.14注⑧。　⑥蜼:一种长尾猿。　⑦离朱:传说中的一种神禽。　⑧视肉:传说中的兽名。一说又叫聚肉,形状像牛肝,长着两只眼睛,从它身上割去一块肉,很快又会长出来。　⑨吁咽:所指未详。一说指舜。　⑩文王:指周文王,商朝末年周族首领,姓姬,名昌。为武王灭纣、建立周朝打下了基础。　⑪汤山:山名,指狄山。　⑫鸱久:鸺鹠(qúliú)一类的鸟。鸺鹠是猫头鹰的一种。鸱:同"鸱(chī)"。　⑬虖交:所指未详。　⑭其:一说应作"有"。　⑮范林:所指未详。

6.24 南方祝融①,兽身人面,乘两龙。

【译文】

南方的祝融,长着兽一样的身子,人一样的脸,驾乘着两条龙。

【注释】

①祝融:传说中楚国君主的祖先,名重黎,是颛顼(zhuānxū)的后代,帝喾(kù)时任掌管火的官,后人尊他为火神。

海外西经第七

【解读】

  海外西经所记述的地域大致应在中国的西部，具体位置难以确定。海外南经系以结匈国为起点，按向东或东南的顺序逐一展开叙述；海外西经则是以结匈国为起点，向北逐次展开叙述。经中记述了三身国、一臂国、奇肱（jīgōng）国等十个国家，这些国家中的人或一首三身，或一臂一目一鼻孔，或一臂三目，与人们的常识迥异。经中还介绍了一些怪异的动物，如形状如猪、前后皆有首的并封，形状如狐、背上有角的乘黄，形状如狸、生活在高地的龙鱼，等等。在海外西经中，形天被天帝砍掉脑袋后，仍以乳为目、以脐为口、操干戚而舞的故事在历史上有很大的影响，形天甚至因此而有"战神"之美誉。

7.1 海外①自西南陬（zōu）②至西北陬者。

【译文】

  海外从西南角到西北角的地方。

【注释】

①海外：四海之外，泛指边远之地。
②陬：隅；角落。

7.2 灭蒙鸟①在结匈国②北，为鸟青，赤尾。

【译文】

  灭蒙鸟在结匈国的北边，这种鸟鸟身青色，长着红色的尾巴。

【注释】

①灭蒙鸟：鸟名，所指未详。
②结匈国：见6.3注①。

7.3 大运山①高三百仞（rèn）②，在灭蒙鸟北。

【译文】

  大运山高达三百仞，在灭蒙鸟的北边。

【注释】

①大运山：山名，具体所指未详。
②仞：古时以八尺或七尺为一仞。

▲夏后启图，选自绘于清代的《山海经图鉴》。

7.4 大乐之野①,夏后启②于此儛(wǔ)③九代④,乘两龙,云盖⑤三层⑥。左手操翳(yì)⑦,右手操环⑧,佩玉璜(huáng)⑨。在大运山北。一曰大遗之野。

【译文】

大乐之野,夏代国君启在此举行名为"九代"的歌舞,他乘着两条龙,上面有三层云盖。启的左手举着用羽毛做的华盖,右手拿着玉环,身上佩着玉璜。大乐之野在大运山的北边。一说启举行歌舞的地方是大遗之野。

【注释】

①大乐之野:地名,具体所指未详。②夏后启:即禹之子启,夏代国君。③儛:跳舞。 ④九代:一说指乐名;一说指马名。 ⑤云盖:呈车盖状的云。 ⑥层:重。 ⑦翳:用羽毛做的华盖。 ⑧环:璧的一种。圆圈形的玉器。 ⑨玉璜:半圆形的璧。

7.5 三身国①在夏后启北,一首而三身。

【译文】

三身国在夏后启的北边,这个国家的人长着一个脑袋、三个身子。

【注释】

①三身国:传说中的国名,因其国中之人一首而三个身子,故名。

三身国

7.6 一臂国①在其②北,一臂、一目、一鼻孔。有黄马,虎文,一目而一手③。

【译文】

　　一臂国在它的北边,这个国家的人只长一只胳膊、一只眼睛和一个鼻孔。有一种黄马,身上有虎一样的斑纹,只长一只眼睛、一只前肢。

【注释】

①一臂国:传说中的国名。　②其:指三身国。　③手:指动物的前肢。

一臂国　　　　　　　　　　　奇肱国

　　7.7 奇肱(jīgōng)之国①在其②北,其人一臂三目,有阴有阳③,乘文马④。有鸟焉,两头,赤黄色,在其旁。

【译文】

　　奇肱国在它的北边,这个国家的人长着一只胳膊,三只眼睛,眼睛有阴有阳,乘着毛色有文采的马。有一种鸟,长着两个脑袋,赤黄色,伴随在他们身边。

【注释】

①奇肱之国:即奇肱国,传说中的国名。奇:数目不成双的,这里指一。肱:手臂。　②其:指一臂国。　③有阴有阳:一说指一身兼具阴阳两性;一说指眼睛有阴有阳,阴在上,阳在下。　④文马:毛色有文采的马。

　　7.8 形天①与帝②至此③争神④,帝断其首,葬之常羊之山⑤。乃以乳为目,以脐为口,操干⑥戚⑦以舞。

【译文】

　　形天与帝到这里争

【注释】

①形天:又作"刑天",神话传说中的人物,

夺神位,帝砍下了他的脑袋,并把它埋入常羊山中。形天于是以双乳为眼睛,以肚脐为嘴,挥舞着手中的盾牌和大斧。

没有脑袋。　②帝:一说指天帝;一说指黄帝。　③至此:一说系衍文。　④争神:指争夺神位。　⑤常羊之山:即常羊山,山名,具体所指未详。　⑥干:盾牌。　⑦戚:古代兵器名,即大斧。

形天

7.9 女祭、女戚①在其②北,居两水③间,戚操鱼鲖④,祭操俎(zǔ)⑤。

【译文】

女祭、女戚在它的北边,她们处于两条河流之间,女戚手中拿着鳝鱼,女祭手中拿着俎。

【注释】

①女祭、女戚:两个女子之名。　②其:指黄帝砍掉形天脑袋的地方。　③两水:两条河流。　④鲖:应作"鲺(shàn)",即"鳝",指鳝鱼。　⑤俎:古代祭祀时放祭品的器物。也指切肉、菜的砧(zhēn)板。

7.10 鸶(cì)①鸟、鷤(dǎn)②鸟,其色青黄,所经国亡。在女祭北。鸶鸟人面,居山上。一曰维鸟③,青鸟、黄鸟所集。

【译文】

鸶鸟和鷤鸟,这两种鸟的羽毛青中带黄,凡是它们经过的国家都会灭亡。这两种鸟在

【注释】

①鸶:枭(xiāo)、鸺鹠(xiūliú)一类的鸟。

女祭的北边。鸾鸟长着人一样的脸,栖息在山上。一说是维鸟,是青鸟和黄鸟合在一起的称呼。

7.11 丈夫国①在维鸟北,其为人衣(yì)冠②带剑。

【译文】

丈夫国在维鸟的北边,这个国家的人穿衣戴帽,身上佩剑。

【注释】

①丈夫国:传说中的国名。
②衣冠:穿衣戴帽。

7.12 女丑①之尸,生而十日②炙杀之。在丈夫③北。以右手鄣(zhàng)④其面。十日居上,女丑居山之上。

【译文】

有一具女丑的尸体,她是被十个太阳活活烤死的。女丑位于丈夫国的北边。女丑用右手遮着自己的脸。十个太阳高悬空中,女丑则处在山上。

【注释】

①女丑:神名。　②日:太阳。　③丈夫:指丈夫国。　④鄣:同"障",指遮蔽、遮盖。

7.13 巫咸国①在女丑北,右手操青蛇,左手操赤蛇,在登葆山②,群巫所从上下也。

【译文】

巫咸国在女丑的北边,这个国家中的人右手握着青蛇,左手握着赤蛇,国中有座登葆山,它是群巫们上下天界的地方。

【注释】

①巫咸国:传说中的国名,因其国中之人都是巫师,故名。巫咸:即咸巫,意为都是巫师。一说巫咸为古代传说中的人名。　②登葆山:山名,具体所指未详。

7.14 并封①在巫咸东,其状如彘(zhì)②,前后皆有首,黑。

【译文】

并封在巫咸国的东边,它的形状像猪,前后各有一个脑袋,浑身黑色。

【注释】

①并封:古代传说中的双头兽。　②彘:猪。

259

并封

7.15 女子国①在巫咸北,两女子居,水周之。一曰居一门中。

【译文】

女子国在巫咸国的北边,两个女子在此居住,四周有水环绕。一说她们住在同一个门中。

【注释】

①女子国:传说中的国名,因其国中之人皆为女性,故名。一说指古代以妇女为首领的国家。

7.16 轩辕之国①在此②穷山③之际,其不寿者八百岁。在女子国北。人面蛇身,尾交首上。

【译文】

轩辕国位于这穷山边缘,这个国家中寿命短的人都能活到八百岁。它位于女子国的北边。轩辕国的人长着人一样的脸,蛇一样的身子,尾巴盘绕在头顶上。

【注释】

①轩辕之国:即轩辕国,古代传说中的国名。
②此:一说该字系衍文。
③穷山:山名,具体所指未详。

7.17 穷山在其①北,不敢西射,畏轩辕之丘②。在轩辕国北。其丘方,四蛇相绕。

【译文】

穷山在轩辕国的北边,这里的人因为敬畏轩辕丘,不敢向西方射箭。轩辕丘在轩辕国的北边。丘呈方形,上面有四条蛇互相环绕。

【注释】

①其:指轩辕国。
②轩辕之丘:即轩辕丘,古代传说中的土山名。

【解读】

据《史记·五帝本纪》："黄帝居轩辕之丘，而娶于西陵之女，是为嫘（léi）祖。"说明轩辕丘是传说中黄帝曾经居住的地方。因此，穷山一带的人之所以不敢向西射箭，是因为穷山的西边是轩辕丘，向西射箭是对黄帝的冒犯，故郭璞解释说："言敬畏黄帝威灵，故不敢向西而射也。"

7.18 此①诸夭（wò）之野②，鸾鸟③自歌，凤鸟④自舞。凤皇⑤卵，民食之；甘露⑥，民饮之，所欲自从也。百兽相与群居。在四蛇⑦北。其人两手操卵食之，两鸟居前导之。

【译文】

有一个名叫诸夭野的地方，鸾鸟在那里自行歌唱，凤鸟在那里自由起舞。凤凰生下的蛋，老百姓可以吃；甜美的雨露，老百姓可以喝，一切都可随心所欲。各种野兽都成群居住在这里。这个地方在有四条蛇环绕的轩辕丘的北边。有人正双手捧着凤凰蛋在吃，有两只鸟在前面引导。

【注释】

①此：一说该字似系衍文。
②诸夭之野：一说即沃野，指肥沃的田野。 ③鸾鸟：传说中凤凰一类的鸟。
④凤鸟：即凤凰。 ⑤凤皇：见1.31注⑤。 ⑥甘露：甜美的雨露。 ⑦四蛇：指有四条蛇环绕的轩辕丘。

7.19 龙鱼①陵居②在其③北，状如狸④。一曰鰕（xiā）⑤。即有神圣⑥乘此以行九野⑦。一曰鳖鱼⑧在夭野⑨北，其为鱼也如鲤。

龙鱼

【译文】

在高地居住的龙鱼在诸夭野的北边，它

【注释】

①龙鱼：指龙鲤，即穿山甲。一说指鲵鱼，即人鱼。 ②陵居：居于高地。 ③其：指

的形状像狸猫。一说形状像大鲵。有神灵乘着龙鱼在九州之地巡行。一说鳖鱼在诸夭野的北边,这种鱼的形状像鲤鱼。

诸夭之野。　④狸:见 1.6 注②。一说应作"鲤",指鲤鱼。　⑤鰕:即大鲵,一种两栖类动物,俗名娃娃鱼。　⑥神圣:泛指天神,神灵。　⑦九野:指九州之地。　⑧鳖鱼:神话中的鱼名。　⑨夭野:指诸夭之野。

7.20　白民之国①在龙鱼北,白身被(pī)②发。有乘黄③,其状如狐,其背上有角,乘之寿二千岁。

【译文】

　　白民国在龙鱼的北边,这个国家的人浑身雪白,披散着头发。有一种名叫乘黄的兽,它的形状像狐,背上长着角,人若能骑在它的身上,便可寿达两千岁。

【注释】

①白民之国:即白民国,传说中的古国名。　②被:同"披",指披散。　③乘黄:传说中的异兽名。

乘黄

7.21　肃慎之国①在白民北。有树名曰雄常②,先入代帝,于此取之③。

【译文】

　　肃慎国在白民国的北边。这里有一种树,名字叫雄常,

【注释】

①肃慎之国:即肃慎国,国名。肃慎是古民族名,古代居住在中国东北地区,与此处的肃慎国不同。　②雄常:神话中的树名。雄:有的本子

▲蓐收图，选自绘于清代的《山海经图鉴》。

一旦有圣人称帝,这种树便会长出一种特殊的树皮来,人们可取它做衣服。

作"锥"。　　③先入代帝,于此取之:句意颇为难解。人们或改作"先人代帝,于此取衣",或改作"先入伐帝,于此取之",或改作"圣人代立,于此取衣",等等。今据最后一种改法作解。

7.22　长股之国①在雄常北,被(pī)②发。一曰长脚。

【译文】

长股国在雄常树的北边,这个国家中的人披散着头发。一说是长脚国。

【注释】

①长股之国:即长股国,传说中的国名,因其国中之人的腿很长,故名。长股:长腿。　　②被:同"披",指披散。

7.23　西方蓐(rù)收①,左耳有蛇,乘两龙。

【译文】

西方之神蓐收,左耳中有一条蛇,骑乘着两条龙。

【注释】

①蓐收:传说中的西方神名,掌管秋天万物的收藏。

海外北经第八

【解读】

　　海外北经所记述的地域大致应在中国的北方,具体位置难以确定。海外北经系紧接海外西经中的长股国,向东逐次展开叙述。经中记述了无晵(qǐ)国、一目国、柔利国等九个国家,这些国家中的人或没有小腿肚,或只有一手一足,或长得很高而没有肠子,或只有一只眼睛。在海外北经中,值得我们特别注意的是三则神话故事:一是夸父逐日的故事,二是禹杀共工之臣相柳氏的故事,三是关于钟山之神烛阴的传说。

8.1　海外①自东北陬(zōu)②至西北陬者。

【译文】

　　海外从东北角至西北角的地方。

【注释】

①海外:四海之外,泛指边远之地。
②陬:隅;角落。

【解读】

　　根据文中叙述的顺序,海外北经应为从西北向东北展开介绍,而不是"自东北陬至西北陬"。因据《海外西经》:"长股之国在雄常北",而在本章下文中说"无晵之国在长股东""钟山之神,在无晵之东",明显系由西向东展开介绍。

8.2　无晵(qǐ)之国①在长股②东,为人无晵。

【译文】

　　无晵国在长股国的东边,这个国家中的人没有小腿肚子。

【注释】

①无晵之国:即无晵国,传说中的国名,因其国中之人没有小腿肚子,故名。晵:小腿肚子。　②长股:即长股国,见7.22注①。

8.3　钟山①之神,名曰烛阴②,视为昼,瞑③为夜;吹为冬,呼

265

为夏。不饮，不食，不息④，息为风，身长千里。在无脣之东。其为物人面蛇身，赤色，居钟山下。

【译文】

　　钟山的山神名叫烛阴，他睁眼视物，天下就变成了白天；他一闭上眼睛，天下就变成了黑夜；他吹一口气，天下就成了冬天；他呼一口气，天下就成了夏天。他不喝水，不吃东西，也不呼吸，只要他一呼吸，天下就会刮风，他的身子长达一千里。烛阴在无脣国的东边。他长着人一样的脸，蛇一样的身子，浑身红色，居住在钟山下。

【注释】

①钟山：神话传说中的山名。地处极北，为苦寒之地。　②烛阴：传说中的神名，即烛龙，据传它张开眼睛就能照亮天下。
③瞑：闭眼。
④息：呼吸。

烛阴

一目国

8.4　一目国①在其②东，一目中其面而居。一曰有手足。

【译文】

　　一目国在钟山的东边，这个国家的人只有一只眼睛，眼睛生在脸的正中。一说一目国的人长着手和脚。

【注释】

①一目国：传说中的国名，因其国中之人只长着一只眼睛，故名。　②其：指钟山。

8.5　柔利国①在一目②东，为人一手一足，反膝③，曲足居上④。一云留利之国⑤，人足反折⑥。

【译文】

　　柔利国在一目国的东边，这个国家的人只长着一只手、一只脚，膝盖反着长，脚弯曲，脚心朝上。一说是留利国，国中之人的脚向反方向弯折。

【注释】

①柔利国：传说中的国名。　②一目：指一目国。　③反膝：膝盖反着长。　④曲足居上：脚弯曲，脚心朝上。　⑤留利之国：即留利国，亦即柔利国。　⑥反折：向反方向弯折。

柔利国

相柳氏

　　8.6　共工①之臣曰相柳氏②，九首，以食于九山。相柳之所抵③，厥④为泽谿（xī）⑤。禹⑥杀相柳，其血腥，不可以树⑦五谷种。禹厥之，三仞（rèn）⑧三沮（jǔ）⑨，乃以为众帝⑩之台。在昆仑⑪之北，柔利之东。相柳者，九首人面，蛇身而青。不敢北射，畏共工之台。台在其⑫东。台四方，隅有一蛇，虎色⑬，首冲南方。

【译文】

　　共工的一位臣子名叫相柳氏，他长着九个脑袋，从九座山上取食。相柳的身子所碰触的地方，都会被掘成池泽和溪流。禹杀了相柳，相柳身上流出的血腥臭不堪，凡是它的血浸泡过的地方都不能种植五谷。禹掘土填埋这块地方，填满了三次，却塌陷了

【注释】

①共工：神话传说中的人物。据传他与颛顼（zhuānxū）争夺帝位，发怒而触撞不周山，导致天崩地裂。　②相柳氏：神话传说中的人物，又叫相繇（yóu）。　③抵：碰触。　④厥：通"掘"，指挖掘。

三次,于是禹在这个地方筑起了众帝之台。这些帝台在昆仑山的北边,柔利国的东边。相柳长着九个脑袋,人一样的脸,蛇一样的身子,浑身青色。这里的人因为敬畏位于北面的共工之台,都不敢向北射箭。共工之台在相柳的东边。台呈四方形,每个台角有一条蛇,身上有虎一样的斑纹,头朝着南方。

⑤谿:同"溪"。　⑥禹:见5.212注①。　⑦树:种植。⑧仞:通"牣(rèn)",指满。⑨沮:毁坏,这里指向下陷。⑩众帝:指帝尧、帝喾(kù)、帝舜等帝王。　⑪昆仑:山名,具体所指未详。⑫其:指相柳。　⑬虎色:虎一样的斑纹。

8.7　深目国①在其②东,为人举一手,一目③。在共工台东。

【译文】
　　深目国在它的东边,这个国家的人举着一只手,只有一只眼睛。深目国在共工台的东边。

【注释】
①深目国:传说中的国名,因其国中之人双目深陷,故名。　②其:指共工台。一说指相柳。　③为人举一手,一目:一说应作"为人深目,举一手"。一说"目"应作"曰"。

8.8　无肠之国①在深目②东,其为人长而无肠。

【译文】
　　无肠国在深目国的东边,这个国家的人个子很高,但肚子里没有肠子。

【注释】
①无肠之国:即无肠国,传说中的国名。　②深目:即深目国。

8.9　聂(shè)耳之国①在无肠国东,使两文虎,为人两手聂其耳,县②居海水中,及③水所出入奇物。两虎在其东。

【译文】
　　聂耳国在无肠国的东边,这个国家的人驱使两只有斑纹的老虎,用双手抓着耳朵,他们远居在海中,这里还有海中出产的各种奇异之物。在聂耳国的东边有两只老虎。

【注释】
①聂耳之国:即聂耳国,传说中的国名。聂:通"摄",指抓握。②县:远。　③及:与;和。

聂耳国

夸父

8.10　夸父①与日逐走②，入日。渴欲得饮，饮于河渭③，河渭不足，北饮大泽。未至，道渴而死。弃其杖，化为邓林④。

【译文】

　　夸父与太阳赛跑，离太阳越来越近。这时他口中干渴，想要喝水，便去喝黄河和渭河中的水，把黄河和渭河的水都喝干了，他还是觉得渴，便想去喝北边的大泽中的水。但是还没赶到大泽，他便在路上渴死了。夸父临死前扔掉了手中的手杖，这根手杖变成了邓林。

【注释】

①夸父：神话传说中的人物，据传他与太阳赛跑，最后因口渴而死。　②逐走：赛跑。　③渭：见2.2注③。　④邓林：神话传说中的树林名。一说即桃林，见5.71注⑧。

8.11　博父国①在聂（shè）耳②东，其为人大，右手操青蛇，左手操黄蛇。邓林在其东，二树木③。一曰博父。

【译文】

　　博父国在聂耳国的东边，这个国家的人身材高大，右手握着青蛇，左手握着黄蛇。邓林在它的东边，这个树林由两棵树组成。一说是博父国。

【注释】

①博父国：传说中的国名。博：一说应作"夸"。　②聂耳：即聂耳国，见8.9注①。　③二树木：这里指由两棵树组成的树林。

8.12　禹所积石之山①在其②东，河水所入③。

▲呕丝女子图，选自《中国清代宫廷版画》。

【译文】　　　　　　　　　【注释】

　　禹所积石山在博　　①禹所积石之山:即禹所积石山,山名,具体所
父国的东边,黄河从它　指未详。　　②其:指博父国。　　③河水
的下面流过。　　　　　所入:指黄河从它的下面流过。

8.13　拘缨之国①在其②东,一手把缨。一曰利缨之国。

【译文】　　　　　　　　　【注释】

　　拘缨国在禹所积石山的东　①拘缨之国:即拘缨国,传说中的北
边,这个国家的人用一只手抓　方古国名。缨:系帽的带子。一说应作
着系帽的带子。一说是利缨国。　"瘿"。　　②其:指禹所积石山。

8.14　寻木①长千里,在拘缨②南,生河上西北。

【译文】　　　　　　　　　【注释】

　　寻木高达千里,在拘缨国的　①寻木:一种极其高大的树。
南边,生长在黄河的西北方。　　②拘缨:即拘缨国。

8.15　跂踵(qǐzhǒng)国①在拘缨东,其为人大,两足亦大。
一曰大踵。

【译文】　　　　　　　　　　【注释】

　　跂踵国在拘缨国的东边,这个国家的人　①跂踵国:传说中的国
身材十分高大,两只脚也很大。一说是大踵国。　名。跂踵:踮起脚跟。

8.16　欧丝①之野在大踵东,一女子跪据②树欧丝。

【译文】　　　　　　　　　【注释】

　　欧丝野在大踵国的东边,有　①欧丝:即呕丝,指吐丝。欧:"呕"
一位女子跪在地上靠着树吐丝。　的古字,指呕吐。　　②据:靠着。

8.17　三桑①无枝在欧丝②东,其木长百仞(rèn)③,无枝。

【译文】　　　　　　　　【注释】

　　有三株没有树枝的桑　①三桑:传说中的三株桑树。　　②欧

树,在欧丝野的东边,桑树高达百仞,没有树枝。

丝:指欧丝之野。　③仞:古时以八尺或七尺为一仞。

8.18　范林①方三百里,在三桑东,洲②环其下。

【译文】

范林方圆达三百里,在三株桑树的东边,周围有水中陆地环绕。

【注释】

①范林:所指未详。似与6.23中的范林不同。　②洲:水中的陆地。

8.19　务隅之山①,帝颛顼(zhuānxū)②葬于阳,九嫔葬于阴。一曰爰(yuán)③有熊、罴(pí)④、文虎、离朱⑤、鸱(chī)久⑥、视肉⑦。

【译文】

务隅山,帝颛顼葬在这座山的阳面,他的九位嫔妃葬在山的阴面。一说这座山中有熊、罴、有斑纹的虎、离朱、鸱久和视肉。

【注释】

①务隅之山:即务隅山,山名,具体所指未详。　②颛顼:传说中的古代部族首领,号高阳氏,生于若水,居于帝丘(今河南濮阳市西南)。　③爰:这里;那里。　④罴:见2.14注⑧。　⑤离朱:传说中的一种神禽。　⑥鸱久:见6.23注⑫。　⑦视肉:见6.23注⑧。

8.20　平丘①在三桑②东,爰有遗玉③、青鸟④、视肉、杨柳、甘柤(zhā)⑤、甘华⑥,百果所生,在⑦两山夹上⑧谷,二大丘居中,名曰平丘。

【译文】

平丘在三株桑树的东边,这里有遗玉、青鸟、视肉、杨树、柳树、甘柤和甘华,生长着各种各样的果树,在两座山之间夹着一个大山谷,中间是两个大的丘陵,名字叫平丘。

【注释】

①平丘:意为平整的丘陵地。　②三桑:见8.17注①。　③遗玉:一种玉石。一说即瑿(yī),一种黑色的琥珀,是琥珀中最珍贵的。　④鸟:有的本子作"马"。　⑤甘柤:植物名,具体所指未详。　⑥甘华:植物名,具体所指未详。　⑦在:有的本子作"有"。　⑧上:大。

▲禺强图，选自明代蒋应镐绘制的《山海经（图绘全像）》。

8.21 北海①内有兽,其状如马,名曰驺骏(táotú)②。有兽焉,其名曰駮(bó)③,状如白马,锯牙,食虎豹。有素兽焉,状如马,名曰蛩(qióng)蛩④。有青兽焉,状如虎,名曰罗罗⑤。

【译文】

北海内有一种兽,形状像马,名字叫驺骏。还有一种兽,它的名字叫駮,形状像白马,牙齿像锯,能吃虎豹。另有一种白色的兽,形状像马,名字叫蛩蛩。另外还有一种青色的兽,形状像虎,名字叫罗罗。

【注释】

①北海:古代泛指北方最僻远之地。　②驺骏:良马名。　③駮:传说中的一种猛兽。　④蛩蛩:传说中的一种异兽。　⑤罗罗:传说中的兽名。

8.22 北方禺强①,人面鸟身,珥(ěr)②两青蛇,践③两青蛇。

【译文】

北方有禺强神,长着人一样的脸,鸟一样的身子,耳朵上挂着两条青蛇,脚下踩着两条青蛇。

【注释】

①禺强:传说中的海神名,又叫禺京。　②珥:耳饰,这里作动词。　③践:踩;踏。

海外东经第九

【解读】

　　海外东经所记述的地域大致应在中国的东部,具体位置难以确定。海外东经系紧接海外南经中的狄山,向北逐次展开叙述。经中记述了大人国、君子国、青丘国等八个国家,这些国家中的人除了或身生长毛,或全身皆黑,或手操两蛇,其形状与普通人并无什么不同。此外,海外东经中还记述了八首八面的天吴神、鸟身人面的勾芒神、兽身人面的奢比尸神,以及十个太阳共同沐浴、居住的汤(yáng)谷和扶桑树。

9.1　海外①自东南陬(zōu)②至东北陬者。

【译文】

　　海外从东南角到东北角的地方。

【注释】

①海外:四海之外,泛指边远之地。

②陬:隅;角落。

9.2　嗟(jiē)丘①,爰(yuán)②有遗玉③、青马、视肉④、杨柳⑤、甘柤(zhā)⑥、甘华⑦,甘果所生。在东海⑧,两山夹丘,上有树木。一曰嗟丘。一曰百果所在,在尧葬⑨东。

【译文】

　　嗟丘,这个地方有遗玉、青色的马、视肉、杨树、柳树、甘柤、甘华,各种果实甜美的果树在此生长。在东海之中,两座山中间夹着这个土丘,上面长着树木。一说是嗟丘。一说是各种果树生长的地方,位于帝尧所葬之地的东边。

【注释】

①嗟丘:地名,具体所指未详。

②爰:这里;那里。　③遗玉:一种玉石。　④视肉:见6.23注⑧。

⑤柳:有的本子作"桃"。　⑥甘柤:植物名,具体所指未详。

⑦甘华:植物名,具体所指未详。

⑧东海:见1.9"解读"。　⑨尧葬:帝尧所葬的地方。帝尧见6.23注②。

275

9.3 大人国①在其②北,为人大,坐而削船③。一曰在嵯丘北。

【译文】

大人国在它的北边,这个国家的人身材特别高大,坐在那里用刀削船。一说大人国在嵯丘的北边。

【注释】

①大人国:传说中的巨人之国。

②其:指嵯丘。 ③削船:一说指刻削船只;一说指划船。

9.4 奢比之尸①在其②北,兽身、人面、大耳,珥(ěr)③两青蛇。一曰肝榆之尸在大人北。

【译文】

奢比尸在它的北边,他长着兽一样的身体,人一样的脸,耳朵很大,耳朵上挂着两条青蛇。一说是肝榆尸在大人国的北边。

【注释】

①奢比之尸:即奢比尸,奢比又叫奢龙,传说是黄帝之臣。

②其:指大人国。 ③珥:耳饰,这里作动词。

奢比之尸

君子国

9.5 君子国①在其②北,衣冠③带剑,食兽,使二大虎④在旁,其人好让不争。有薰华草⑤,朝生夕死。一曰在肝榆之尸北。

【译文】

君子国在奢比尸的北边,这个国家的人穿衣戴帽,身上佩剑,吃兽肉,驱使两只有斑纹的虎,他们

【注释】

①君子国:传说中的国名,因其国中风俗淳朴,好让不争,故名。

②其:指奢比尸。 ③衣冠:

好谦让，不争斗。君子国中有一种薰华草，早上刚长出来，到晚上就死了。一说君子国在肝榆尸的北边。

指穿衣戴冠。　④大虎：应作"文虎"。　⑤薰华草：草名，具体所指未详。薰：有的本子作"堇"。

9.6 虹（hóng）①虹在其②北，各有两首。一曰在君子国北。

【译文】

虹虹在它的北边，每条虹都有两个脑袋。一说虹虹在君子国的北边。

【注释】

①虹：同"虹"，也叫彩虹。
②其：指君子国。

9.7 朝阳之谷①，神曰天吴②，是为水伯③。在虹虹北两水④间。其为兽也，八首人面，八足八尾，皆⑤青黄。

天吴

【译文】

朝阳谷有位名叫天吴的神，他是一位水神。朝阳谷位于虹虹北边的两条河流之间。天吴作为兽的形象是：有八个脑袋，每个脑袋上都是人一样的脸，有八条腿，八条尾巴，浑身青黄色。

【注释】

①朝阳之谷：即朝阳谷，谷名，具体所指未详。
②天吴：传说中的神名。
③水伯：水神。　④两水：两条河流。　⑤皆：有的本子作"背"。

9.8 青丘国①在其②北，其狐③四足九尾。一曰在朝阳北。

【译文】

青丘国在它的北边,国中有一种狐,长着四条腿,九条尾巴。一说青丘国在朝阳谷的北边。

【注释】

①青丘国:传说中的海外国名。

②其:指朝阳谷。　③其狐:一说在"其狐"前应有"其人食五谷,衣丝帛"几个字。

9.9　帝①命竖亥②步③,自东极至于西极,五亿十选(suàn)④九千八百步。竖亥右手把算⑤,左手指青丘⑥北。一曰禹令竖亥。一曰五亿十万九千八百步。

【译文】

天帝命令竖亥用脚步测量大地,从最东边到最西边,一共为五亿十万九千八百步。竖亥右手拿着算筹,左手指着青丘国的北边。一说是禹命令竖亥用脚步测量大地。一说为五亿十万九千八百步。

【注释】

①帝:天帝。一说指禹。

②竖亥:神话传说中的人物。

③步:以脚步测量距离。

④选:万。　⑤算:通"筭(suàn)",古代计数用的筹码。

⑥青丘:指青丘国。

9.10　黑齿国①在其②北,为人黑③,食稻啖(dàn)④蛇,一赤一青,在其旁。一曰在竖亥北,为人黑首⑤,食稻使蛇,其一蛇赤。

【译文】

黑齿国在它的北边,这个国家的人都是黑色的,他们吃稻米和蛇,有一红一青两条蛇伴在身边。一说黑齿国在竖亥所处之地的北边,这个国家的人长着黑色的脑袋,吃稻米,会驱使蛇,其中的一条蛇是红色的。

【注释】

①黑齿国:古国名。具体所指未详。　②其:指竖亥所处之地。　③黑:一说该字后应有"齿"字。

④啖:吃。　⑤首:《宋本山海经》作"手",应改。

9.11　下有汤(yáng)谷①,汤谷上有扶桑②,十日所浴,在黑齿③北。居水中,有大木,九日居下枝,一日居上枝。

【译文】

　　黑齿国的下面是汤谷,汤谷上有一棵扶桑树,那里是十个太阳洗浴的地方,位于黑齿国的北边。在水中有一棵大树,下面的树枝上有九个太阳,上面的树枝上有一个太阳。

【注释】

①汤谷:即旸(yáng)谷,传说中的日出之处。
②扶桑:神话传说中的一种树。　③黑齿:指黑齿国。

9.12　雨师妾①在其②北,其为人黑,两手各操一蛇,左耳有青蛇,右耳有赤蛇。一曰在十日北,为人黑身人面,各操一龟。

雨师妾

【译文】

　　雨师妾在汤谷的北边,这个国家的人皮肤黝黑,两只手分别握着一条蛇,左耳有一条青蛇,右耳有一条赤蛇。一说雨师妾在十个太阳所居之地的北边,那里的人长着黑色的身子,人一样的脸,手中各拿着一只龟。

【注释】

①雨师妾:古代神话中的国名。
②其:指汤谷。

9.13　玄股之国①在其②北,其为人③,衣鱼④食躯(ōu)⑤,使⑥两鸟夹之。一曰在雨师妾北。

【译文】

　　玄股国在它的北边,这个国家的人身穿

【注释】

①玄股之国:即玄股国,传说中的国名。玄:黑色。股:大腿。　②其:指雨师妾。

鱼皮做的衣服，以鸥鸟为食，他们的身边有一左一右两只鸟相随。一说玄股国在雨师妾的北边。

③人：一说该字后应有"股黑"两字。

④衣鱼：指穿鱼皮做的衣服。衣：穿。

⑤鸥：同"鸥"，鸟，头大，嘴扁平，多生活在海边。种类很多，有海鸥、黑尾鸥等。

⑥使：一说该字系衍文。

玄股国

9.14 毛民之国①在其②北，为人身生毛。一曰在玄股北。

【译文】

毛民国在它的北边，这个国家的人浑身长满了毛。一说毛民国在玄股国的北边。

【注释】

①毛民之国：即毛民国，传说中的国名，因其国中之人浑身有长毛，故名。

②其：指玄股国。

9.15 劳民国①在其②北，其为人黑③。或曰教民。一曰在毛民北，为人面目手足尽黑。

【译文】

劳民国在它的北边，这个国家的人长得很黑。有人说是教民国。一说劳民国在毛民国的北边，那里的人面部、眼睛、手和脚都是黑色的。

【注释】

①劳民国：传说中的国名。

②其：指毛民国。　③黑：一说该字后应有"食果草实也。有一鸟两头"数字。

▲勾芒图，选自绘于清代的《钦定补绘萧云从〈离骚〉全图》。

9.16 东方勾（gōu）芒①，鸟身人面，乘两龙。

【译文】

东方的勾芒神，长着鸟一样的身子，人一样的脸，驾乘着两条龙。

【注释】

①勾芒：古代传说中的主木之官。又为木神名。勾：有的本子作"句"。

9.17 建平元年①四月丙戌，待诏②太常③属臣望④校治⑤，侍中⑥光禄勋⑦臣龚⑧、侍中奉车都尉⑨光禄大夫⑩臣秀⑪领主省⑫。

【译文】

建平元年四月丙戌，待诏太常属臣丁望考订整理，侍中光禄勋臣王龚、侍中奉车都尉光禄大夫臣刘秀负责主持省察。

【注释】

①建平元年：公元前6年。 ②待诏：初指应皇帝征召随时待命，以备咨询顾问。后演变为官名。 ③太常：官名。掌宗庙礼仪，兼掌选试博士。 ④望：一说疑为丁望，人名。 ⑤校治：考订整理。 ⑥侍中：官名。为正规官职外的加官之一。常侍皇帝左右，与闻朝政。 ⑦光禄勋：官名。位列九卿。掌管殿门户宿卫，兼侍从皇帝。 ⑧龚：指王龚，人名。 ⑨奉车都尉：官名。职掌皇帝车舆，入侍左右。东汉时名义上隶光禄勋。 ⑩光禄大夫：官名。职掌议论，在大夫中地位最尊。 ⑪秀：指刘歆（xīn，？—23年），字子骏，后改名秀，字颖叔。汉末沛县（今属江苏）人。刘向之子，曾奉命与刘向一起校官中藏书。 ⑫领主省：当指负责主持省察的意思。

海内南经第十

【解读】

　　海内南经所记述的地域基本上位于海外南经所记之地的北面，大致在今浙江、福建、湖北、湖南、四川、广东、广西、海南一带，个别则在今西北地区。海内南经所记内容较为庞杂，其中既有国家，如伯虑国、雕题国、开题国、匈奴等；也有动物，如犀牛、兕(sì)、猩猩，以及能吞象的巴蛇、形状如龙的窫窳(yàyǔ)；还有怪异的植物，如有一种名叫建木的树，形状像牛，树皮像黄蛇；另外还涉及一些历史人物，如帝舜、帝丹朱、夏后启等。从文中我们也可以得知，在中国古代，在今湖南、湖北、四川一带，曾经生活过犀牛、猩猩等动物。

　　10.1　海内①东南陬(zōu)②以西者。

【译文】

　　海内东南角以西的地方。

【注释】

①海内：四海之内，即国境之内。

②陬：隅；角落。

【解读】

　　《山海经》中以"海内"冠名的，有海内南经、海内西经、海内北经、海内东经及海内经五篇，亦可统称为海内经。海内经的文字亦系依据古图而作，只是古图早已亡佚。海内经所记的地域大多在海外经所记地域之内侧。另外，海外经在叙述时有明确的方向和顺序，海内经则显得较为杂乱。

　　10.2　瓯(ōu)①居海中。闽②在海中，其西北有山。一曰闽中山③在海中。

【译文】

　　瓯位于海中。闽在海中，它的西北方

【注释】

①瓯：古代地区名，在今浙江温州一带，后为温州的别称。　②闽：古种族名，生活在今浙

283

有山。一说闽中山在　　江南部和福建一带。后因称福建为闽。
海中。　　　　　　　　③闽中山：所指未详。一说指闽一带的山。

10.3 三天子鄣（zhāng）山①在闽西海②北。一曰在海中。

【译文】　　　　　　**【注释】**
　　三天子鄣山在闽的　①三天子鄣山：山名，具体所指未详。一说
西边，海的北边。一说该　在今安徽境内。　　②海：一说该字疑为
山在海中。　　　　　　衍文。

10.4 桂林八树①在番（pān）隅②东。

【译文】　　　　　　**【注释】**
　　由八棵树组成　①桂林八树：由八棵树组成的桂树林。
的桂树林在番隅的　②番隅：地名，一说即番禺。番禺为古县名，在
东边。　　　　　　今广东广州市番禺区。

10.5 伯虑国①、离耳国②、雕题国③、北胸（qú）国④皆在郁
水⑤南。郁水出湘陵⑥南山⑦。一曰相⑧虑。

【译文】　　　　　**【注释】**
　　伯虑国、离　①伯虑国：传说中的古国名。　　②离耳国：国名，
耳国、雕题国、　具体所指未详。　　③雕题国：国名，具体所指未
北胸国都在郁　详。亦为古代部落名，因额上刺花纹，故称。题：额。
水的南边。郁水　④北胸国：国名，具体所指未详。　　⑤郁水：水
发源于湘陵南　名，具体所指未详。　　⑥湘陵：地名，具体所指未
山。一说伯虑应　详。　　⑦山：有的本子作“海”。　　⑧相：一说
作相虑。　　　　应作“柏”。

10.6 枭（xiāo）阳国①在北胸之西，其为人人面长唇，黑身
有毛，反踵（zhǒng）②，见人笑亦笑③，左手操管。

【译文】

　　枭阳国在北朐国的西边,这个国家的人长着人一样的脸,嘴唇很长,浑身黑色,身上有浓密的毛,脚跟长在前面,见到别人笑就跟着笑,左手拿着管子。

【注释】

①枭阳国:国名,具体所指未详。　②踵:脚后跟。③笑亦笑:一说应作"则笑"。

枭阳国

兕

10.7　兕(sì)①在舜②葬东,湘水③南,其状如牛,苍黑,一角。

【译文】

　　兕生活在舜所葬之地的东边,湘江的南边,它的形状像牛,苍黑色,长着一只角。

【注释】

①兕:见1.30注③。　②舜:传说中的上古帝王,有虞氏,姓姚,名重华,简称虞舜。以孝闻名。尧把帝位禅让给他,他在晚年又把帝位禅让给禹。③湘水:即湘江,湖南省最大的河流,上源海洋河出广西东北海洋山西麓,东北流贯湖南省东部,最后入洞庭湖。

10.8　苍梧之山①,帝舜葬于阳,帝丹朱②葬于阴。

【译文】

　　苍梧山,帝舜葬在这座山的阳

【注释】

①苍梧之山:即苍梧山,山名,又叫九疑山,在今湖南宁远南。　②丹朱:传说中帝尧之子,名朱,

面,帝丹朱葬在这座山 因居丹水,名为丹朱。据说他傲慢荒淫,故尧
的阴面。 不传位于他,而是传给了舜。

10.9　泛林①方三百里,在狌(xīng)狌②东。

【译文】　　　　　　　　【注释】
　　泛林方圆三百里,在猩猩 ①泛林:广布的森林。　②狌狌:
生活之地的东边。 即猩猩。

10.10　狌狌知人名,其为兽如豕(shǐ)①而人面,在舜②葬
西。

【译文】　　　　　　　　【注释】
　　猩猩知道人的名字,它的形状像猪,长 ①豕:猪。　②舜:
着人一样的脸,生活在舜所葬之地的西边。 见10.7注②。

10.11　狌狌西北有犀牛,其状如牛而黑。

【译文】
　　猩猩生活之地的西北方有犀牛,它的形状像牛,浑身黑色。

10.12　夏后启①之臣曰孟涂②,是司神③于巴④。人请讼于孟
涂之所,其衣有血者乃执之,是请生⑤。居山上,在丹山⑥西。丹山
在丹阳⑦南,丹阳居⑧属也。

【译文】　　　　　　　　【注释】
　　夏代国君启的臣子 ①夏后启:即禹之子启,夏代国君。
名叫孟涂,到巴地任主管 ②孟涂:人名,据传启曾派他去巴地负责诉
之神。当地人去孟涂那里 讼之事。　③司神:主管之神。
请他审理案件,他把衣 ④巴:古族名,主要分布在今川东、鄂西一
服上沾有血的人抓了起 带。周初封为子国,称巴子国。
来,被抓之人就向他请 ⑤请生:请求活命。一说指好生,即爱护生
求饶命。孟涂住在山上, 命。　⑥丹山:山名,具体所指未详。一

286

他所住的山在丹山的西边。丹山位于丹阳的南边，丹阳是巴的属地。

说在今湖北秭归境内；一说即今巫山，在重庆、湖北边境。　⑦丹阳：地名，具体所指未详。　⑧居：应作"巴"。

10.13　窫窳（yàyǔ）①龙首，居弱水②中，在狌（xīng）狌③知人名之西，其状如龙④首，食人。

【译文】

窫窳长着龙一样的脑袋，居住在弱水中，位于能知道人的名字的猩猩所居之地的西边，它的形状像貙，长着龙一样的脑袋，会吃人。

【注释】

①窫窳：古代传说中的一种怪兽。

②弱水：水名，名叫弱水的河流很多。古人也把浅而不能载舟的水流称为弱水。

③狌狌：即猩猩。　④龙：一说该字前应有"貙（chū）"字，貙是古书上说的一种虎属猛兽，也叫貙虎。

10.14　有木，其状如牛，引①之有皮若缨②、黄蛇。其叶如罗③，其实如栾④，其木若芐（ōu）⑤，其名曰建木⑥。在窫窳西弱水上。

【译文】

有一种树，形状像牛，牵拉它时上面有像缨带或黄蛇的皮。它的叶子像罗，结像栾华一样的果实，树干像刺榆，它的名字叫建木。这种树长在窫窳所居之地西边弱水的岸上。

【注释】

①引：牵引；牵拉。　②缨：一种带子，用来系冠、捆绑或作装饰物等。

③罗：所指未详。或指捕鸟兽的网。

④栾：木名，即栾木，又叫栾华，落叶乔木，羽状复叶，开黄色花。　⑤芐：木名，即刺榆，落叶乔木，树的老枝上有粗长的刺。　⑥建木：传说中的一种树。

10.15　氐（dǐ）人国①在建木西，其为人人面而鱼身，无足。

【译文】

氐人国在建木的西边，这个国家的人长着人一样的脸，鱼一样的身子，没有脚。

【注释】

①氐人国：传说中的国名。

氏人国

10.16　巴蛇①食象，三岁而出其骨，君子服之②，无心腹之疾。其为蛇青黄赤黑。一曰黑蛇青首，在犀牛③西。

巴蛇食象

【译文】

　　巴蛇吞吃了大象，三年后才把象骨吐出来，君子吃了这种骨头，便不会得心脏和腹部的疾病。巴蛇的身上有青、黄、红、黑四种颜色。一说是黑蛇，长着青色的脑袋，在犀牛生活之地的西边。

【注释】

①巴蛇：古代传说中的一种大蛇。　②服之：指吃巴蛇吐出的象骨。　③犀牛：见10.11。

10.17　旄（máo）马①，其状如马，四节②有毛。在巴蛇西北，高山③南。

【译文】

　　旄马的形状像马，四

【注释】

①旄马：传说中的兽名。　②四节：指

肢的关节部位都长着长毛。它生活在巴蛇所处之地的西北,高山的南边。

兽类四肢的关节。　③高山:山名,具体所指未详。一说疑为今四川西部的大雪山。

旄马

10.18　匈奴①、开题之国②、列人之国③并在西北。

【译文】

匈奴、开题国、列人国都在西北方向。

【注释】

①匈奴:古族名,亦称胡,战国时活动于燕、赵、秦以北地区,历史上曾多次南下侵入中原地区。　②开题之国:即开题国,传说中的国名。　③列人之国:即列人国,国名,具体所指未详。

海内西经第十一

【解读】

　　海内西经所记述的地域较广,大致为从昆仑山地区到今陕西、山西、河北、内蒙古、辽宁一带。海内西经记述了东胡、流黄酆(fēng)氏国、貊(mò)国等国家,雁门山、钟山等山名,但其记述的重点主要集中在昆仑山地区,包括发源于昆仑山的河流:赤水、黄河、洋水、黑水等;昆仑山上的神兽:虎身、九首、人面的开明兽;昆仑山周边的动物(如凤凰、鸾鸟)、植物(如珠树、不死树、服常树);发生在昆仑山地区的神话故事:贰负之臣危杀窫窳(yàyǔ),巫彭、巫阳等六位巫师用不死之药救治窫窳;等等。

11.1　海内①西南陬(zōu)②以北者。

【译文】	【注释】
海内西南角以北的地方。	①海内:四海之内,即国境之内。 ②陬:隅;角落。

11.2　贰负①之臣曰危,危与贰负杀窫窳(yàyǔ)②。帝③乃梏(gù)④之疏属之山⑤,桎(zhì)⑥其右足,反缚两手与发⑦,系之山上木。在开题⑧西北。

【译文】	【注释】
贰负有位臣子名叫危,危与贰负一起杀了窫窳。天帝知道后,便把危拘禁在疏属山中,把他的右足戴上脚镣,把他的双手与头发反缚在一起,并捆在山上	①贰负:传说中的神名,形状为人面蛇身。②窫窳:见10.13注①。　③帝:一说指天帝;一说指黄帝。　④梏:古代木制的手铐,这里指拘禁。　⑤疏属之山:即疏属山,山名,具体所指未详。一说指今陕西富县和洛川县间的雕山。　⑥桎:拘系犯人两脚的刑具,这里作动词。　⑦与发:一

的一棵树上。疏属山在开
题国的西北。

说此两字系衍文。

⑧开题:即开题
国,传说中的国名。

【解读】

本条记载文字不多,却可以说是《山海经》中最值得我们关注的一条记载,因为西汉时的刘歆(xīn,后改名为秀)在编定《山海经》一书并向皇帝上表时专门提到了该条文字,目的是强调《山海经》中的记载是真实可信的,可以为我们认识事物提供有效的参考和指导:

《山海经》皆贤圣之遗事,古文之著明者也,其事质明有信。孝武皇帝时,尝有献异鸟者,食之百物所不肯食,东方朔见之,言其鸟名,又言其所当食,如朔言。问朔何以知之,即《山海经》所出也。孝宣皇帝时,击磻石于上郡,陷得石室,其中有反缚盗械人。时臣秀父向为谏议大夫,言此贰负之臣也。诏问何以知之,亦以《山海经》对。其文曰:"贰负杀窫窳,帝乃桔之疏属之山,桎其右足,反缚两手。"上大惊,朝士由是多奇《山海经》者,文学大儒皆读学,以为奇,可以考祯祥变怪之物,见远国异人之谣俗。

贰负之臣

汉宣帝时,有人在上郡(今陕西榆林市东南)击破一块巨石,发现里面有一间石头屋子,石头屋子中有身戴刑具、双手被反捆在身后之人,大家都对此感到奇怪,只有刘歆的父亲、当时任谏议大夫的刘向说这是贰负的臣子。皇帝问他是怎么知道的,刘向就以《山海经》中的记载作为回答。皇帝对此感到十分惊奇,于是《山海经》名声大噪,人们争相阅读。

至晋时郭璞注《山海经》,则对刘歆所记之事稍微作了一些演绎:

山海经·海内西经第十一

▲贰负之臣危图，选自《中国清代宫廷版画》。

国学经典详注·全译·精解

汉宣帝使人上郡发盘石,石室中得一人,跣裸被发,反缚,械一足。以问群臣,莫能知。刘子政案此言对之,宣帝大惊,于是时人争学《山海经》矣。论者多以为是其尸象,非真体也。

而在唐代李亢所撰的《独异志》中,此事则被演绎成了一则传奇故事:

汉宣帝时,有人于疏属山石盖下得二人,俱被桎梏,将至长安,乃变为石。宣帝集群臣问之,无一知者。刘向对曰:"此是黄帝时窫窳国贰负之臣,犯罪大逆,黄帝不忍诛,流之疏属山,若有明君,当得出外。"帝不信,谓其妖言,收向系狱。其子歆自出应募,以救其父,曰:"须七岁女子以乳之,即复变。"帝使女子乳,于是复为人,便能言语应对,如刘向之言。帝大悦,拜向太中大夫,歆为宗正卿。诏曰:"何以知之?"歆曰:"出《山海经》。"

笔者认为,据以上记述来看,汉宣帝时在上郡的石室中发现了一具身戴刑具、双手被反缚的尸体,这应该是历史事实,但该尸体是否即《山海经》中所记载的贰负之臣,则完全是仁者见仁、智者见智之事,不过,因为《山海经》中的记载与当时的情形高度吻合,故人们大多相信该尸体即贰负之臣,并因此对《山海经》敬服不已,从而导致了《山海经》的广泛传播。至于《独异志》中的相关记载,所谓尸体在运输途中变成了石头,后用七岁女孩给他喂奶,石头就变成了活人,则纯属无稽之谈,只是寄托了人们一种美好的想象或愿望而已。

11.3 大泽方百里,群鸟所生及所解①。在雁门②北。

【译文】

有一个方圆百里的大泽,众多的鸟类在这里繁殖并脱换羽毛。它位于雁门山的北边。

【注释】

①解:指鸟脱换羽毛。 ②雁门:山名,在今山西代县西北。因两山对峙,雁从其间飞过而得名。

11.4 雁门山,雁出其间。在高柳①北。

【译文】

雁门山,雁从它两座对峙的山中飞出。它位于高柳的北边。

【注释】

①高柳:地名,在今山西阳高县境内。

11.5 高柳在代①北。

【译文】
高柳在代的北边。

【注释】
①代:古国名,在今河北蔚县东北。

11.6 后稷①之葬,山水环之。在氐(dǐ)国②西。

【译文】
后稷所葬之地,周围有山水环绕。它位于氐国的西边。

【注释】
①后稷:见 2.45 注 ⑲。 ②氐国:即氐人国,见 10.15。

11.7 流黄酆(fēng)氏之国①,中方三百里,有涂②四方,中有山。在后稷葬西。

【译文】
流黄酆氏国,国土方圆三百里,有道路通向四方,国家的中部有山。它位于后稷所葬之地的西边。

【注释】
①流黄酆氏之国:即流黄酆氏国,国名,具体所指未详。 ②涂:通"途",指路。

11.8 流沙①出钟山②,西行又南行昆仑之墟③,西南入海④,黑水之山⑤。

【译文】
流沙出自钟山,向西再向南一直延伸到昆仑山,并向西南进入海中及黑水山。

【注释】
①流沙:沙漠。见 2.44 注③。 ②钟山:山名,具体所指未详。 ③昆仑之墟:指昆仑山,见 2.43 注⑤。 ④海:这里指位于西北地区的水泽,具体所指未详。 ⑤黑水之山:即黑水山,山名,具体所指未详。

11.9 东胡①在大泽②东。

【译文】
东胡

【注释】
①东胡:我国古代的少数民族,因居于匈奴(古称胡)以东

在大泽的　　而得名。　　②大泽：大的湖沼，具体所指未详。一说即
东边。　　　11.3 中所说的大泽。

11.10　夷①人在东胡东。

【译文】　　　　　【注释】
　　夷人在东胡的　　①夷：中国古代对东方各族的泛称，也泛指四方
东边。　　　　　　的少数民族。

11.11　貊(mò)①国在汉水②东北，地近于燕③，灭之。

【译文】　　【注释】
　　　　貊国　　①貊：古族名，最初分布在中国北方地区，秦汉前，居今长
在汉水的　　城以内者，或迁东北，或与当地居民融合；居今关外者，分
东北，与燕　　布在松嫩平原、鸭绿江流域及朝鲜半岛。　　②汉水：水
国接近，后　　名，具体所指未详。一说指朝鲜半岛的汉江。　　③燕：
被燕国所　　古国名，公元前 11 世纪周分封的诸侯国，在今河北北部和
灭。　　　　辽宁西端。

11.12　孟鸟①在貊国东北，其鸟文赤、黄、青，东乡②。

【译文】　　　　　　　　　　　　　　【注释】
　　孟鸟在貊国的东北，这种鸟羽毛的花　　①孟鸟：鸟名。
纹有红、黄、青三种颜色，它面朝东方而立。　　②乡：通"向"，指朝向。

11.13　海内①昆仑之墟②在西北，帝之下都③。昆仑之墟方
八百里，高万仞(rèn)④。上有木禾⑤，长五寻⑥，大五围⑦。面有九
井，以玉为槛(jiàn)⑧；面有九门，门有开明兽⑨守之，百神之所
在。在八隅之岩⑩，赤水⑪之际，非仁羿(yì)⑫莫能上冈之岩。

【译文】　　　　　　　【注释】
　　海内的昆仑山位于西北　　①海内：四海之内，即国境之内。
地区，是天帝在下界的都城。　　②昆仑之墟：见 11.8 注③。　　③下

昆仑山方圆八百里,高万仞。上面长着一种木禾,有五寻长,五围大。山的每一面都有九口井,每口井都以玉为栏杆;每一面都有九道门,每道门都有开明兽守卫,这是百神所在的地方。百神居住在八个方位的岩石洞穴中,在赤水岸边,不是仁德如后羿那样的人是无法登上这些山冈的岩石的。

都:在下界的都城。 ④仞:古代以八尺或七尺为一仞。 ⑤木禾:传说中一种高大的谷类植物。⑥寻:古代的长度单位,八尺或七尺为一寻。 ⑦围:两臂合抱或两手拇指、食指相合为一围。 ⑧槛:栏杆。 ⑨开明兽:传说中的一种神兽。一说也叫陆吾,见 2.46 注④。⑩八隅之岩:八个方位的岩石洞穴。⑪赤水:水名,具体所指未详。⑫羿:见 6.19 注①。

11.14　赤水出东南隅,以行其①东北,西南流注南海,厌火②东。

【译文】

赤水发源于昆仑山的东南角,向东北方向流去,再向西南流入南海,在厌火国的东边。

【注释】

①其:指昆仑山。②厌火:指厌火国。

11.15　河水出东北隅,以行其①北,西南又入渤海②;又出海外③,即西而北,入禹④所导⑤积石山⑥。

【译文】

黄河发源于昆仑山的东北角,然后向北而流,折向西南后流入渤海;又流出海外,向西向北,流入禹所疏导的积石山。

【注释】

①其:指昆仑山。 ②渤海:水名,具体所指未详。 ③海外:四海之外,泛指边远地区。 ④禹:见 5.212 注①。⑤导:疏导。 ⑥积石山:山名,具体所指未详。在今青海西南部有积石山,延伸至甘肃南部边境。一说即 2.51 中的积石山。

11.16　洋(xiáng)水①、黑水②出西北隅,以东,东行,又东北,南入海,羽民③南。

【译文】

　　洋水和黑水发源于昆仑山的西北角，向东流，继而向东北流，再折向南流后入海，在羽民国的南边。

【注释】

①洋水：水名，具体所指未详。

②黑水：水名，具体所指未详。

③羽民：即羽民国，见6.6注①。

11.17　弱水①、青水②出西南隅，以东，又北，又西南，过毕方鸟③东。

【译文】

　　弱水和青水发源于昆仑山的西南角，向东流，又向北流，再折向西南，流过毕方鸟的东边。

【注释】

①弱水：水名，具体所指未详。

②青水：水名，具体所指未详。

③毕方鸟：见6.8注①。

11.18　昆仑南渊深三百仞（rèn）①。开明兽②身大类虎而九首，皆人面，东向立昆仑上。

开明兽

【译文】

　　昆仑山南边的深渊深达三百仞。开明兽的大小与虎相似，有九个脑袋，每个脑袋上都长着人一样的脸，面向东站立在昆仑山上。

【注释】

①仞：古代以八尺或七尺为一仞。　②开明兽：传说中的一种神兽。

11.19 开明①西有凤凰②、鸾鸟③,皆戴蛇践④蛇,膺⑤有赤蛇。

【译文】

开明兽的西边有凤凰、鸾鸟,它们都是头上盘着蛇,脚下踩着蛇,胸前有赤蛇。

【注释】

①开明:指开明兽。　②凤皇:见1.31注⑤。　③鸾鸟:传说中凤凰一类的鸟。　④践:踏;踩。　⑤膺:胸。

11.20 开明北有视肉①、珠树②、文玉树③、玙(yú)琪树④、不死树⑤。凤凰、鸾鸟皆戴瞂(fá)⑥。又有离朱⑦、木禾⑧、柏树、甘水⑨、圣木曼兑⑩,一曰挺木牙交⑪。

【译文】

开明兽的北边有视肉、珠树、文玉树、玙琪树和不死树。这里的凤凰、鸾鸟的头上都戴着盾。这里还有离朱、木禾、柏树、甘甜的泉水和圣木曼兑,一说圣木曼兑即挺木牙交。

【注释】

①视肉:见6.23注⑧。　②珠树:长有珍珠的树。一说指三珠树,见6.11注①。　③文玉树:五彩玉树。　④玙琪树:长有红玉的树。玙琪:红色的玉。　⑤不死树:神话传说中的一种树,人吃了它可以长生不死。　⑥瞂:盾。　⑦离朱:传说中的一种神禽。　⑧木禾:见11.13注⑤。　⑨甘水:甘甜的泉水。　⑩圣木曼兑:古代传说中的神木。　⑪挺木牙交:所指未详。

11.21 开明东有巫彭、巫抵、巫阳、巫履、巫凡、巫相①,夹窫窳(yàyǔ)②之尸,皆操不死之药以距③之。窫窳者,蛇身人面,贰负④臣所杀也。

【译文】

开明兽的东边有巫彭、巫抵、巫阳、巫履、巫凡、巫相六位巫师,他们围在窫窳的尸体旁,手里都拿着不死之药,试图把窫窳救活过来。窫窳

【注释】

①巫彭、巫抵、巫阳、巫履、巫凡、巫相:此六人都是古代的巫师。　②窫窳:见10.13注①。　③距:通"拒",指抗

298

长着蛇一样的身子，人一样的脸，他是被贰负的臣子危杀死的。

拒、抵御，这里指不让窫窳死。
④贰负：见11.2注①。

11.22 服常树①，其上有三头人，伺②琅玕（lánggān）树③。

【译文】
　　有一种服常树，它的上面有长着三个脑袋的人，在守候着琅玕树。

【注释】
①服常树：树名，具体所指未详。
②伺：守候。　③琅玕树：传说和神话中的仙树，其实如珠。

11.23 开明①南有树鸟②，六首；蛟③、蝮④、蛇、蜼（wěi）⑤、豹、鸟秩树⑥，于表池⑦树木⑧，诵鸟⑨、鹲（sǔn）⑩、视肉⑪。

【译文】
　　开明兽的南边有长着六个脑袋的树鸟、蛟龙、蝮蛇、蛇、长尾猿、豹和鸟秩树，在表池的边上种着树，这一带还有诵鸟、鹲和视肉。

【注释】
①开明：指开明兽，见11.13注⑨。　②树鸟：传说中的一种鸟。　③蛟：见5.145注⑧。
④蝮：指蝮蛇。　⑤蜼：一种长尾猿。
⑥鸟秩树：树名，具体所指未详。　⑦表池：所指未详。一说指华表池，即中间立有华表的池子。　⑧树木：种树。　⑨诵鸟：鸟名，具体所指未详。　⑩鹲：即雕，一类很凶猛的鸟。　⑪视肉：见6.23注⑧。

海内北经第十二

【解读】

  海内北经记述的地域大致为从昆仑山地区向东,经陕西、河北、朝鲜一直到东部的大海中。海内北经主要记述了三个方面的内容:一是昆仑山地区的动物(如蛴、三青鸟)、人文景观(如帝尧台、帝舜台)和神话故事(如西王母的传说);二是一些形状怪异的动物,如虎身有翼的穷奇,人面兽身的䝙(tà)非,兽首人身的环狗;三是东部大海中的一些山(如列姑射〔yè〕山、蓬莱山)、国家(如姑射国)、动物(如大蟹、陵鱼)等。

12.1 海内^①西北陬(zōu)^②以东者。

【译文】

  海内西北角以东的地方。

【注释】

①海内:四海之内,即国境之内。

②陬:隅;角落。

12.2 蛇巫之山^①,上有人操杯而东向立。一曰龟山。

【译文】

  有一座蛇巫山,山上有一个人,手中拿着杯子,面向东而立。一说是龟山。

【注释】

①蛇巫之山:即蛇巫山,神话中的山名。

12.3 西王母^①梯^②几^③而戴胜杖^④,其南有三青鸟^⑤,为西王母取食。在昆仑虚^⑥北。

【译文】

  西王母身倚桌几,头戴首饰,手中持杖,在她的南边

【注释】

①西王母:见2.49注②。 ②梯:凭;依着。

③几:古人坐时凭依或搁置物件的小桌。

④戴胜杖:一说"杖"字疑为衍文。戴胜即头戴

有三青鸟，专门为她取食。西王母住在昆仑山的北边。

首饰。胜：古代妇女的首饰。　⑤三青鸟：传说中的一种鸟。亦见于2.56。一说指三只青鸟。　⑥昆仑虚：即昆仑山，见2.43注⑤。

12.4　有人曰大行伯①，把戈。其东有犬封国②。贰负③之尸在大行伯东。

犬封国　　　　　　　　　　　　　　　　贰负

【译文】

有一个人，名叫大行伯，手中拿着戈。大行伯的东边有一个犬封国。贰负的尸体在大行伯的东边。

【注释】

①大行伯：人名，具体所指未详。一说可能指共工的儿子，以酷好远游著称。②犬封国：传说中的国名。　③贰负：见11.2注①。

【解读】

据传帝喾(kù)高辛氏时，有人作乱，高辛氏的家犬盘瓠(hù)杀了此作乱之人，于是高辛氏封盘瓠为会稽侯，并赏它五名美女。盘瓠与美女生下不少子女，并不断繁衍，便成为犬封国。

12.5　犬封国曰犬戎国①，状如犬。有一女子，方跪进杯(bēi)②食。有文马，缟(gǎo)③身朱鬣(liè)④，目若黄金，名曰吉量⑤，乘之寿千岁。

【译文】

犬封国又叫犬戎国,这个国家中的人长得像狗。有一位女子,正手持杯子,跪着进献食物。有一种带斑纹的马,全身白色,鬣毛红色,眼睛像黄金一样闪闪发亮,名字叫吉量,骑过它的人可寿达千岁。

【注释】

①犬戎国:传说中的国名。一说即犬封国,一说两者并不相同。

②杯:同"杯"。　③缟:一种白色的丝织品。　④鬣:兽类颈上的长毛。　⑤吉量:传说中的神马。

12.6　鬼国①在贰负②之尸北,为物人面而一目。一曰贰负神在其③东,为物人面蛇身。

鬼国

【译文】

鬼国在贰负尸体的北边,它的国民都长着人一样的脸,只有一只眼睛。一说贰负神在鬼国的东边,鬼国的国民都长着人一样的脸,蛇一样的身子。

【注释】

①鬼国:传说中的古北方国名。　②贰负:见11.2注①。　③其:指鬼国。

12.7　蜪(táo)犬①如犬,青,食人从首始。

【译文】

蜪犬的样子像狗,浑身青色,吃人时先吃头。

【注释】

①蜪犬:兽名。

12.8　穷奇①状如虎,有翼,食人从首始,所食被(pī)②发。

在蜪犬北。一曰从足。

【译文】

　　穷奇的形状像虎,长着翅膀,吃人时先吃头,它正在吃的这个人披散着头发。穷奇生活在蜪犬的北边。一说穷奇吃人时先吃脚。

【注释】

①穷奇:传说中的一种兽。2.78亦有穷奇,但说"其状如牛"。　②被:同"披",指披散。

12.9　帝尧①台、帝喾(kù)②台、帝丹朱③台、帝舜④台,各二台,台四方,在昆仑⑤东北。

【译文】

　　帝尧台、帝喾台、帝丹朱台、帝舜台,这四座台每座都由两个台组成,台呈四方形,位于昆仑山的东北。

【注释】

①帝尧:见6.23注②。　②帝喾:见6.23注③。　③丹朱:见10.8注②。　④帝舜:即舜,见10.7注②。⑤昆仑:见2.43注⑤。

12.10　大蜂,其状如螽(zhōng)①;朱蛾(yǐ)②,其状如蛾。

【译文】

　　有一种大蜂,它的形状像螽;有一种朱蛾,它的形状像蚂蚁。

【注释】

①螽:虫名。有草螽、土螽等。②蛾:蚍蜉,即蚂蚁。

12.11　蟜(jiǎo)①,其为人虎文,胫②有肾(qǐ)③,在穷奇④东。一曰状如人。昆仑虚⑤北所有。

【译文】

　　蟜,这种人身上有虎一样的斑纹,小腿肚子很发达,在穷奇的东边。一说形状像人。在昆仑山的北边才有这样的人。

【注释】

①蟜:传说中有纹身的野人。②胫:小腿。　③肾:小腿肚子。④穷奇:见12.8注①。　⑤昆仑虚:即昆仑山,见2.43注⑤。

12.12　阘(tà)非①,人面而兽身,青色。

【译文】

　　阘非，长着人一样的脸，兽一样的身子，浑身青色。

【注释】

　　①阘非：动物名，具体所指未详。阘：有的本子作"阘(tà)"。

12.13　据比①之尸，其为人折颈被(pī)②发，无一手。

【译文】

　　据比的尸体，是一个折断了脖子、披散着头发、缺了一只手的人。

【注释】

　　①据比：所指未详。一说即诸比，天神名。　②被：同"披"，指披散。

据比之尸

环狗

12.14　环狗①，其为人兽首人身。一曰猬状如狗，黄色。

【译文】

　　环狗，长着兽一样的头，人一样的身子。一说形状像刺猬，又像狗，浑身黄色。

【注释】

　　①环狗：传说中的怪兽名。

12.15　袜(mèi)①，其为物人身、黑首、从(zòng)目②。

【译文】

　　袜，这种东西长着人一样的身体，黑色的脑袋，眼睛竖着长。

【注释】

　　①袜：鬼魅。　②从目：竖着眼睛。从：直。

【解读】

　　"从目"即"纵目",关于"纵目",通常的理解是眼睛竖着长,因为人眼都是横着长的,故眼睛竖着长,便说明是一种怪异之相。然而,1986年,在三星堆遗址发掘出来的一件青铜面具,却为我们理解"纵目"的含义提供了另外一种思路。该青铜面具有着人一样的脸,令人惊异的主要有两处:一是两只巨大的仿佛猪耳的招风耳;一是呈圆柱状向外凸出的两只眼睛。这就告诉我们,所谓"纵目",或有可能是指两只眼睛竖着向外凸出,而不是指眼睛竖着长。

青铜面具

12.16　戎①,其为人人首三角。

【译文】

　　戎,这种人长着人一样的脑袋,脑袋上有三只角。

【注释】

①戎:所指未详。

12.17　林氏国①有珍兽,大若虎,五彩毕具,尾长于身,名曰驺(zōu)吾②,乘之日行千里。

【译文】

　　林氏国中有一种珍奇的兽,像虎一样大,身上五彩斑斓,尾巴比身子还长,名字叫驺吾,骑着它可以日行千里。

【注释】

①林氏国:古诸侯名,亦指其国名。　②驺吾:传说中的一种兽,也叫驺虞。

驺吾

12.18　昆仑虚^①南所,有泛林^②方三百里。

【译文】

　　在昆仑山的南边,有一片分布极广的树林,方圆达三百里。

【注释】

①昆仑虚:即昆仑山,见2.43注⑤。
②泛林:分布十分广泛的树林。

12.19　从极之渊^①深三百仞(rèn)^②,维^③冰夷^④恒都^⑤焉。冰夷人面,乘两龙。一曰忠极之渊。

【译文】

　　从极渊深达三百仞,只有水神冰夷经常住在这里。冰夷长着人一样的脸,乘着两条龙。一说是忠极渊。

【注释】

①从极之渊:即从极渊,具体所指未详。
②仞:古代以八尺或七尺为一仞。
③维:只;仅。　④冰夷:又作"冯(píng)夷"、"无夷",也叫河伯,传说中的水神名。　⑤都:居;居住。

12.20　阳汙之山^①,河出其中;凌门之山^②,河出其中。

【译文】

　　阳汙山,是河水的发源地之一;凌门山,也是河水的发源地之一。

【注释】

①阳汙之山:即阳汙山,山名,具体所指未详。一说即潼关。　②凌门之山:即凌门山,山名,具体所指未详。一说即龙门山,在今陕西韩城市附近。

12.21 王子夜①之尸，两手、两股、胸、首、齿皆断异处。

【译文】
王子夜的尸体，两只手、两条腿、胸部、脑袋和牙齿都被砍下并被抛到不同的地方。

【注释】
①王子夜：所指未详。一说可能指14.21中的王亥。

12.22 舜①妻登比②氏生宵明、烛光③，处河大泽，二女之灵④能照此所方百里。一曰登北氏。

【译文】
舜的妻子登比氏生下了宵明、烛光两个女儿，她们居住在黄河边的一个大泽中，这两位女子的灵光能照亮附近方圆百里的地方。一说舜的妻子名叫登北氏。

【注释】
①舜：见10.7注②。　②登比：当为舜的三位妃子之一，另两位是尧的女儿娥皇和女英。　③宵明、烛光：传说中舜的两个女儿，因能给人们带来光明，故名。
④灵：灵光；神光。

12.23 盖国①在钜（jù）燕②南，倭③北。倭属燕。

【译文】
盖国在大燕国的南边，倭的北边。倭从属于燕国。

【注释】
①盖国：国名，具体所指未详。　②钜燕：即大燕，指燕国。钜：大；巨大。见11.11注③。
③倭：古代指日本。

12.24 朝鲜①在列阳②东，海③北山④南。列阳属燕。

【译文】
朝鲜在列阳的东边，位于海的北边和山的南边。列阳属于燕国。

【注释】
①朝鲜：位于今朝鲜半岛。　②列阳：地名，具体所指未详。　③海：一说指黄海。　④山：一说可能指长白山。

12.25 列姑射（yè）①在海河洲②中。

【译文】
　　列姑射位于大海的河洲中。

【注释】
①列姑射:古代传说中的山名。也称姑射。
②河洲:河中可居的陆地。

12.26　姑射国①在海中,属列姑射,西南山环之。

【译文】
　　姑射国在大海中,属于列姑射,西南部有山环绕。

【注释】
①姑射国:国名,具体所指未详。

12.27　大蟹①在海中。

【译文】
　　大蟹生活在海中。

【注释】
①大蟹:巨大的蟹,据说广达千里。

12.28　陵鱼①人面、手足,鱼身,在海中。

陵鱼

【译文】
　　陵鱼长着人一样的脸,有手和脚,鱼一样的身子,生活在海中。

【注释】
①陵鱼:传说中的人鱼。

12.29　大鳊(biān)①居海中。

【译文】
　　大鳊生活在海中。

【注释】
①鳊:同"鯾",鲂鱼。

国学经典详注·全译·精解

▲蓬莱山图,选自明代蒋应镐绘制的《山海经(图绘全像)》。

12.30　明组邑^①居海中。

【译文】　　【注释】
　　明组　　①明组邑：所指未详。一说指海生类植物,如海带、裙带
邑生活在　　菜之类;一说指地名或聚落名。邑：《宋本山海经》作
海中。　　　"巴"。

12.31　蓬莱山^①在海中。

【译文】　　【注释】
　　蓬莱山　　①蓬莱山：古代传说位于东海中的一座神山,上面有神
位于大海中。　仙居住。

12.32　大人之市^①在海中。

【译文】　　【注释】
　　大人的集市　　①大人之市：一说指身材特别高大的人的集市;一
在海中。　　　说指海市,系发生在海边的一种幻景。

海内东经第十三

【解读】

  海内东经中的内容可分为两个部分,一为 13.1—13.11,其成书时间与前面的海内南经、海内西经、海内北经相同;一为 13.12—13.37,其非《山海经》正文,一说当系晋代学者郭璞所撰《水经》中的文字。

  在 13.1—13.11 中,主要介绍了中国东部从河北到浙江一带的一些国家、山名、地名和神名,如燕国、会(kuài)稽山、都州、雷神等;也涉及位于西北地区的一些山和国家,如西胡白玉山、昆仑山、大夏国、月支国等,内容较为简略。

  在 13.12—13.37 中,则介绍了一些较为著名的河流如岷江、浙江、淮河、渭河等的发源地、流向及流经的地域,所述水名、山名、地名等的具体位置大多可以确定。

13.1 海内①东北陬(zōu)②以南者。

【译文】	【注释】
海内东北角以南的地方。	①海内:四海之内,即国境之内。 ②陬:隅;角落。

13.2 钜(jù)燕①在东北陬。

【译文】	【注释】
大燕国在东北角。	①钜燕:即大燕。见 **12.23** 注②。

13.3 国在流沙①中者埻(guó)端②、玺㬇(huàn)③,在昆仑墟④东南。一曰海内⑤之郡,不为郡县,在流沙中。

【译文】	【注释】
位于流沙中的国家有埻端和玺㬇,它们在昆仑山的东	①流沙:沙漠。见 **2.44** 注③。 ②埻端:传说中的古国名。 ③玺

南。一说埠端和玺映属于国内的郡，只是因为处在流沙中，所以才不称为郡县。

映：传说中的古国名。　④昆仑墟：即昆仑山，见 2.43 注⑤。
⑤海内：四海之内，即国境之内。

13.4　国在流沙外者，大夏①、竖沙②、居繇（yáo）③、月支④之国。

【译文】
位于流沙以外的国家有大夏、竖沙、居繇和月支。

【注释】
①大夏：古国名，位于中亚。　②竖沙：国名，具体所指未详。一说在今新疆莎车县一带。　③居繇：国名，具体所指未详。一说在今阿富汗境内。　④月支：即月氏（zhī），古族名，有大月氏和小月氏，这里当指大月氏，原居于中国西北地区，秦汉时远迁至中亚阿富汗一带。

13.5　西胡①白玉山②在大夏东，苍梧③在白玉山西南，皆在流沙西，昆仑墟④东南。昆仑山在西胡西，皆在西北。

【译文】
位于西胡境内的白玉山在大夏的东边，苍梧在白玉山的西南边，都在流沙的西边，昆仑山的东南边。昆仑山在西胡的西边，它们都在西北地区。

【注释】
①西胡：我国古代对葱岭内外西域各族的泛称。西胡即位于西边的胡人，相对于东胡而言。　②白玉山：山名，具体所指未详。　③苍梧：所指未详。与 10.8 中的苍梧不同。　④昆仑墟：即昆仑山，见 2.43 注⑤。

13.6　雷泽①中有雷神②，龙身而人头，鼓③其腹。在吴④西。

【译文】
雷泽里面有一位雷神，他长着龙一样的身子，人一样的脑袋，在敲击自己的腹部。雷泽在吴的西边。

【注释】
①雷泽：神话传说中雷神的居处。
②雷神：中国古代神话中的司雷之神，又叫雷公、雷师。　③鼓：敲击。
④吴：地名，具体所指未详。

雷神

13.7　都州①在海中。一曰郁州②。

【译文】　　【注释】

都州
位于海中。
一说是郁
州。

①都州:地名,具体所指未详。一说应作"郁山"。
②郁州:又作"郁洲",古洲名,相传秦末田横曾居此地,故
　又名田横岛,在今江苏连云港市东云台山一带。古时在海
　中,后来才与大陆相连。

13.8　琅琊(lángyá)台①在渤海②间,琅琊③之东,其北有
山。一曰在海间。

【译文】　　　　　【注释】

　　琅邪台在渤海海
岸间,琅邪的东边,
它的北边有山。一说
琅邪台在海中。

①琅琊台:即"琅邪台",山名,在今山东胶南市
海边,因其状如台,故名。　　②渤海:一说这
里应指黄海。　　③琅邪:所指未详。一说系
春秋时越王勾践入霸中国时作为都城的地方。

13.9　韩雁①在海中,都州②南。

【译文】　　　　【注释】

　　韩雁在大海中,
位于都州的南边。

①韩雁:所指未详。可能指鸟名,也可能指国名。
②都州:地名,具体所指未详。

13.10　始鸠①在海中,辕厉②南。

【译文】　　**【注释】**

始鸠在大海中，位于辕厉的南边。

①始鸠：神话中的国名。一说指鸟名。

②辕厉：所指未详。一说应作"韩雁"。

13.11　会（kuài）稽山①在大楚②南。

【译文】　　**【注释】**

会稽山位于大楚国的南边。

①会稽山：山名，在今浙江境内。　②楚：周代诸侯国名，楚文王时建都于郢（yǐng，今湖北荆州纪南城）。一说应作"越"。

13.12　岷①三江：首大江②出汶山③，北江④出曼山⑤，南江⑥出高山⑦。高山在城⑧都西，入海在长州⑨南。

【译文】　　**【注释】**

从岷山流出三条江：首条大江发源于汶山；北江发源于曼山；南江发源于高山。高山位于成都的西边，长江的入海处位于长州的南边。

①岷：山名，在今四川北部，绵延四川、甘肃两省边境。为岷江、嘉陵江支流白龙江发源地。一说指岷江，长江上游支流，在今四川中部，源出岷山南麓。　②大江：这里指岷江的主流。　③汶山：即岷山。　④北江：水名，具体所指未详。一说即青衣江，又叫雅河，在今四川中部，是大渡河的支流。　⑤曼山：山名，具体所指未详。　⑥南江：水名，具体所指未详。一说指大渡河。　⑦高山：山名，具体所指未详。一说指邛崃（qiónglái）山。　⑧城：应作"成"。　⑨长州：一说指今江苏如皋（gāo）市东的沙洲。

13.13　浙江①出三天子都②，在其③东，在闽④西北，入海，余暨⑤南⑥。

【译文】　　**【注释】**

浙江发源于三天子都山，

①浙江：水名，即钱塘江，是今浙江省最大的河流，上游为新安江，源出今安徽休宁县。　②三天子都：

位于蛮人居住地的东边，闽的西北部，在余暨的南边流入大海。

山名，即三天子鄣（zhāng），见10.3注①。
③其：应作"蛮"，蛮是中国古代对长江中游及其以南地区少数民族的泛称。　④闽：见10.2注②。
⑤余暨：汉时县名，今属浙江杭州市萧山区。
⑥南：一说应作"北"。

13.14　庐江①出三天子都，入江，彭泽②西。一曰天子鄣（zhāng）。

【译文】
庐江发源于三天子都山，在彭泽西边流入长江。一说是天子鄣。

【注释】
①庐江：水名，具体所指未详。一说指江西庐源水，源出今江西婺（wù）源县西北庐岭山；一说即青弋江，在今安徽东南部，上源为清溪河。　②彭泽：即彭蠡（lǐ），古泽薮（sǒu）名，今名鄱阳湖。

13.15　淮水①出余山②，余山在朝阳③东，义乡④西，入海，淮浦⑤北。

【译文】
淮河发源于余山，余山位于朝阳的东边，义乡的西边，在淮浦的北边流入大海。

【注释】
①淮水：即淮河，源出今河南桐柏山，东流经河南、安徽等省到江苏入洪泽湖。　②余山：山名，具体所指未详。一说即今河南桐柏山中的大复山。
③朝阳：古县名，在今河南新野县境内。　④义乡：所指未详。　⑤淮浦：汉时县名，在今江苏涟水县。

13.16　湘水①出舜葬②东南陬（zōu）③，西环之，入洞庭④下⑤。一曰东南西泽⑥。

【译文】
湘江发源于舜所葬的苍梧山的东南

【注释】
①湘水：见10.7注③。　②舜葬：即舜所葬之地，舜葬在苍梧山，即九嶷山，在今湖南宁远南。
③陬：隅；角落。　④洞庭：指洞庭湖，在今湖南北

角,并环绕山的西侧流过,流入洞庭湖下。一说是流入东南西泽。

部,有湘江、资水、沅(yuán)江、澧(lǐ)水等注入。湖水在岳阳的城陵矶(jī)注入长江。　⑤下:一说洞庭是一个巨大的地穴,位于水的底下,无所不通,故说"下"。　⑥东南西泽:所指未详。一说疑原文有误;一说可能为洞庭湖的别名。

13.17　汉水①出鲋(fù)鱼之山②,帝颛顼(zhuānxū)③葬于阳,九嫔葬于阴,四蛇卫之。

【译文】
汉水发源于鲋鱼山,帝颛顼葬在这座山的阳面,他的九位嫔妃葬在山的阴面,有四条蛇守卫在那里。

【注释】
①汉水:见2.13注⑨。一说此处应作"濮(pú)水",濮水又称濮渠水,上游分两支,合流于今河南长垣县西。　②鲋鱼之山:即鲋鱼山,山名,在今河南清丰县顿丘故城西北。一名高阳山,又名青冢山。　③颛顼:见8.19注②。

13.18　濛水①出汉阳②西,入江,聂阳③西。

【译文】
濛水发源于汉阳的西边,在聂阳的西边流入长江。

【注释】
①濛水:水名,具体所指未详。一说即今乌江,汉时称延江水。　②汉阳:古县名,西汉时置。治今贵州威宁、水城一带。　③聂阳:地名,具体所指未详。

13.19　温水①出崆峒(kōngtóng)②,崆峒山在临汾③南,入河,华阳④北。

【译文】
温水发源于崆峒山,崆峒山位于临汾的南边,温水在华阳的北边

【注释】
①温水:水名,具体所指未详。一说因其水常温,故名。　②崆峒:山名,在今山西临汾市南。
③临汾:汉时县名,治今山西新绛县东北。
④华阳:地名,具体所指未详。一说可能指华山

流入黄河。 之阳。

13.20 颍水①出少室②,少室山在雍氏③南,入淮西④鄢(yān)⑤北。一曰缑(gōu)氏⑥。

【译文】

颍水发源于少室山,少室山在雍氏的南边,颍水在淮河流域的西边、鄢陵的北边流入淮河。一说雍氏即缑氏。

【注释】

①颍水:即颍河,淮河的最大支流,在今安徽西北部及河南东部,源出河南登封市嵩山西南。 ②少室:即少室山,见5.82注①。 ③雍氏:所指未详。一说应作"缑氏"。 ④淮西:淮河流域西部。 ⑤鄢:古国名、邑名,后改称鄢陵,在今河南鄢陵西北。 ⑥缑氏:古县名,秦置,治今河南偃师市东南。

13.21 汝水①出天息山②,在梁③勉乡④西南,入淮极西北⑤。一曰淮在期思⑥北。

【译文】

汝水发源于天息山,天息山位于梁县勉乡的西南,汝水在极西的北边流入淮河。一说淮河在期思的北边。

【注释】

①汝水:见5.166注③。 ②天息山:山名,具体所指未详。 ③梁:古县名,在今河南汝州市。 ④勉乡:乡邑名,属古梁县。 ⑤淮极西北:所指未详。一说"淮极"是地名;一说"极西"为地名,即"期思"。 ⑥期思:古县名,在今河南淮滨县。

13.22 泾水①出长城北山②,山在郁郅(zhì)③长垣④北,北入渭⑤,戏⑥北。

【译文】

泾水发源于长城北山,此山在郁郅境内的长城的北边,

【注释】

①泾水:见2.24注⑥。 ②长城北山:指长城附近的一座山,具体所指未详。 ③郁郅:古县名,在今甘肃庆阳市。 ④长垣:即长

泾水从北面流入渭河,位置在戏的北边。

城。一说指县名。　⑤渭:见 2.2 注③。
⑥戏:地名,具体所指未详。一说在今陕西西安市临潼区东。

13.23　渭水出鸟鼠同穴山①,东注河,入华阴②北。

【译文】

渭水发源于鸟鼠同穴山,在华阴的北边向东流入黄河。

【注释】

①鸟鼠同穴山:见 2.79 注①。
②华阴:古县名,在今陕西华阴市。

13.24　白水①出蜀②,而东南注江,入江州③城下。

【译文】

白水发源于蜀山,向东南流到江州城下后入长江。

【注释】

①白水:即今白水江,源出四川松潘东北,向东南流经甘肃文县,至四川广元市西南入今嘉陵江。　②蜀:蜀山,在今四川西北。　③江州:古县名,战国时治今重庆市区嘉陵江北岸,三国蜀汉时移治嘉陵江南岸,即今重庆市区。

13.25　沅(yuán)水山①出象郡②镡(xín)城③西,入东注江④,入下隽⑤西,合洞庭⑥中。

【译文】

沅水发源于象郡镡城的西边,向东流入江中,在下隽的西边流入洞庭湖。

【注释】

①沅水山:"山"字系衍文。沅水即沅江,见 5.200 注⑩。
②象郡:郡名,秦时置,治临尘(今广西崇左市境内)。
③镡城:古县名,治今湖南靖州西部。　④入东注江:"入"字一说系衍文,一说应作"又"。此句似应移至文末,因沅水系流入洞庭湖后再入长江。　⑤下隽:古县名,西汉置,因隽水而得名,治今湖北通城县西北。
⑥洞庭:见 13.16 注④。

13.26　赣水①出聂都②东山,东北注江,入彭泽③西。

【译文】　　【注释】

　　赣水发源于聂都东边的山,向东北从彭泽的西边流入长江。

①赣水:即赣江,今江西最大的河流,东源贡水出武夷山,西源章水出大庾(yǔ)岭,在赣州汇合后称赣江。　　②聂都:所指未详。一说应作"雩(yú)都",雩都是古县名,在今江西于都县。　　③彭泽:见13.14注②。

13.27　泗(sì)水①出吴②东北而南,西南过湖陵③西而东南,注东海④,入淮阴⑤北。

【译文】　　【注释】

　　泗水发源于吴地的东北部,向南、再向西南流过湖陵西边,再向东南流经淮阴的北边入东海。

①泗水:水名,在今山东西南部,源出山东泗水县东蒙山南麓,因四源并发,故名。　　②吴:地名。泛指我国东南(今江苏南部和浙江北部)一带。有的本子作"鲁"。　　③湖陵:古县名,在今山东鱼台县东南。　　④东海:见1.9"解读"。　　⑤淮阴:郡名,辖境约相当于今江苏淮阴市及洪泽区、盱眙(xūyí)县、淮阴区。

13.28　郁水①出象郡②,而西南注南海,入须陵③东南。

【译文】　　【注释】

　　郁水发源于象郡,向西南流经须陵东南后入南海。

①郁水:水名,具体所指未详。一说汉代的郁水指今广东的西江。　　②象郡:见13.25注②。　　③须陵:所指未详。一说应作"猛陵",猛陵是古县名,属苍梧郡。

13.29　肄(yì)水①出临晋②西南,而东南注海,入番(pān)禺③西。

【译文】　　【注释】

　　肄水发源于临　　①肄水:即溱(zhēn)水,源出今湖南临武县西

319

武西南,向东南流经 南,北流与武溪水合。　②晋:应作"武"。
番禺西边后入海。　③番禺:古县名,在今广东广州市番禺区。

13.30　潢(huáng)水①出桂阳②西北山,东南注肄水,入敦浦③西。

【译文】　　　　　【注释】
　潢水发源于 ①潢水:古水名,也叫洭(kuāng)水,即今广东西
桂阳西北的山中, 北的湟江、连江。　②桂阳:古县名,汉置,治今
向东南流经敦浦 广东连州市。　③敦浦:所指未详。有的本子
西边入肄水。 作"郭浦"。

13.31　洛水①出洛②西山,东北注河,入成皋(gāo)③之西。

【译文】　　　　　【注释】
　洛河发源于 ①洛水:即洛河,见2.8注⑭。　②洛:指洛阳,
洛阳西部的山, 在今河南洛阳市。　③成皋:古县名,汉置,治今
向东北流经成皋 河南荥(xíng)阳市汜(sì)水镇西。一说在今河南
的西边入黄河。 巩义县东北。

13.32　汾水①出上窳(yǔ)②北,而西南注河,入皮氏③南。

【译文】　　　　　【注释】
　汾水发源于上窳的 ①汾水:见3.27注①。　②上窳:地名,
北面,向西南流经皮氏 具体所指未详。一说在今山西静乐县北。
的南边入黄河。 ③皮氏:古县名,在今山西河津市。

13.33　沁水①出井陉(xíng)山②东,东南注河,入怀③东南。

【译文】　　　　　【注释】
　沁水发源于井陉 ①沁水:见3.62注②。　②井陉山:山名,
山的东面,向东南流经 具体所指未详。　③怀:古县名,在今河
怀县的东南入黄河。 南焦作市境内。

13.34 济(jǐ)水①出共山②南东丘,绝③钜(jù)鹿泽④,注渤海,入齐⑤琅(láng)槐⑥东北。

【译文】

济水发源于共山南面的东丘,穿过钜鹿泽,流经齐地琅槐的东北后入渤海。

【注释】

①济水:古水名,具体所指未详。　②共山:山名,具体所指未详。　③绝:穿过;经过。　④钜鹿泽:又叫巨野泽,即大野泽,在今山东巨野县北。　⑤齐:地区名,今山东泰山以北黄河流域及胶东半岛地区,为战国时齐地,汉以后沿称齐。　⑥琅槐:古县名,在今山东利津县东南。

13.35 潦水①出卫皋(gāo)②东,东南注渤海,入潦阳③。

【译文】

潦水发源于卫皋的东面,向东南流经潦阳入渤海。

【注释】

①潦水:即辽河,中国东北地区南部大河,流贯辽宁省中部,经盘锦市入渤海。　②卫皋:所指未详。　③潦阳:即辽阳,古县名,在今辽宁辽中区。

13.36 虖池(hūtuó)水①出晋阳②城南,而西至阳曲③北,而东注渤海,入越④章武⑤北。

【译文】

滹沱河发源于晋阳城的南边,西流至阳曲县的北边,再向东流经章武的北边入渤海。

【注释】

①虖池水:即滹沱(hūtuó)河。见3.60注③。　②晋阳:古县名,在今山西太原市。　③阳曲:古县名,在今山西太原市北部,包括定襄县、阳曲县等。　④越:一说疑为衍文;一说应作"赵"。　⑤章武:古县名,汉置,治今河北黄骅(huá)市西北。

13.37 漳水①出山阳②东,东注渤海,入章武南。

【译文】　　　　　　　【注释】

　　漳河发源于山　　①漳水:见 3.65 注⑧。　②山阳:所指未
阳的东面,向东流经　　详。一说疑为"阳邑"之讹,阳邑是古县名,在今
章武的南边入渤海。　　山西榆次区南边。

　　13.38　建平元年四月丙戌,待诏太常属臣望校治,侍中光
禄勋臣龚、侍中奉车都尉光禄大夫臣秀领主省。①

【注释】

①此节注释及译文同 9.17。

大荒东经第十四

【解读】

　　大荒东经所记述的内容十分庞杂，但细加分析，我们还是可以得出以下一些线索或认识：1. 大荒东经中有不少内容与海外东经相同，如大荒东经中的大人国、君子国、青丘国、黑齿国、奢比尸、汤（yáng）谷和扶桑树，这些在海外东经中都提到过，由此可见，大荒东经所记述的地域应与海外东经相同，大致位于中国的东部；2. 大荒东经中的女丑尸又见于海外西经，大蟹又见于海内北经，因此，它们置于此处很可能系错简所致；3. 大荒东经在提到大言山、明星山、合虚山、鞠陵于天山等时，特别强调它们是日月所出之山，反映了古人对日月活动规律的重视；4. 大荒东经中关于有易国君杀王亥以及黄帝以夔（kuí）皮为鼓的记载，从一个侧面反映了上古时期的历史，值得我们重视。

14.1　东海①之外大壑，少昊②之国。少昊孺③帝颛顼（zhuān xū）④于此，弃其琴瑟。有甘山⑤者，甘水⑥出焉，生甘渊。

【译文】

　　东海之外有一个大壑，少昊在这里建国。少昊在这里养育颛顼，并把琴瑟丢在这里。有一座甘山，是甘水发源的地方；甘水流出后，形成了一个渊，名叫甘渊。

【注释】

①东海：见 1.9"解读"。　②少昊：见 2.52 注③。　③孺：这里有养育的意思。　④颛顼：见 8.19 注②。　⑤甘山：山名，具体所指未详。　⑥甘水：水名，具体所指未详。

14.2　大荒①东南隅有山，名皮母地丘②。

【译文】

　　大荒的东南角有一座山，名叫皮母地丘。

【注释】

①大荒：荒远的地方；边远地区。
②皮母地丘：山名，具体所指未详。

【解读】

《山海经》中以"大荒"冠名的有大荒东经、大荒南经、大荒西经、大荒北经四篇,亦可统称为大荒经。大荒经所记述的内容与海外经重合之处较多,应是与海外经依据相同或相似的古图而创作的。但与海外经相比,大荒经有两个特点:一是显得较为杂乱,这应是缺乏系统整理所致;二是内容显得比海外经要丰富些,而且蕴含了不少中华文明起源的信息。

14.3　东海①之外,大荒之中,有山名曰大言②,日月所出。

【译文】

东海之外,大荒之中,有一座山,名叫大言,是日月升起的地方。

【注释】

①东海:见1.9"解读"。

②大言:山名,具体所指未详。

14.4　有波谷山①者,有大人之国②。有大人之市③,名曰大人之堂④。有一大人踆(dūn)⑤其上,张其两耳⑥。

【译文】

有一座波谷山,是大人国所在的地方。国中有一个大人做买卖的集市,名叫大人堂。有一个大人张着两只手臂蹲在大人堂的上面。

【注释】

①波谷山:山名,具体所指未详。　②大人之国:即大人国,传说中的巨人之国。③大人之市:见12.32注①。　④大人之堂:一说指山名,山的形状如堂屋;一说指大人之市中用来交易的堂屋。　⑤踆:同"蹲"。　⑥耳:一说应作"臂"。

14.5　有小人国①,名靖人②。

【译文】

有一个小人国,国中的人被称为靖人。

【注释】

①小人国:传说中的国名,因其国中之人身材十分矮小,故名。　②靖人:古代传说中的短小人。

14.6　有神,人面兽身,名曰犁𩇯(líng)之尸①。

【译文】

有一位神,长着人一样的脸,兽一样的身子,名字叫犁䭈尸。

犁䭈之尸

14.7 有滽(jué)山①,杨水②出焉。有芛(wěi)国③,黍食,使四鸟④:虎、豹、熊、罴(pí)⑤。

【译文】

有一座滽山,杨水发源于这里。有一个芛国,国中之人以黍为食物,会驱使四种野兽:虎、豹、熊和罴。

【注释】

①滽山:山名,具体所指未详。 ②杨水:水名,具体所指未详。与5.72中的杨水不同。 ③芛国:国名,具体所指未详。 ④鸟:这里指兽。 ⑤罴:见2.14注⑧。

14.8 大荒①之中,有山名曰合虚②,日月所出。

【译文】

大荒中有一座山,名叫合虚,是日月升起的地方。

【注释】

①大荒:荒远的地方;边远地区。 ②合虚:古代神话称日月所出之山。

14.9 有中容之国①。帝俊②生③中容,中容人食兽、木实,使四鸟④:豹、虎、熊、罴(pí)⑤。

【译文】

有一个中容国。帝俊生了中容，中容国的人以兽肉和树木的果实为食，会驱使四种野兽：豹、虎、熊和罴。

【注释】

①中容之国：即中容国，传说中的古国名。②帝俊：一说即帝舜(见10.7注②)；一说指帝喾(kù，见6.23注③)；一说指帝颛顼(zhuān xū，见8.19注②)。③生：生育。一说这里并不指亲生，而是表明是其后裔。④鸟：这里指兽。⑤罴：见2.14注⑧。

14.10　有东口之山①。有君子之国②，其人衣冠③带剑。

【译文】

有一座东口山。有一个君子国，这个国家的人穿衣戴帽，身上佩剑。

【注释】

①东口之山：即东口山，山名，具体所指未详。②君子之国：即君子国。③衣冠：指穿衣戴冠。

14.11　有司幽之国①。帝俊②生晏龙③，晏龙生司幽。司幽生思士，不妻；思女，不夫。食黍，食兽，是使四鸟④。

【译文】

有一个司幽国。帝俊生了晏龙，晏龙生了司幽。司幽生了思士，思士不娶妻子；司幽生了思女，思女不嫁丈夫。司幽国的人吃黍和兽肉，会驱使四种野兽。

【注释】

①司幽之国：即司幽国，国名，具体所指未详。②帝俊：见14.9注②。③晏龙：人名，亦见于18.35，称他发明了琴瑟。本节中的司幽、思士、思女皆为人名，事迹未详。④鸟：这里指兽。

14.12　有大阿之山①者。大荒②中有山名曰明星③，日月所出。

【译文】

有一座大阿山。大荒中有一座山，名叫明星，是日月升起的地方。

【注释】

①大阿之山：即大阿山，山名，具体所指未详。②大荒：荒远的地方；边远地区。③明星：山名，具体所指未详。

14.13　有白民之国①。帝俊②生帝鸿③，帝鸿生白民。白民销姓，黍食，使四鸟④：虎、豹、熊、罴（pí）⑤。

【译文】

　　有一个白民国。帝俊生了帝鸿，帝鸿生了白民。白民国的人姓销，以黍为食物，会驱使四种野兽：虎、豹、熊和罴。

【注释】

①白民之国：即白民国，国名，具体所指未详。7.20中亦有白民之国。　②帝俊：见14.9注②。　③帝鸿：黄帝的号。④鸟：这里指兽。　⑤罴：见2.14注⑧。

14.14　有青丘之国①，有狐，九尾。

九尾狐

【译文】

　　有一个青丘国，国中有一种狐，长着九条尾巴。

【注释】

①青丘之国：即青丘国，传说中的国名。

14.15　有柔仆民①，是维嬴土②之国。

【译文】

　　有柔仆民，这是一个土地肥沃的国家。

【注释】

①柔仆民：所指未详。　②嬴土：肥沃的土地。

14.16　有黑齿之国①。帝俊②生黑齿，姜姓，黍食，使四鸟③。

【译文】

有一个黑齿国。帝俊生了黑齿，黑齿国的人姓姜，以黍为食物，会驱使四种野兽。

【注释】

①黑齿之国：即黑齿国，见 9.10 注①。　②帝俊：见 14.9 注②。③鸟：这里指兽。

14.17　有夏州之国①。有盖余之国②。有神人，八首人面，虎身十尾，名曰天吴③。

【译文】

有一个夏州国。有一个盖余国。有一位神人，长着八个脑袋，每个脑袋上都有人一样的脸，长着虎一样的身子，有十条尾巴，名字叫天吴。

【注释】

①夏州之国：即夏州国，国名，具体所指未详。　②盖余之国：即盖余国，国名，具体所指未详。一说即盖国，见 12.23 注①。③天吴：传说中的神名。

14.18　大荒①之中，有山名曰鞠陵于天、东极、离瞀（mào）②，日月所出。名③曰折丹④——东方曰折，来风曰俊⑤——处东极以出入风⑥。

【译文】

大荒中有三座山，分别是鞠陵于天、东极和离瞀，那里是日月升起的地方。有一位名叫折丹的神——东方称为折，和美的风称为俊——在大地的最东端掌管风的出入。

【注释】

①大荒：荒远的地方；边远地区。　②鞠陵于天、东极、离瞀：均为山名，具体所指未详。一说“东极离瞀”不指山，而是对“鞠陵于天”的解释。　③名：一说该字前当有“有神”两字。　④折丹：传说中的神名。⑤俊：一种和美的风。一说即俊风，指春季从东方刮来的风。　⑥出入风：指掌管风的出入。

14.19　东海①之渚（zhǔ）②中有神，人面鸟身，珥（ěr）③两黄蛇，践④两黄蛇，名曰禺虢（hào）⑤。黄帝⑥生禺虢（xū）⑦，禺虢生禺京⑧。禺京处北海⑨，禺虢处东海，是惟海神。

【译文】

东海的小岛上有一位神,长着人一样的脸,鸟一样的身子,耳朵上挂着两条黄蛇,脚下踩着两条黄蛇,名字叫禺䝞。黄帝生了禺䝞,禺䝞生了禺京。禺京住在北海,禺䝞住在东海,他们都是海神。

【注释】

①东海:见 1.9"解读"。 ②渚:水中间的小块陆地。 ③珥:耳饰,这里作动词。 ④践:踩;踏。 ⑤禺䝞:传说中的海神名。 ⑥黄帝:见 2.42 注⑨。 ⑦䝞:同"魖(xū)"。有的本子作"貌"。 ⑧禺京:即"禺强",见 8.22 注①。 ⑨北海:古代泛指北方最僻远之地。

14.20 有招摇山①,融水②出焉。有国曰玄股③,黍食,使四鸟④。

【译文】

有一座招摇山,融水发源于这里。有一个名叫玄股的国家,国中之人以黍为食物,会驱使四种野兽。

【注释】

①招摇山:山名,一说即 1.1 中所说的招摇山。 ②融水:水名,具体所指未详。一说即融江,是位于今广东的西江的支流。 ③玄股:国名,见 9.13 注①。 ④鸟:这里指兽。

14.21 有困民①国,勾姓而②食。有人曰王亥③,两手操鸟,方食其头。王亥托④于有易⑤、河伯⑥仆牛⑦,有易杀王亥,取仆牛。河念⑧有易,有易潜出,为国于兽,方食之,名曰摇民。帝舜⑨生戏⑩,戏生摇民。

【译文】

有一个困民国,国中之人姓勾,以黍为食物。有一个名叫王亥的人,两只手抓着鸟,正在吃鸟的头。王亥把驯养之牛寄养在有易国和河伯那里,有易国的人杀了王亥,夺走了牛。后来,殷

【注释】

①困民:国名,应作"因民","因民"即下文的"摇民",亦为 18.19 中的"嬴民"。 ②而:一说应作"黍"。 ③王亥:商汤的七世祖,相传他去黄河北岸放牧,被有易首领绵臣杀死,牛羊被夺走。 ④托:寄托。 ⑤有易:古部落名,在黄河之北或易水附近。 ⑥河伯:

▲王亥把牛羊托于有易图,选自绘于清代的《钦定补绘萧云从〈离骚〉全图》。

主为王亥报仇,杀了有易国的国君,河伯顾念与有易国的交情,帮助有易国的人偷偷跑了出来,有易国的人在野兽成群出没的地方重新建立了一个国家,他们正在吃兽肉,这个国家名叫摇民。帝舜生了戏,戏生了摇民。

人名,具体所指未详。 ⑦仆牛:即服牛,驯养之牛。一说指大的牛群(仆:大)。 ⑧念:顾念;怜念。这里指殷主上甲微兴师与河伯一起为王亥报仇,杀了有易的国君,河伯顾念与有易的交情。"念"前当有"伯"字。 ⑨帝舜:即舜,见10.7注②。 ⑩戏:一说即有易。

【解读】

在《周易·旅第五十六》中有"丧牛于易"一句,对于其中的"易"字,历来多解释为轻易或容易。如果结合《山海经》该节的记述,就可以发现,"丧牛于易"很有可能指的是商汤的七世祖王亥去黄河北岸放牛,被有易国的国君杀死,牛群被有易人夺走之事。

14.22 海内①有两人,名曰女丑②。女丑有大蟹。

【译文】

海内有两个人,名字叫女丑。女丑所处之地有大蟹。

【注释】

①海内:所指未详。一说指大海中。 ②名曰女丑:此处文字似有脱漏,因据7.12,女丑仅为一人。

14.23 大荒①之中,有山名曰孽摇頵羝(yūndī)②,上有扶木③,柱④三百里,其叶如芥⑤。有谷曰温源谷⑥。汤(yáng)谷⑦上有扶木,一日方至,一日方出,皆载于乌⑧。

【译文】

大荒中有一座山,名叫孽摇頵羝,上面长着扶木,直立高耸达三百里,树叶像芥菜的叶子。那里有一个山谷,名叫温源谷。汤谷上长着扶木,一个太阳

【注释】

①大荒:荒远的地方;边远地区。 ②孽摇頵羝:山名,具体所指未详。 ③扶木:即扶桑,神话中的树名。 ④柱:直立高耸。 ⑤芥:芥菜,一年或二年生草本植物,开黄色花,茎叶及块根可食用。 ⑥温源谷:即汤谷。

刚接近扶木,另一个太阳就离
开扶木上升,它们都载在三足
乌的身上。

⑦汤谷:古代传说中的日出之处。
⑧乌:乌鸦,古代传说太阳中有三足
乌。

【解读】

　　本条记载当与9.11中的记载联系起来进行理解。在本条记载中,
称汤谷上长着一棵扶木,一个太阳刚到达扶木,另一个太阳就离开扶
木上升,这两个太阳都是载在乌鸦(即三足乌)的背上。而在9.11的
记载中,则告诉我们,此扶木亦叫扶桑,它长在汤谷的水中,扶桑树十
分巨大,在它下面的树枝上住着九个太阳,上面的树枝上住着一个太
阳。由此我们可以拼接出古人对于太阳在天空中运行情况的认识:宇
宙中共有十个太阳,它们轮流值班;这十个太阳平时居住在汤谷中的
扶桑树上,其中九个住在扶桑树下面的树枝上,即将升空的那个则位
于扶桑树的顶端,这些太阳都是由三足乌负载运行的。关于三足乌的
说法,当与古人对太阳黑子的认识有关,因太阳中经常可见有黑色的
影子即太阳黑子,故古人认为此黑影即三足乌,从而有了三足乌负日
而行的说法。如东汉的张衡就曾说过:"日者阳精之宗,积而成乌,像
乌而有三趾。"另外,在长沙马王堆出土的汉代帛画中,也有对日中有
乌的形象描绘。当然,这些说法,在现代科学看来,纯属不切实际的臆
想,然而,此种观念在古代却有很大的影响。1986年,在四川广汉市
的三星堆遗址发掘出了数株巨大的青铜树,最大的一株高达五米,青
铜树干上有三层树枝,每层又分为三个枝杈,每根枝杈的花和果上都
立有一只鸟,共九只。此青铜树刚出土时,人们对它的寓意和作用都
是一头雾水,后经与《山海经》中的上述记载相比较,人们才恍然大
悟:原来此青铜树即《山海经》中所说的扶木或扶桑,九根树枝上的九
只鸟即九只乌鸦,它们分别代表一个太阳。据考证,三星堆遗址距今
已有三四千年,这就说明,早在新石器时代至商周的时期,中国古人
就已经有了我们所见的太阳当系十个太阳轮流值日,且太阳系由乌鸦
负载的传说,这亦从一个侧面证明了《山海经》中的记载并非由编纂
者任意编造,而是记述了当时人们较为通行的认识。

　　值得注意的是,由十个太阳轮流值日的传说,又衍生出了"后羿
射日"的传说。在《淮南子·本经训》中有这样的记载:"逮至尧之时,
十日并出,焦禾稼,杀草木,而民无所食;猰貐、凿齿、九婴、大风、封

猰、修蛇，皆为民害。尧乃使羿诛凿齿于畴华之野，杀九婴于凶水之上，缴大风于青丘之泽，上射十日而下杀猰貐，断修蛇于洞庭，禽封猰于桑林，万民皆喜，置尧以为天子。"意即帝尧之时，本来应当轮流值班的太阳同时出现在了天空中，造成大地上一片焦枯，老百姓无粮可吃，于是帝尧命后羿"上射十日"。但这样的说法有些过于笼统，因为"上射十日"的结果如何，没有明确的交代。于是，关于"后羿射日"，又有另外一种说法：传说在帝尧之时，天上突然出现了十个太阳。这十个太阳是天帝帝俊与他的妻子羲和的孩子，他们本来应该按次序轮流上天值日，白天搭乘母亲羲和驾驶的六龙车出来，晚上到东海外的汤谷里洗澡，然后回到扶桑树上睡觉。可是有一天，这十个太阳耐不住寂寞，打破了轮流值日的规矩，一起跑到了天上。结果大地在十个太阳的炙烤之下变成了焦土，地球上各种各样的动植物甚至人类都濒于死亡。于是帝俊派神射手后羿下凡，用箭射掉了九个太阳，只留下一个太阳。从此以后，这个太阳每天都必须出来上班。

青铜树

14.24 有神，人面，大①耳，兽身，珥（ěr）②两青蛇，名曰奢比尸③。

【译文】

有一位神，长着人一样的脸，大

【注释】

①大：有的本子作"犬"。

大的耳朵,兽一样的身子,耳朵上挂着两条青蛇,名字叫奢比尸。

②珥:耳饰,这里作动词。

③奢比尸:见9.4注①。

14.25 有五彩之鸟,相乡①弃沙②。惟帝俊③下友④。帝下两坛,彩鸟是司⑤。

【译文】

有五彩斑斓的鸟,相对起舞。它们是帝俊在下界的朋友。帝俊在下界的两座坛,就是由这种鸟掌管的。

【注释】

①相乡:相对。乡:面向,朝着。　②弃沙:所指未详。一说指婆娑(suō),盘旋舞动的样子。　③帝俊:见14.9注②。④下友:一说指下界的朋友;一说指从天上下来交朋友。　⑤司:管理;掌管。

14.26 大荒①之中,有山名曰猗天苏门②,日月所生。有埙(xūn)民之国③。

【译文】

大荒中有一座山,名叫猗天苏门,是日月升起的地方。那里有一个埙民国。

【注释】

①大荒:荒远的地方;边远地区。

②猗天苏门:山名,具体所指未详。

③埙民之国:即埙民国,国名,具体所指未详。

14.27 有綦(qí)山①,又有摇山②。有豷(zèng)山③,又有门户山④,又有盛山⑤,又有待山⑥。有五彩之鸟。

【译文】

有綦山,又有摇山。有甄山,又有门户山、盛山和待山。那里有五彩斑斓的鸟。

【注释】

①綦山:山名,具体所指未详。　②摇山:山名,具体所指未详。　③豷山:山名,具体所指未详。豷:同"甄(zèng)"。　④门户山:山名,具体所指未详。　⑤盛山:山名,具体所指未详。　⑥待山:山名,具体所指未详。

14.28 东荒①之中，有山名曰壑明俊疾②，日月所出。有中容之国③。

【译文】

东方极远的地方有一座山，名叫壑明俊疾，是日月升起的地方。那里有一个国家，名叫中容国。

【注释】

①东荒：东方极远之处。

②壑明俊疾：山名，具体所指未详。　③中容之国：即中容国，传说中的古国名。

14.29 东北海外，又有三青马、三骓（zhuī）①、甘华②，爰（yuán）③有遗玉④、三青鸟⑤、三骓、视肉⑥、甘华、甘柤（zhā）⑦，百谷所在。

【译文】

东北海外，又有三青马、三骓马和甘华，一说那里有遗玉、三青鸟、三骓马、视肉、甘华和甘柤，是百谷生长的地方。

【注释】

①三骓：马名。骓：毛色苍白相间的马。

②甘华：植物名，具体所指未详。　③爰：这里；那里。　④遗玉：见8.20注③。

⑤三青鸟：见12.3注⑤。　⑥视肉：见6.23注⑧。　⑦甘柤：植物名，具体所指未详。

14.30 有女和月母之国①。有人名曰鹓（wǎn）②——北方曰鹓，来之风曰狨（yǎn）③——是处东极④隅以止日月，使无相间出没，司⑤其短长。

【译文】

有一个女和月母国。有一个人，名叫鹓——北方称为鹓，从那里吹来的风称为狨——住在东北角控制

【注释】

①女和月母之国：即女和月母国，国名，具体所指未详。　②鹓：传说中的人名。

③北方曰鹓，来之风曰狨：此句颇费解。一说当断句为：北方曰鹓来之风，曰狨；一说应仿14.18的句式："东方曰折，来风曰俊"。这里

日月的运行,使它们不间断地出没,并调节它们出没时间的长短。

姑从第二种解法。狁:一说指古神话中的人名。　④极:一说应作"北"。
⑤司:管理;掌管。

14.31　大荒①东北隅中,有山名曰凶犁土丘②。应龙③处南极,杀蚩(chī)尤④与夸父⑤,不得复上⑥,故下⑦数旱。旱而为应龙之状,乃得大雨。

应龙

【译文】

　　大荒的东北角有座山,名字叫凶犁土丘。应龙住在这座山的最南端,他杀了蚩尤和夸父,不能再回到天界,因此下界多次发生旱灾。每当发生旱灾时,人们模仿应龙的形状,天上就会下大雨。

【注释】

①大荒:荒远的地方;边远地区。　②凶犁土丘:山名,具体所指未详。　③应龙:古代传说中善兴云作雨的神。　④蚩尤:传说中制造兵器的人,相传有兄弟八十一人,以铜做兵器。又传为主兵之神。一说为东方九黎族首领,后与黄帝战于涿鹿(今河北涿鹿东南),兵败被杀。　⑤夸父:据传夸父与蚩尤同为炎帝之裔,在黄炎斗争中,蚩尤起兵为炎帝报仇,夸父也加入此列,最后兵败被杀。夸父另见8.10。　⑥上:指上天。　⑦下:指下界。

14.32　东海①中有流波山②,入海七千里。其上有兽,状如牛,苍身而无角,一足,出入水则必风雨,其光如日月,其声如雷,其名曰夔(kuí)③。黄帝④得之,以其皮为鼓,橛(jué)⑤以雷兽⑥之骨,声闻五百里,以威天下。

夔

【译文】

东海中有一座流波山,距离海岸有七千里。山上有一种兽,形状像牛,灰白色的身子,没有角,只有一条腿,它从水中出入时必会伴以风雨,它发出的光芒像日月一样明亮,叫声像打雷一样巨大,它的名字叫夔。黄帝得到它后,用它的皮来蒙鼓,并用雷神身上的骨头来敲这面鼓,发出的声音可传到五百里之外,黄帝用它来震慑天下。

【注释】

①东海:见 1.9"解读"。
②流波山:山名,具体所指未详。一说指散布在渤海中的冀东山岭。　③夔:古代传说中一种奇异的动物,形状如龙(一说如牛),只有一条腿。
④黄帝:见 2.42 注⑨。
⑤橛:敲;击打。　⑥雷兽:即雷神,见 13.6 注②。

大荒南经第十五

　　大荒南经所记述的内容较为杂乱，其中不少内容与海外南经相同，如都有关于羽民国、不死国、载（zhí）民国、羿（yì）杀凿齿、焦侥国、䳒（huān）头国、岳山等的记述，由此我们可以推断，大荒南经所记述的地域当与海外南经相似，大致应在中国的南方。总起来看，大荒南经与海外南经所记述的内容虽有重合之处，但相异之处亦不少，如大荒南经中记述的左右有首的跊（chù）踢、三青兽相并在一起的双双、方齿虎尾的祖状尸等，均为海外南经中所无。至于其中关于羲和浴日的记述，则充分反映了古人想象力之宏富。

　　15.1　南海之外，赤水①之西，流沙②之东，有兽，左右有首，名曰跊（chù）踢③。有三青兽相并④，名曰双双⑤。

跊踢

双双

【译文】

　　在南海以外的地方，赤水的西边，流沙的东边，有一种兽，身体的左右两侧各长着一个脑袋，名字叫跊踢。还有一种三只青兽合并在一起的动物，名字

【注释】

①赤水：水名，具体所指未详。一说指今金沙江。2.17、6.11中均有赤水。　②流沙：沙漠。见2.44注③。　③跊踢：传说中的一种兽。④并：合并。　⑤双双：传说中

叫双双。 　　　　　　　的一种兽。

【解读】

　　南海指水名,亦指地名,所指因时而异。先秦时有时指东海,有时泛指南方各族的居住地,有时指南部的某一海域。西汉后始用于指今南海,是我国三大边缘海之一。

　　15.2　有阿山①者。南海之中,有泛天之山②,赤水穷焉。赤水之东有苍梧③之野,舜④与叔均⑤之所葬也。爰(yuán)⑥有文贝、离俞⑦、鸱(chī)久⑧、鹰、贾(jiǎ)⑨、委维⑩、熊、罴(pí)⑪、象、虎、豹、狼、视肉⑫。

【译文】

　　有一座阿山。南海之中,有一座泛天山,位于赤水的尽头处。赤水的东边有一个苍梧野,舜和叔均就葬在这里。这个地方有带花纹的贝、离朱、鸱久、鹰、贾、委维、熊、罴、象、虎、豹、狼和视肉。

【注释】

①阿山:山名,具体所指未详。　②泛天之山:即泛天山,山名,具体所指未详。　③苍梧:见10.8注①。　④舜:见10.7注②。　⑤叔均:一说即商均,是舜的儿子。　⑥爰:这里;那里。　⑦离俞:即"离朱",传说中的一种神禽。　⑧鸱久:见6.23注⑫。鸱:《宋本山海经》作"鴟",应改。　⑨贾:鹰的一种。一说指乌鸦。　⑩委维:即"委蛇",也叫"延维",传说中的一种怪蛇。　⑪罴:见2.14注⑧。　⑫视肉:见6.23注⑧。

　　15.3　有荣山①,荣水②出焉。黑水③之南,有玄④蛇,食麈(zhǔ)⑤。

【译文】

　　有一座荣山,荣水发源于这里。黑水的南边有一种黑色的蛇,以麈为食。

【注释】

①荣山:山名,具体所指未详。荣:有的本子作"荧"。　②荣水:水名,具体所指未详。荣:有的本子作"荧"。　③黑水:水名,具体所指未详。　④玄:黑色。　⑤麈:见5.99注⑧。

15.4 有巫山①者,西有黄鸟。帝药②,八斋③。黄鸟于巫山,司④此玄蛇。

【译文】

有一座巫山,山的西边有黄鸟。天帝的药贮放在八处屋舍中。黄鸟专门在巫山上伺察这种黑蛇。

【注释】

①巫山:山名,具体所指未详。不是今重庆、湖北边境的巫山。　②帝药:指天帝的药,当指不死之药之类。　③斋:屋舍。　④司:通"伺",指伺察、探察。

15.5 大荒①之中有不庭之山②,荣水③穷焉。有人三身,帝俊④妻娥皇⑤,生此三身之国⑥,姚姓,黍食,使四鸟⑦。有渊四方,四隅⑧皆达⑨,北属(zhǔ)⑩黑水⑪,南属大荒,北旁⑫名曰少和之渊,南旁名曰从⑬渊,舜之所浴也。

【译文】

大荒之中有一座不庭山,这里是荣水的尽头处。有一种人,长着三个身子,帝俊的妻子娥皇,生下了三身人,从而有了三身国,这个国家的人姓姚,以黍为食物,会驱使四种野兽。那里有一个深潭,呈四方形,四边都与外面相通,北边与黑水相连,南边与大荒相连,北边是少和渊,南边是从渊,这里是舜沐浴的地方。

【注释】

①大荒:荒远的地方;边远地区。
②不庭之山:即不庭山,山名,具体所指未详。　③荣水:水名,具体所指未详。　④帝俊:这里指帝舜,见10.7注②。　⑤娥皇:帝舜的妻子,是尧的女儿。　⑥三身之国:即三身国,见7.5注①。　⑦鸟:这里指兽。　⑧隅:边沿地方。
⑨达:通。　⑩属:连接。
⑪黑水:水名,具体所指未详。
⑫旁:边;侧。　⑬从:《宋本山海经》作"潀",应改。

15.6 又有成山①,甘水②穷焉。有季禺之国③,颛顼(zhuān xū)④之子,食黍。有羽民之国⑤,其民皆生毛羽。有卵民之国⑥,其民皆生卵。

【译文】

　　又有一座山,名叫成山,是甘水的尽头处。有一个季禺国,国中之人都是颛顼的子孙,他们以黍为食物。有一个羽民国,国中之人的身上都长满了羽毛。还有一个卵民国,国中之人都会生卵。

【注释】

①成山:山名,具体所指未详。与1.18中的成山不同。　②甘水:水名,具体所指未详。《山海经》中有多处提到甘水。　③季禺之国:即季禺国,传说中的国名。　④颛顼:见8.19注②。　⑤羽民之国:即羽民国,见6.6注①。　⑥卵民之国:即卵民国,传说中的国名。

15.7　大荒①之中,有不姜之山②,黑水③穷焉。又有贾山④,汔(qì)水⑤出焉。又有言山⑥,又有登备之山⑦,有恝(qì)恝之山⑧。又有蒲山⑨,澧(lǐ)水⑩出焉。又有隗(wěi)山⑪,其西有丹⑫,其东有玉。又南有山,漂水⑬出焉。有尾山⑭,有翠山⑮。

【译文】

　　大荒之中有一座山,名叫不姜山,这里是黑水的尽头处。还有一座贾山,是汔水的发源处。又有言山、登备山和恝恝山。另有蒲山,是澧水的发源处。还有一座山,名叫隗山,它的西边有丹砂,东边有玉。在南边还有一座山,是漂水的发源处。另外还有尾山和翠山。

【注释】

①大荒:荒远的地方;边远地区。　②不姜之山:即不姜山,山名,具体所指未详。　③黑水:水名,具体所指未详。　④贾山:山名,具体所指未详。　⑤汔水:水名,具体所指未详。　⑥言山:山名,具体所指未详。　⑦登备之山:即登备山,山名,又叫登葆山,具体所指未详。　⑧恝恝之山:即恝恝山,山名,具体所指未详。一说可能是今湖南张家界中的山峰。　⑨蒲山:山名,具体所指未详。一说可能是今湖南张家界中的山峰。　⑩澧水:水名,具体所指未详。一说即今澧水,见5.200注⑨。　⑪隗山:山名,具体所指未详。　⑫丹:指丹砂,见1.11注⑧。　⑬漂水:水名,具体所指未详。　⑭尾山:山名,具体所指未详。　⑮翠山:山名,具体所指未详。

15.8　有盈民之国①,於姓,黍食。又有人方食木叶。

【译文】

有一个盈民国,国中之人都姓於,以黍为食物。另有人正在吃树叶。

【注释】

①盈民之国:即盈民国,国名,具体所指未详。

15.9 有不死之国①,阿姓,甘木②是食。

【译文】

有一个不死国,国中之人都姓阿,以甘木为食物。

【注释】

①不死之国:即不死国,传说中的国名,也叫不死民,见6.16注①。 ②甘木:一说即不死树,见11.20注⑤;一说指甘蔗。

15.10 大荒①之中,有山名曰去痓(chì)②。南极果,北不成,去痓果③。

【译文】

大荒之中有一座山,名叫去痓。去痓也是一种植物,它在山的南边能结果,在山的北边则不能结果。

【注释】

①大荒:荒远的地方;边远地区。 ②去痓:山名,具体所指未详。 ③南极果,北不成,去痓果:所指未详。一说去痓是一种能结果实的植物,它在山的南边能结果,在山的北边则不能结果;一说疑为巫师的咒语。

15.11 南海①渚(zhǔ)②中,有神,人面,珥(ěr)③两青蛇,践④两赤蛇,曰不廷胡余⑤。

【译文】

南海的一个岛上有一位神,长着人一样的脸,耳朵上挂着两条青蛇,脚下踩着两条赤蛇,他的名字叫不廷胡余。

【注释】

①南海:见15.1"解读"。 ②渚:水中间的小块陆地。 ③珥:耳饰,这里作动词。 ④践:踩;踏。 ⑤不廷胡余:传说中的神名。

15.12 有神名曰因因乎①,南方曰因乎,夸风曰乎民②,处南极以出入风③。

【译文】

有一位神，名字叫因因乎，南方称他为因乎，夸风称他为乎民，他在大地的最南端掌管风的出入。

【注释】

①因因乎：传说中的神名。　②夸风曰乎民：此句颇费解。一说应仿14.18"东方曰折，来风曰俊"句式，改为"来风曰乎民"。　③出入风：指掌管风的出入。

15.13　有襄山①，又有重阴之山②。有人食兽，曰季釐③。帝俊④生季釐，故曰季釐之国。有缗（mín）渊。少昊⑤生倍伐，倍伐降⑥处缗渊。有水四方⑦，名曰俊坛。

【译文】

有一座襄山，另外有一座重阴山。有一个人在吃兽肉，他的名字叫季釐。帝俊生了季釐，所以季釐的后代组成的国家叫季釐国。有一个缗渊。少昊生了倍伐，倍伐被放逐到了缗渊。有一个呈四方形且高出地面的水池，叫作俊坛。

【注释】

①襄山：山名，具体所指未详。
②重阴之山：即重阴山，山名，具体所指未详。　③季釐：据传为高辛氏帝喾（kù）之子，又叫季狸。
④帝俊：这里指帝喾，见6.23注③。
⑤少昊：见2.52注③。　⑥降：流放；放逐。　⑦有水四方：这里指呈四方形且高出地面的水池。

15.14　有载（zhí）民之国①。帝舜②生无淫，降载处，是谓巫载民。巫载民盼③姓，食谷，不绩④不经⑤，服也；不稼⑥不穑（sè）⑦，食也。爰（yuán）⑧有歌舞之鸟，鸾鸟⑨自歌，凤鸟⑩自舞。爰有百兽，相群爰⑪处。百谷所聚。

【译文】

有一个载民国。帝舜生了无淫，无淫被放逐到载地，这个地方的人后来就叫巫载民。巫载民都姓盼，以谷为食物，他们不用纺织，自然有衣服穿；不用耕种，自然有粮食吃。这里生长着擅长

【注释】

①载民之国：即载民国，又叫载国，见6.13注①。　②帝舜：即舜，见10.7注②。　③盼：一作"盼"。
④绩：缉麻，即把麻纤维拧成线。
⑤经：指织布前在机杼（zhù）上绷齐并梳整纱缕，使成为经线。

唱歌跳舞的鸟,鸾鸟在自在地歌唱,凤鸟在自由地跳舞。这里有各种野兽,成群聚居在一起。这里还是百谷聚集生长的地方。

⑥稼:种田。　⑦穑:收割庄稼。⑧爰:这里;那里。　⑨鸾鸟:传说中凤凰一类的鸟。　⑩凤鸟:即"凤凰",见1.31注⑤。⑪爰:助词。

15.15　大荒①之中,有山名曰融天②,海水南入焉。

【译文】

　　大荒之中有一座山,名字叫融天,海水从它的南边流入。

【注释】

①大荒:荒远的地方;边远地区。②融天:山名,具体所指未详。

15.16　有人曰凿齿①,羿(yì)②杀③之。

【译文】

　　有一个人名叫凿齿,羿用箭射死了他。

【注释】

①凿齿:见6.19注②。　②羿:见6.19注①。　③杀:指射杀。

15.17　有蜮(yù)山①者,有蜮民之国②,桑姓,食黍,射蜮是食。有人方扜(yū)③弓射黄蛇,名曰蜮人。

【译文】

　　有一座蜮山,那里有一个蜮民国,国中之人都姓桑,他们以黍为食物,也用箭射蜮当食物。有一个人正在拉弓射黄蛇,他的名字叫蜮人。

【注释】

①蜮山:山名,具体所指未详。一说因其山中有蜮,故名。蜮是传说中一种害人的动物,能含沙射人,使人发病。也叫短狐。　②蜮民之国:即蜮民国,国名,具体所指未详。　③扜:拉;张。

15.18　有宋山①者,有赤蛇,名曰育蛇②。有木生山上,名曰枫木③。枫木,蚩(chī)尤④所弃其桎梏(zhìgù)⑤,是为⑥枫木。

【译文】

　　有一座宋山,山中有一种赤蛇,名叫

【注释】

①宋山:山名,具体所指未详。　②育蛇:蛇名,具体所指未详。　③枫木:即枫树,落叶

育蛇。山上长着一种树,名叫枫树。蚩尤把他的脚镣和手铐扔到地上,便长成了枫树。

乔木,叶子通常三裂,边缘呈锯齿状,秋季叶变成红色,开黄褐色花。也叫枫香树。　④蚩尤:见14.31注④。　⑤桎梏:脚镣和手铐。⑥为:《宋本山海经》作"谓",应改。

15.19　有人方齿①虎尾,名曰祖(zhā)状之尸②。

【译文】

有一个人正在咬老虎的尾巴,他的名字叫祖状尸。

【注释】

①齿:咬啮。一说指牙齿。　②祖状之尸:即祖状尸,古代传说中的人物名。祖:一作"祖"。

15.20　有小人①,名曰焦侥之国②,几姓,嘉谷③是食。

【译文】

有一个由身材特别矮小的人组成的国家,名叫焦侥国,国中之人都姓几,以优质的谷物为食物。

【注释】

①小人:这里指身材特别矮小的人组成的国家。　②焦侥之国:即焦侥国,也叫周侥国,见6.21注①。　③嘉谷:优质的谷物。

15.21　大荒①之中,有山名歹丏(xiǔ)涂之山②,青水③穷焉。有云雨之山④,有木名曰栾⑤,禹⑥攻⑦云雨,有赤石焉生栾,黄本⑧,赤枝,青叶,群帝焉取药。

【译文】

大荒之中有一座山,名叫歹丏涂山,这里是青水的尽头处。有一座云雨山,山中长着一种树,名叫栾树,禹治理云雨山时,在一块赤石上长出了这种栾树,黄色的树干,红色的树枝,青色的叶子,诸位帝王都

【注释】

①大荒:荒远的地方;边远地区。②歹丏涂之山:即歹丏涂山,山名,具体所指未详。　③青水:水名,具体所指未详。一说即今中国西南部的澜沧江。④云雨之山:即云雨山,山名,具体所指未详。一说即今重庆、湖北边境的巫山。⑤栾:见10.14注④。　⑥禹:见5.212注①。　⑦攻:治理。　⑧本:草

来这里采药。   木的根或茎。

15.22　有国曰颛顼(zhuānxū)，生伯服①，食黍。有鼬(yòu)姓之国②。有苕(tiáo)山。又有宗山。又有姓山。又有壑山。又有陈州山。又有东州山。又有白水山③，白水④出焉，而生白渊，昆吾⑤之师⑥所浴也。

【译文】

　　有一个国家，名叫颛顼，颛顼生了伯服，这个国家的人以黍为食物。有一个鼬姓国。有苕山，还有宗山、姓山、壑山、陈州山和东州山。另外还有白水山，白水发源于这里，向下流出后形成了白渊，白渊是昆吾人洗澡的地方。

【注释】

①有国曰颛顼，生伯服:参照前文句式，似应作"有国曰伯服，颛顼生伯服"。颛顼:见8.19注②。　　②鼬姓之国:即鼬姓国，国名，具体所指未详。鼬当为姓氏。
③有苕山……又有白水山:这七座山的具体所指均未详。一说它们大致位于今湖南、贵州、广西之间。　　④白水:水名，具体所指未详。　　⑤昆吾:一说指传说中的人名；一说指山名；一说指部落名。
⑥师:一说指众人；一说指老师。

15.23　有人名曰张弘，在海上捕鱼。海中有张弘之国①，食鱼，使四鸟②。

【译文】

　　有一个名叫张弘的人，正在海上捕鱼。海中有一个张弘国，国中之人以鱼为食物，会驱使四种野兽。

【注释】

①张弘之国:即张弘国，国名，具体所指未详。一说即长臂国。　　②鸟:这里指兽。

15.24　有人焉，鸟喙，有翼，方捕鱼于海。大荒①之中，有人名曰骧(huān)头。鲧(gǔn)②妻士敬，士敬子曰炎融，生骧头。骧头人面鸟喙，有翼，食海中鱼，杖③翼而行。维宜芑(qǐ)④、苣⑤、穋(lù)⑥、杨是食。有骧头之国⑦。

国学经典详注·全译·精解

346

【译文】

有一个人,长着鸟一样的嘴,身上有翅膀,正在海中捕鱼。大荒之中有一个人,名叫驩头。鲧的妻子是士敬,士敬的儿子名叫炎融,炎融生了驩头。驩头长着人一样的脸,鸟一样的嘴,身上有翅膀,以海中的鱼为食物,依靠翅膀来行走。他以白粱粟、莴苣、穆和杨树的叶子为食。有一个驩头国。

【注释】

①大荒:荒远的地方;边远地区。 ②鲧:见5.28注⑦。 ③杖:凭依;倚仗。 ④芑:一种谷类植物,又叫白粱粟。 ⑤苣:蔬菜名,即莴苣。一说指黑黍。 ⑥穆:同"穋(lù)",后种先熟即生长期短的谷物。 ⑦驩头之国:即驩头国,国名,一说即谨头国,见6.9注①。

15.25 帝尧①、帝喾(kù)②、帝舜③葬于岳山④。爰(yuán)⑤有文贝、离俞⑥、鸱(chī)久⑦、鹰、贾(jiǎ)⑧延维⑨、视肉⑩、熊、罴(pí)⑪、虎、豹。朱木⑫,赤支⑬,青华⑭,玄⑮实。有申山⑯者。

【译文】

帝尧、帝喾、帝舜都葬在岳山。这里有带花纹的贝、离俞、鸱久、鹰、贾、乌鸦、视肉、熊、罴、虎和豹。山中长着一种朱木,红色的枝条,开青色的花,结黑色的果实。还有一座山,名叫申山。

【注释】

①帝尧:见6.23注②。 ②帝喾:见6.23注③。 ③帝舜:即舜,见10.7注②。 ④岳山:即狄山,传说中的山名。 ⑤爰:这里;那里。 ⑥离俞:即"离朱",传说中的神禽。 ⑦鸱久:见6.23注⑫。 ⑧贾:鹰的一种。 ⑨延维:即"委维",见15.2注⑩。 ⑩视肉:见6.23注⑧。 ⑪罴:见2.14注⑧。 ⑫朱木:木名。 ⑬支:枝条。后作"枝"。 ⑭华:同"花"。 ⑮玄:黑色。 ⑯申山:山名,具体所指未详。与2.65中的申山不同。

15.26 大荒①之中,有山名曰天台高山②,海水入③焉。

【译文】

大荒之中有一座

【注释】

①大荒:荒远的地方;边远地区。 ②天台

山,名叫天台高山,海水从这座山流入。　　高山:山名,具体所指未详。一说"高山"两字疑为衍文。　　③入:一说前面疑应有"南"字。

15.27　东南海①之外,甘水②之间,有羲和之国③。有女子名曰羲和④,方浴日于甘渊⑤。羲和者,帝俊⑥之妻,生十日。

【译文】

东南海的外面,甘水之间,有一个羲和国。那里有一个名叫羲和的女子,正在甘渊中为太阳洗澡。羲和是帝俊的妻子,她生了十个太阳。

【注释】

①东南海:一说应作"东海","南"字疑为衍文。　　②甘水:水名,具体所指未详。14.1中亦有"甘水"。　　③羲和之国:即羲和国,国名,具体所指未详。　　④羲和:神话传说中太阳的母亲。　　⑤甘渊:古代传说中的地名。14.1中亦有"甘渊"。　　⑥帝俊:见14.9注②。

15.28　有盖犹之山①者,其上有甘柤(zhā)②,枝干皆赤,黄叶,白华③,黑实。东又有甘华④,枝干皆赤,黄叶。有青马,有赤马,名曰三骓(zhuī)⑤。有视肉⑥。

【译文】

有一座盖犹山,山上长着甘柤,红色的枝干,黄色的叶子,开白色的花,结黑色的果实。东边长着甘华,红色的枝干,黄色的叶子。这里有青马,还有赤马,名字叫三骓。另外还有视肉。

【注释】

①盖犹之山:即盖犹山,山名,具体所指未详。　　②甘柤:植物名,具体所指未详。　　③华:同"花"。　　④甘华:植物名,具体所指未详。　　⑤三骓:马名。骓:毛色苍白相间的马。　　⑥视肉:见6.23注⑧。

15.29　有小人①,名曰菌人②。

【译文】

有一种身材特别矮小的人,名叫菌人。

【注释】

①小人:指身材特别矮小的人。　　②菌人:古代传说中的小人国人。

15.30 有南类之山①,爰(yuán)②有遗玉③、青马、三骓(zhuī)④、视肉⑤、甘华⑥,百谷所在。

【译文】

有一座南类山,那里有遗玉、青马、三骓马、视肉、甘华,各种谷物都在这里生长。

【注释】

①南类之山:即南类山,山名,具体所指未详。②爰:这里;那里。　③遗玉:见8.20注③。④三骓:马名。骓:毛色苍白相间的马。　⑤视肉:见6.23注⑧。　⑥甘华:植物名,具体所指未详。

大荒西经第十六

【解读】

　　大荒西经中记述的内容有不少与海外西经相同，如其中的女丑尸、丈夫国、轩辕国、一臂民、女祭等等，在海外西经中都有。另外，大荒西经中有白氏国、长胫国、屏蓬、女薎（miè），在海外西经中则有白民国、长股国、并封、女戚，但从具体描述来看，它们所指称的当为同一对象。由此推断，大荒西经记述的地域应与海外西经相似，大致在中国的西部。

　　在大荒西经中，最值得我们重视的是它关于中华文明之源头的记述。如其中称太子长琴始作乐风，指出了音乐的起源；后稷降百谷，叔均始耕，指出了农业的起源；石夷司日月之长短，噎行日月星辰之行次，则指出了天文历法的起源。

　　16.1　西北海之外，大荒①之隅，有山而不合，名曰不周负子②，有两黄兽守之。有水曰寒暑之水③。水西有湿山④，水东有幕山⑤。有禹攻共工国山⑥。

【译文】

　　西北海的外面，大荒的角落，有一座山，裂开以后就没有再合拢，名叫不周负子，有两只黄色的兽守卫着它。有一条水流，名叫寒暑水。水流的西边有一座山，名叫湿山；水流的东边有一座山，名叫幕山。那里还有一座禹攻共工国山。

【注释】

①大荒：荒远的地方；边远地区。
②不周负子：即不周山，传说中的山名，据传共工与颛顼（zhuānxū）争权时，怒触不周山，造成天崩地裂。2.41 中亦有不周山，与此山不同。　③寒暑之水：即寒暑水，水名。一说指冷水和热水交替涌出之水。　④湿山：山名，具体所指未详。
⑤幕山：山名，具体所指未详。　⑥禹攻共工国山：山名。当在禹杀共工之臣相柳的地方。

16.2 有国名曰淑士①,颛顼(zhuānxū)②之子。

【译文】
　　有一个国家,名叫淑士,国中之人是颛顼的后代。

【注释】
①淑士:古代传说中的国名。
②颛顼:见8.19注②。

16.3 有神十人,名曰女娲(wā)①之肠②,化为神,处栗广之野,横道③而处。

【译文】
　　有十位神人,名字叫女娲肠,他们是女娲的肠子变成的,在栗广的原野上,横在道路上居住。

【注释】
①女娲:神话中人类的始祖,传说她与其兄伏羲结合而产生了人类。又传说她曾用黄土造人,并炼五色石补天。②肠:一作"腹"。③横道:当道,横在道上。

16.4 有人名曰石夷,来风曰韦①,处西北隅以司②日月之长短。

【译文】
　　有一个人,名叫石夷,风吹来的地方叫作韦,石夷在西北角掌管着日月运行时间的长短。

【注释】
①来风曰韦:所指未详。一说按14.18"东方曰折,来风曰俊"句式,"来风曰韦"前应有"西方曰夷"四个字。②司:管理;掌管。

16.5 有五彩之鸟,有冠,名曰狂鸟①。

【译文】
　　有一种五彩斑斓的鸟,头上有冠,名叫狂鸟。

【注释】
①狂鸟:传说中的一种鸟。狂:《宋本山海经》作"狌(zhù)",应改。

16.6 有大泽之长山①,有白民之国②。

【译文】
　　有一座大泽

【注释】
①大泽之长山:山名,具体所指未详。②白

351

▲女娲补天图，选自绘于清代的《钦定补绘萧云从〈离骚〉全图》。

之长山，有一个　　　民之国：即白民国，传说中的古国名。民：有的本子作
白民国。　　　　　　"氏"。

16.7　西北海之外，赤水①之东，有长胫之国②。

【译文】　　　　　　**【注释】**

　　西北海的外　　①赤水：水名，具体所指未详。一说指金沙江。
面，赤水的东边，　　②长胫之国：即长胫国，传说中的国名。胫：小腿。一
有一个长胫国。　　说即长股国。

16.8　有西周①之国，姬姓，食谷。有人方耕，名曰叔均②。帝
俊③生后稷④，稷降以百谷⑤。稷之弟曰台玺，生叔均。叔均是代
其父及稷播百谷，始作耕。有赤国妻氏⑥。有双山⑦。

【译文】　　　　　　**【注释】**

　　有一个西周国，国中　　①西周：古部落名，始祖为后稷，原居邰
之人姓姬，以谷物为食。　　（tái，今陕西武功县），传到公刘时迁至豳
有一个人正在耕作，他的　　（bīn，今陕西彬县）。古公亶（dǎn）父时，
名字叫叔均。帝俊生了后　　定居于周原。周文王时，迁都于丰（在今陕
稷，后稷把百谷的种子从　　西长安西南）。　　②叔均：一说是后稷
天上带了下来。后稷的　　之弟台玺的儿子；一说是后稷的孙子。
弟名叫台玺，他生了叔均。　　③帝俊：见14.9注②。　　④后稷：见
叔均代替他的父亲及后　　2.45注⑲。　　⑤稷降以百谷：指后稷
稷播种百谷，才开始有了　　把百谷的种子从天上带到人间。
耕作。有一个赤国妻氏。有　　⑥赤国妻氏：一说指人名；一说指地名。
一座双山。　　　　　　⑦双山：山名，具体所指未详。

16.9　西海①之外，大荒②之中，有方山③者，上有青树，名曰
柜（jǔ）格之松④，日月所出入也。

【译文】　　　　　　**【注释】**

　　西海的外面，大荒之中，　　①西海：传说中的西方之海。
有一座方山，山上有一种青树，　　②大荒：荒远的地方；边远地区。

名叫柜格松,这里是日月升起 ③方山:山名,具体所指未详。
和降落后进入的地方。 ④柜格之松:树名。

16.10 西北海之外,赤水①之西,有先民之国②,食谷,使四鸟③。

【译文】 【注释】
　　西北海的外面,赤 ①赤水:水名,具体所指未详。一说指金沙
水的西边,有一个先民 江。　②先民之国:即先民国,国名,具
国,国中之人以谷物为 体所指未详。先:一说应作"天"。
食,会驱使四种野兽。 ③鸟:这里指兽。

16.11 有北狄之国①。黄帝②之孙曰始均,始均生北狄。

【译文】 【注释】
　　有一个北狄国。黄 ①北狄之国:即北狄国,国名,具体所指未
帝的孙子名叫始均,始均 详。狄是我国古代对北部少数民族的统称。
生了北狄。 ②黄帝:见2.42注⑨。

16.12 有芒山①。有桂山②。有榣(yáo)山③,其上有人,号曰
太子长琴。颛顼(zhuānxū)④生老童⑤,老童生祝融⑥,祝融生太子
长琴,是处榣山,始作乐风⑦。

【译文】 【注释】
　　有芒山和桂山。还 ①芒山:山名,具体所指未详。　②桂山:
有一座榣山,山上住着 山名,具体所指未详。一说因山上多桂树,故
一个人,名叫太子长 名。　③榣山:山名,具体所指未详。一说
琴。颛顼生了老童,老 因山上多榣木,故名。榣木意为大木。
童生了祝融,祝融生了 ④颛顼:见8.19注②。　⑤老童:即"耆
太子长琴,太子长琴住 (qí)童",古代神话中的神名。　⑥祝融:
在榣山上,开始创作出 见6.24注①。　⑦乐风:指歌曲。一说指
了歌曲。 乐风曲。

16.13 有五彩鸟三名：一曰皇鸟①，一曰鸾鸟②，一曰凤鸟③。

【译文】

有三种五彩斑斓的鸟：一种叫凰鸟，一种叫鸾鸟，一种叫凤鸟。

【注释】

①皇鸟：传说中的雌凤。　②鸾鸟：传说中凤凰一类的鸟。　③凤鸟：即凤凰。

16.14 有虫①状如菟（tù）②，胸以后者裸不见③，青如猿状。

【译文】

有一种兽，形状像兔子，胸部以下裸露，但是看上去不像裸露，因为它的皮色像猿一样发青。

【注释】

①虫：这里指兽。　②菟：通"兔"，指兔子。　③胸以后者裸不见：胸部以下裸露（即不长毛），但是看上去不像裸露。

16.15 大荒①之中，有山名曰丰沮玉门②，日月所入。

【译文】

大荒之中有一座山，名叫丰沮玉门，是日月落下后进入的地方。

【注释】

①大荒：荒远的地方；边远地区。　②丰沮玉门：山名，具体所指未详。

16.16 有灵山①，巫咸、巫即、巫盼（fén）②、巫彭、巫姑、巫真、巫礼、巫抵、巫谢、巫罗十巫③，从此升降，百药爰（yuán）④在。

【译文】

有一座灵山，巫咸、巫即、巫盼、巫彭、巫姑、巫真、巫礼、巫抵、巫谢、巫罗十位巫师从这里上下天庭，山中生长着各种药物。

【注释】

①灵山：山名，具体所指未详。一说即巫山，在西北地区。　②盼：有的本子作"盼"。　③巫：古代以求神、占卜等为职业的人。　④爰：助词。

16.17 西有王母之山①、壑山②、海山③。有沃之国④，沃民是处。沃之野⑤,凤鸟⑥之卵是食,甘露⑦是饮。凡其所欲,其味尽存。爰(yuán)⑧有甘华⑨、甘柤(zhā)⑩、白柳⑪、视肉⑫、三骓(zhuī)⑬、璇(xuán)瑰⑭、瑶碧⑮、白木⑯、琅玕(lánggān)⑰、白丹⑱、青丹,多银铁。鸾鸟⑲自歌,凤鸟自舞,爰有百兽,相群是处,是谓沃之野。

【译文】

有西王母山、壑山和海山。有一个沃民国,沃民就居住在这里。他们生活在一片沃野上,吃的是凤鸟的卵,喝的是甘露。凡是他们想吃的东西,这里应有尽有。这里还有甘华、甘柤、白柳、视肉、三骓马、璇瑰、瑶碧、白木、琅玕、白色的丹和青色的丹,另外还有很多银和铁。鸾鸟在自由地歌唱,凤鸟在自在地起舞,这里还有各种野兽,成群生活在一起,这就是所谓的沃野。

【注释】

①西有王母之山:一说应作"有西王母之山"。西王母山,山名,具体所指未详。　②壑山:山名,具体所指未详。　③海山:山名,具体所指未详。　④沃之国:一说应作"沃民之国",即沃民国,国名,具体所指未详。
⑤沃之野:即"诸夭之野",见7.18。
⑥凤鸟:即凤凰。　⑦甘露:甜美的雨露。
⑧爰:这里;那里。　⑨甘华:植物名,具体所指未详。　⑩甘柤:植物名,具体所指未详。　⑪白柳:柳的一种,柳叶的背面苍白色或有白粉,如杞柳。　⑫视肉:见6.23注⑧。　⑬三骓:见14.29注①。
⑭璇瑰:美玉名。璇,同"璇(xuán)"。
⑮瑶碧:两种玉名。见2.53注②。　⑯白木:树木名。　⑰琅玕:似珠玉的美石。
⑱丹:这里指一种可用来制药的矿物。
⑲鸾鸟:传说中凤凰一类的鸟。

16.18　有三青鸟①,赤首黑目,一名曰大鵹(lí),一名少鵹②,一名曰青鸟。

【译文】

有三只青鸟,长着红色的脑袋,黑黑的眼睛,一只名叫大鵹,一只名叫少鵹,一只名叫青鸟。

【注释】

①三青鸟:见12.3注⑤。
②少鵹:前面应有"曰"字。

16.19 有轩辕之台①,射者不敢西向射,畏轩辕之台。

【译文】

有一座轩辕台,因为敬畏轩辕台,射箭的人都不敢向西方而射。

【注释】

①轩辕之台:即轩辕台,当为纪念黄帝(见2.42注⑨)的台。

16.20 大荒①之中,有龙山②,日月所入。有三泽水,名曰三淖(nào)③,昆吾④之所食也。

【译文】

大荒之中有一座龙山,是日月落下后进入的地方。有三个沼泽,名叫三淖,是昆吾人获取食物的地方。

【注释】

①大荒:荒远的地方;边远地区。 ②龙山:山名,具体所指未详。与5.107中的龙山不同。 ③三淖:传说中的川泽名。 ④昆吾:夏的同盟部落,己姓,相传是颛顼(zhuānxū)的后代,所处之地在今河南濮阳。

16.21 有人衣青,以袂(mèi)①蔽面,名曰女丑之尸②。

【译文】

有一个人穿着青色的衣服,用衣袖遮着脸,名字叫女丑尸。

【注释】

①袂:衣袖。 ②女丑之尸:即女丑尸。

16.22 有女子之国①。

【译文】

有一个女子国。

【注释】

①女子之国:即女子国。

16.23 有桃山①,有宝(méng)山②,有桂山③,有于土山④。

【译文】

有桃山、宝山、桂山和于土山。

【注释】

①桃山:山名,具体所指未详。 ②宝山:山名,具体所指未详。宝同"蝱(méng)"。一说即芒山,见16.12注①。 ③桂山:见16.12注②。 ④于土山:山名,具体所指未详。

16.24 有丈夫之国①。

【译文】

有一个丈夫国。

【注释】

①丈夫之国:即丈夫国。

16.25 有歼(yān)州之山①,五彩之鸟仰天,名曰鸣鸟②。爰(yuán)③有百乐歌儛(wǔ)④之风。

【译文】

有一座歼州山,有一只五彩斑斓的鸟,仰面向天,它的名字叫鸣鸟。这里有盛行各种音乐和唱歌跳舞的风气。

【注释】

①歼州之山:即歼州山,古代传说中的山名。　②鸣鸟:指凤凰。
③爰:这里;那里。　④儛:跳舞。

16.26 有轩辕之国①。江山②之南栖③为吉,不寿者乃八百岁。

【译文】

有一个轩辕国。居住在江山的南边可获吉祥,寿命短的人都能活八百岁。

【注释】

①轩辕之国:即轩辕国。　②江山:一说是山名;一说指江和山。
③栖:居住。

16.27 西海①陼(zhǔ)②中,有神,人面鸟身,珥(ěr)③两青蛇,践④两赤蛇,名曰弇(yān)兹⑤。

【译文】

西海的小岛中有一位神,他长着人一样的脸,鸟一样的身子,耳朵上挂着两条青蛇,脚下踩着两条赤蛇,名字叫弇兹。

【注释】

①西海:传说中的西方之海。
②陼:同"渚(zhǔ)",指水中的小块陆地。　③珥:耳饰,这里作动词。
④践:踩;踏。　⑤弇兹:传说中的神名。

16.28 大荒①之中,有山名曰日月山②,天枢③也。吴姖

弇兹

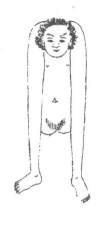

噓

（jù）天门④，日月所入。有神，人面无臂，两足反属（zhǔ）⑤于头上，名曰噓⑥。颛顼（zhuānxū）⑦生老童⑧，老童生重⑨及黎⑩，帝⑪令重献⑫上天，令黎邛（qióng）⑬下地，下地是生噎⑭，处于西极，以行日月星辰之行次⑮。

【译文】

大荒之中有一座山，名叫日月山，这里是天的枢纽。吴姬天门，是日月落下后进入的地方。有一位神，长着人一样的脸，没有胳膊，两只脚反转过来在头上相连，他的名字叫噓。颛顼生了老童，老童生了重和黎，帝颛顼命令重向上托举天，命令黎向下按压地，黎向下按压地后生下了噎，噎住在最西边的地方，掌管日月星辰的运行次序。

【注释】

①大荒：荒远的地方；边远地区。

②日月山：传说中的山名。　③天枢：天的枢纽。　④吴姬天门：所指未详。一说是山名；一说吴姬是山名，天门指上天之门。　⑤属：连接。　⑥噓：传说中的神名。　⑦颛顼：见8.19注②。

⑧老童：即"耆（qí）童"，见2.57注②。

⑨重：传说中老童之子，司天，管理神事。

⑩黎：传说中老童之子，司地，管理民事。

⑪帝：指颛顼。　⑫献：所指未详。一说指向上托举。　⑬邛：所指未详。一说指向下按压。有的本子作"印"。

⑭噎：一说即上文的"噓"。　⑮行次：运行次序。

16.29 有人反臂①,名曰天虞②。

【译文】

有一个人,两只胳膊反着长,他的名字叫天虞。

【注释】

①反臂:一说指胳膊反着长,即肘关节长在前面;一说指胳膊背在身后,是被捆绑的形状。

②天虞:人名,一说即"尸虞",但不知尸虞所指为何。

16.30 有女子方浴月。帝俊①妻常羲②,生月十有二,此始浴之。

【译文】

有一位女子,正在给月亮洗澡。帝俊的妻子常羲生了十二个月亮,这是她刚开始给它们洗澡。

【注释】

①帝俊:这里指帝喾(kù),见6.23注③。　②常羲:即常仪,帝喾的妻子。羲:《宋本山海经》作"羲",应改。

16.31 有玄丹之山①。有五色之鸟,人面有发。爰(yuán)②有青鸢(wén)③、黄鳌(áo)④、青鸟、黄鸟,其所集者其国亡。

【译文】

有一座玄丹山。有一种羽毛五彩缤纷的鸟,长着人一样的脸,头上有发。这里有青鸢、黄鳌、青鸟和黄鸟,这些鸟在哪个国家聚集,哪个国家就会灭亡。

【注释】

①玄丹之山:即玄丹山,山名,具体所指未详。一说此山中出黑丹。　②爰:这里;那里。

③青鸢:传说中的一种怪鸟。

④黄鳌:传说中的不祥之鸟。

16.32 有池,名孟翼①之攻颛顼(zhuānxū)②之池。

【译文】

有一个池子,名字叫孟翼攻颛顼池。

【注释】

①孟翼:人名,具体所指未详。　②颛顼:见8.19注②。

16.33 大荒①之中,有山名曰鏖鏊鉅(áoàojù)②,日月所入者。

【译文】　　　　　　　　　　　　　　　　【注释】

　　大荒之中有座山,名叫鏖鏊鉅,这里是日月落下后进入的地方。

①大荒:荒远的地方;边远地区。
②鏖鏊鉅:山名,具体所指未详。

16.34 有兽,左右有首,名曰屏蓬①。

【译文】　　　　　　　　　　　　　　　　【注释】

　　有一种兽,身体的左右两侧各有一个脑袋,名字叫屏蓬。

①屏蓬:即并封,古代传说中的双头兽。

16.35 有巫山①者。有壑山②者。有金门之山③,有人名曰黄妒(jù)④之尸。有比翼之鸟⑤。有白鸟,青翼,黄尾,玄喙。有赤犬,名曰天犬,其所下者有兵。

【译文】　　　　　　　　　　　　　　　　【注释】

　　有一座巫山。有一座壑山。有一座金门山,山中有一个人,名叫黄妒尸。有比翼鸟。有一种白鸟,长着青色的翅膀,黄色的尾巴,黑色的嘴。有一种赤色的狗,名叫天犬,它在哪里降落,哪里就会发生战争。

①巫山:见15.4注①。　②壑山:山名,具体所指未详。
③金门之山:即金门山,山名,具体所指未详。　④黄妒:人名,具体所指未详。　⑤比翼之鸟:即比翼鸟,也叫蛮蛮,传说中的一种鸟。

16.36 西海①之南,流沙②之滨,赤水③之后,黑水④之前,有大山,名曰昆仑之丘⑤。有神,人面虎身,有文有尾,皆白,处之。其下有弱水之渊⑥环之,其外有炎火之山⑦,投物辄⑧然⑨。有人,戴胜⑩,虎齿,有豹尾,穴处,名曰西王母⑪。此山万物尽有。

【译文】　　　　　　　　　　　　　　　　【注释】

　　西海的南岸,流沙的边

①西海:水名。一说指青海湖;一说指

缘，赤水的后面，黑水的前面，有一座大山，名叫昆仑丘。有一位神，长着人一样的脸，虎一样的身子，身上有斑纹，有尾巴，尾巴白色，居住在昆仑丘中。山下有弱水渊环绕，渊的外面是炎火山，只要把东西投到炎火山上，就会燃烧。有一个人，头上戴着首饰，长着虎一样的牙齿，豹一样的尾巴，居住在洞穴里，名字叫西王母。这座山中各种东西应有尽有。

今新疆的罗布泊。 ②流沙：沙漠。见 2.44 注③。 ③赤水：水名，具体所指未详。 ④黑水：水名，具体所指未详。 ⑤昆仑之丘：即昆仑丘，也叫昆仑山，见 2.43 注⑤。⑥弱水之渊：即弱水渊，渊名，具体所指未详。弱水：见 10.13 注②。⑦炎火之山：即炎火山，山名，具体所指未详。一说即今新疆的火焰山。⑧辄：就。 ⑨然：即“燃”，指燃烧。 ⑩胜：古代人们戴在头上的一种饰物。 ⑪西王母：见 2.49 注②。

昆仑丘之神

16.37 大荒①之中，有山名曰常阳之山②，日月所入。

【译文】

大荒之中有一座山，名叫常阳山，是日月落下后进入的地方。

【注释】

①大荒：荒远的地方；边远地区。

②常阳之山：即常阳山，山名，具体所指未详。一说即常羊山，见 7.8 注⑤。

16.38 有寒荒之国①，有二人：女祭、女薎（miè）②。

【译文】　　　　　　　　　【注释】

有一个寒荒国,国中有两个人:一个叫女祭,一个叫女蔑。

①寒荒之国:即寒荒国,国名,具体所指未详。②女祭、女蔑:人名。一说即女祭、女戚,见7.9注①。蔑:《宋本山海经》作"薎","薎"之音义未详。

16.39　有寿麻之国①。南岳②娶州山③女,名曰女虔。女虔生季格,季格生寿麻。寿麻正立无景(yǐng)④,疾呼无响⑤。爰(yuán)⑥有大暑⑦,不可以往。

【译文】　　　　　　　　　【注释】

有一个寿麻国。南岳娶了州山的女子,她的名字叫女虔。女虔生了季格,季格生了寿麻。寿麻立正站在太阳下没有影子,使劲叫喊却没有声音。这里的天气特别炎热,人们不可以前往。

①寿麻之国:即寿麻国,国名,我国古籍中所记的极远的西方古国。②南岳:人名。一说指黄帝;一说疑为与黄帝同属一系的人物。③州山:所指未详。一说指山名;一说指地名。④景:即"影",指影子。⑤响:声音。一说指回声。⑥爰:这里;那里。⑦大暑:极热;酷暑。

16.40　有人无首,操戈盾立,名曰夏耕①之尸。故②成汤③伐夏桀④于章山⑤,克之,斩耕厥⑥前。耕既立,无首,走厥咎⑦,乃降⑧于巫山⑨。

夏耕之尸

【译文】

有一个人,没有脑袋,手中拿着戈和盾牌站在那里,名字叫夏耕尸。从前成汤在章山攻打夏桀,取得了胜利,便当着夏桀的面斩杀了夏耕。夏耕的尸体站在那里,没有了脑袋,为了逃避罪过,便跑入了巫山之中。

【注释】

①夏耕:传说中的人名。　②故:本来;原来。　③成汤:又叫武汤、汤,名履。本为商部族的首领,后打败夏桀,建立商朝。④夏桀:夏朝的最后一位君主,相传是一位暴君,被成汤领兵攻伐,兵败后出奔南方而死。⑤于章山:在章山。章山:山名,具体所指未详。一说"于章"为山名。　⑥厥:代词,他,指夏桀。　⑦走厥咎:指逃避自己的罪过。咎:罪;过失。　⑧降:这里指逃窜。⑨巫山:山名,具体所指未详。

16.41　有人名曰吴回①,奇左②,是无右臂。

【译文】

有一个人,名字叫吴回,只有一只左臂,没有右臂。

【注释】

①吴回:传说中的人名,即祝融。一说是祝融的弟弟,官居火正(掌火之官)。②奇左:指只有一只左臂。

16.42　有盖山之国①。有树,赤皮支干,青叶,名曰朱木②。

【译文】

有一个盖山国。有一种树,长着红色的树皮和树枝、树干,青色的叶子,名字叫朱木。

【注释】

①盖山之国:即盖山国,国名,具体所指未详。　②朱木:木名。

16.43　有一臂①民。

【译文】

有只有一条手臂的人。

【注释】

①一臂:一条手臂。一说指一臂国,见**7.6**。

16.44　大荒①之中,有山名曰大荒之山②,日月所入。

【译文】

　　大荒之中有一座山，名叫大荒山，是日月落下后进入的地方。

【注释】

①大荒：荒远的地方；边远地区。

②大荒之山：即大荒山，山名，具体所指未详。

16.45　有人焉，三面①，是颛顼（zhuānxū）②之子，三面一臂，三面之人不死，是谓大荒之野。

三面人

【译文】

　　有一种人，有三张脸，他们是颛顼的后代，长着三张脸，一条胳膊，这种三张脸的人永远不会死，这里叫作大荒野。

【注释】

①三面：指三张脸。

②颛顼：见8.19注②。

16.46　西南海之外，赤水①之南，流沙②之西，有人珥（ěr）③两青蛇，乘两龙，名曰夏后开④。开⑤上三嫔于天⑥，得《九辩》与《九歌》⑦以下。此天穆之野⑧，高二千仞（rèn）⑨，开焉得始歌《九招（sháo）》⑩。

【译文】

　　西南海的外面，赤水的南边，流沙的西边，有一个

【注释】

①赤水：水名，具体所指未详。一说指金沙江。

②流沙：沙漠。见2.44注③。　　③珥：耳饰，这里作动词。　　④夏后开：即"夏后启"，夏代

▲《九歌》与《九招》图，选自绘于清代的《钦定补绘萧云从〈离骚〉全图》。

国学经典详注·全译·精解

人耳朵上挂着两条青蛇，乘着两条龙，名字叫夏后启。启三次上天做客，把天上的乐曲《九辩》和《九歌》带到了下界。这里是天穆野，高达两千仞，启在这里开始演唱《九招》。

国君，禹之子，这里因避汉景帝(刘启)名讳而改。　⑤开：即"启"。　⑥上三嫔于天：一说指向天帝献三位美女(嫔：指妇人、女子)；一说指三次上天做客(嫔：通"宾"，指宾客)。　⑦《九辩》与《九歌》：皆为乐曲名，相传原为天帝的乐曲，夏启上天做客时偷偷带到人间。后为《楚辞》中的篇名。　⑧天穆之野：地名，具体所指未详。　⑨仞：古时以八尺或七尺为一仞。　⑩《九招》：即"九韶"，传说中虞舜时的乐曲名，因韶乐九章，故名。

16.47　有互人之国①。炎帝②之孙名曰灵恝(jiá)，灵恝生互③人，是能上下于天。

【译文】

有一个互人国。炎帝的孙子名叫灵恝，灵恝生了互人，互人能上天或从天上下来。

【注释】

①互人之国：即互人国，国名。一说应作"氐人之国"，氐人国见10.15。
②炎帝：见3.65注⑤。　③互：一说应作"氐"。

16.48　有鱼偏枯①，名曰鱼妇，颛顼(zhuānxū)死即复苏②。风道③此④来，天乃大水泉⑤，蛇乃化为鱼，是谓鱼妇。颛顼死即复苏。

【译文】

有一条鱼，一侧身体瘫痪，名字叫鱼妇，颛顼死后它就不再偏瘫。风从这里刮来，天上下的大雨像泉涌一样，蛇在这个时候变化成为鱼，这就是鱼妇。颛顼死后鱼妇就不再偏瘫。

【注释】

①偏枯：即偏瘫，身体一侧瘫痪。
②颛顼死即复苏：通常理解为"颛顼死而复苏"，据句意，应理解为颛顼死后就复苏，即鱼妇在颛顼死后就不再偏瘫。颛顼：见8.19注②。　③道：从。　④此：有的本子作"北"。　⑤大水泉：所指未详。当指下的大雨像泉涌一样。一说指泉水因风暴而溢出。

16.49 有青鸟,身黄,赤足,六首,名曰鸀(chù)①鸟。

鸀鸟

【译文】

有一种青鸟,黄色的身子,红色的脚,长着六个脑袋,名叫鸀鸟。

【注释】

①鸀:同"鶅(chù)",传说中的一种鸟。

16.50 有大巫山①,有金之山②。西南大荒③之中④隅,有偏勾⑤、常羊⑥之山。

【译文】

有大巫山,有金山。西南方大荒之中的一角,有偏勾山和常羊山。

【注释】

①大巫山:山名,具体所指未详。　②金之山:即金山,山名,具体所指未详。　③大荒:荒远的地方;边远地区。　④中:一说疑为衍文。

⑤偏勾:山名,具体所指未详。勾:有的本子作"句"。

⑥常羊:山名,具体所指未详。

16.51 案①:夏后开即启,避汉景帝②讳③云。

【译文】

按:夏后开即夏后启,这是为了避汉景帝的名讳而改的。

【注释】

①案:通"按",按语,此按语系针对16.46中的"夏后开"而加。　②汉景帝:即刘启(公元前188—前141年),西汉皇帝,公元前157—前141年在位。

③讳:旧时不敢直称帝王和尊长的名字,叫讳。

大荒北经第十七

【解读】

　　大荒北经中所记述的内容与海外北经的相同之处较多,其中完全相同的有:三桑无枝、禺强神、无肠国、夸父逐日的故事;名称稍异、所指应为同一对象的有:大荒北经中的附禺山、儋(dān)耳国、深目民国、烛龙、共工臣相繇(yóu),海外北经中分别作务隅山、聂(shè)耳国、深目国、烛阴、共工臣相柳。由此推断,大荒北经记述的地域应与海外北经相似,大致在中国的北方。

　　不过,在大荒北经所记述的内容中,也有一些是在海外北经之外的海外经中出现过的,如肃慎国,又见于海外西经;大人国、毛民国,又见于海外东经;苗民国,又见于海外南经。关于这一情况,笔者认为存在两种可能:一是错简所致;二是大荒经在把图分为东、南、西、北四个区域进行描述时,与海外经的分法有异,如肃慎国在海外西经的最北端,毛民国在海外东经的最北端,大荒经的作者可能因此而把它归入大荒北经。

　　在大荒北经中,蚩(chī)尤作兵伐黄帝、黄帝在女魃(bá)的帮助下杀死蚩尤的记述向我们揭示了上古时期发生在中华大地上的一场激烈争战。

17.1　东北海之外,大荒①之中,河水之间,附禺之山②,帝颛顼(zhuānxū)③与九嫔葬焉。爰(yuán)④有鸱(chī)久⑤、文贝、离俞⑥、鸾鸟⑦、凤鸟⑧、大物、小物⑨。有青鸟、琅(láng)鸟⑩、玄鸟⑪、黄鸟、虎、豹、熊、罴(pí)⑫、黄蛇、视肉⑬、璇(xuán)瑰⑭、瑶碧⑮,皆出卫⑯于山。丘方员⑰三百里,丘南帝俊⑱竹林在焉,大可为舟。竹南有赤泽水⑲,名曰封渊。有三桑无枝⑳。丘西有沈渊,颛顼所浴。

【译文】

　　东北海的外面,大荒

【注释】

　　①大荒:荒远的地方;边远地区。

之中,黄河岸边,有一座附禺山,帝颛顼和他的九位嫔妃葬在这里。这里有鸱久、有花纹的贝、离朱、鸾鸟、凤凰及各种殉葬的大小物件。这座山中还有青鸟、琅鸟、燕子、黄鸟、虎、豹、熊、罴、黄蛇、视肉、璇瑰、瑶碧。卫丘方圆三百里,丘的南边是帝俊竹林,这里的竹子十分巨大,单根的竹子都可用来制成小船。竹林的南边有一个池泽,里面的水呈红色,名字叫封渊。这里长着三棵没有树枝的桑树。丘的西边有一个沈渊,是颛顼沐浴的地方。

②附禺之山:即附禺山,又叫鲋(fù)隅山,古代传说中的山名。 ③颛顼:见8.19注②。 ④爰:这里;那里。 ⑤鸱久:见6.23注⑫。 ⑥离俞:即"离朱",传说中的一种神禽。 ⑦鸾鸟:传说中凤凰一类的鸟。 ⑧凤鸟:即"凤凰",见1.31注⑤。凤:有的本子作"皇"。 ⑨大物、小物:这里指殉葬的大小物件。 ⑩琅鸟:鸟名,具体所指未详。 ⑪玄鸟:燕子。 ⑫罴:见2.14注⑧。 ⑬视肉:见6.23注⑧。 ⑭璇瑰:美玉名。 ⑮瑶碧:两种玉名。见2.53注②。 ⑯卫:应置于下句"丘"前。卫丘是山名,具体所指未详。 ⑰员:同"圆"。 ⑱帝俊:见14.9注②。 ⑲赤泽水:指水呈红色。 ⑳三桑无枝:见3.41。

17.2 有胡不与之国①,烈姓,黍食。

【译文】

有一个胡不与国,国中之人姓烈,以黍为食物。

【注释】

①胡不与之国:即胡不与国,国名,具体所指未详。

17.3 大荒①之中,有山名曰不咸②。有肃慎氏之国③。有蜚蛭(fēizhì)④,四翼。有虫,兽首蛇身,名曰琴虫⑤。

【译文】

大荒之中有一座山,名叫不咸。有一个肃慎氏国。有一种名叫蜚蛭的动物,长着四只翅膀。有一种虫,长着兽一样的脑袋,

【注释】

①大荒:荒远的地方;边远地区。 ②不咸:传说中的山名。 ③肃慎氏之国:即肃慎氏国,国名,一说也叫肃慎国。 ④蜚蛭:神话中的

蛇一样的身子,名字叫琴　　一种虫。　　⑤琴虫:传说中的一种动
虫。　　　　　　　　　　　　　　　　　物。

17.4　有人名曰大人。有大人之国①,釐(xī)姓,黍食。有大
青蛇,黄头,食麈(zhǔ)②。

【译文】　　　　　　　　　　【注释】
　　有人名叫大人。有一个大人国,　　①大人之国:即大人国,见9.3
国中之人姓釐,以黍为食物。有一种　注①。　　②麈:见5.99注
大青蛇,头部黄色,以麈为食物。　　⑧。

17.5　有榆山①。有鲧(gǔn)②攻程州③之山。

【译文】　　　　　　　　　【注释】
　　有一座榆山。还有　①榆山:山名,具体所指未详。　　②鲧:
一座鲧攻程州山。　　　见5.28注⑦。　　③程州:一说是国名。

17.6　大荒①之中,有山名曰衡天②。有先民之山③。有樊
(pán)木④千里。

【译文】　　　　　　　　　【注释】
　　大荒之中有一座　①大荒:荒远的地方;边远地区。　　②衡
山,名叫衡天。还有一座　天:山名,具体所指未详。　　③先民之山:
先民山。有一种屈曲盘　即先民山,山名,具体所指未详。一说应在今
绕的树,占地广达千里。　东北地区。　　④樊木:屈曲盘绕的树。

17.7　有叔歜(chù)国①,颛顼(zhuānxū)②之子,黍食,使
四鸟③:虎、豹、熊、罴(pí)④。有黑虫⑤如熊状,名曰猎猎⑥。

【译文】　　　　　　　　　【注释】
　　有一个叔歜国,国中之人　①叔歜国:国名,具体所指未详。
是颛顼的后代,他们以黍为食　②颛顼:见8.19注②。　　③鸟:这
物,会驱使四种野兽:虎、豹、　里指兽。　　④罴:见2.14注⑧。

熊和黑。有一种黑色的兽,形状像熊,名字叫猎猎。

⑤虫:这里指兽。　⑥猎猎:古代传说中的兽名。

17.8　有北齐之国①,姜姓,使虎、豹、熊、罴。

【译文】

有一个北齐国,国中之人姓姜,会驱使虎、豹、熊和罴。

【注释】

①北齐之国:即北齐国,国名,具体所指未详。一说指西周初年初封时的齐国。

17.9　大荒①之中,有山名曰先槛大逢之山②,河、济(jǐ)③所入,海北注焉。其西有山,名曰禹所积石④。

【译文】

大荒之中有一座山,名叫先槛大逢山,是黄河和济水流入的地方,海水也从北面注入此山。它的西边有一座山,名叫禹所积石。

【注释】

①大荒:荒远的地方;边远地区。　②先槛大逢之山:即先槛大逢山,山名,具体所指未详。一说可能在今山东半岛。槛:有的本子作"槛"。③济:即济水,包括黄河南北两部分,河北部分源出今河南境内的王屋山,河南部分本系从黄河分出的一条支流。　④禹所积石:山名,具体所指未详。

17.10　有阳山①者。有顺山②者,顺水③出焉。有始州之国④,有丹山⑤。

【译文】

有一座阳山。有一座顺山,顺水发源于这里。有一个始州国,国中有一座山,名叫丹山。

【注释】

①阳山:山名,具体所指未详。与3.49、5.21中的阳山都不同。　②顺山:山名,具体所指未详。③顺水:水名,具体所指未详。　④始州之国:即始州国,国名,具体所指未详。　⑤丹山:山名,具体所指未详。一说因山中出产丹朱,故名。

17.11　有大泽方千里,群鸟所解①。

【译文】

有一个大泽,方圆达千里,是群鸟脱换羽毛的地方。

【注释】

①解:指鸟脱换羽毛。

17.12　有毛民之国①,依姓,食黍,使四鸟②。禹③生均国,均国生役采④,役采生脩鞈(gé),脩鞈杀绰人⑤。帝⑥念⑦之,潜为之国,是此毛民。

【译文】

有一个毛民国,国中之人姓依,以黍为食物,会驱使四种野兽。禹生了均国,均国生了役采,役采生了脩鞈,脩鞈杀了绰人。帝怜念绰人,便暗中帮助绰人的后代建立了一个国家,就是这个毛民国。

【注释】

①毛民之国:见9.14注①。
②鸟:这里指兽。　③禹:见5.212注①。　④采:有的本子作"来"。　⑤绰人:人名。
⑥帝:一说指天帝;一说指禹。
⑦念:怜念。

17.13　有儋(dān)耳之国①,任姓,禺号②子,食谷。北海之渚(zhǔ)③中,有神,人面鸟身,珥(ěr)④两青蛇,践⑤两赤蛇,名曰禺强⑥。

【译文】

有一个儋耳国,国中之人姓任,是禺号的后代,以谷物为食。北海的岛中有一位神,长着人一样的脸,鸟一样的身子,耳朵上挂着两条青蛇,脚下踩着两条赤蛇,名字叫禺强。

【注释】

①儋耳之国:即儋耳国,古代北方国名。
②禺号:人名,所指未详。一说即"禺貌(hào)",见14.19注⑤。　③渚:水中间的小块陆地。《宋本山海经》作"者",应改。　④珥:耳饰,这里作动词。　⑤践:踩;踏。　⑥禺强:传说中的海神名。

17.14　大荒①之中,有山名曰北极天樻(kuì)②,海水北注焉。有神,九首人面鸟身,名曰九凤③。又有神,衔蛇操蛇,其状虎首人身,四蹄长肘,名曰强良④。

【译文】

大荒之中有一座山,名叫北极天櫃,海水从北面注入这座山。有一位神,长着九个脑袋,人一样的脸,鸟一样的身子,名字叫九凤。另外还有一位神,嘴里衔着蛇,手中握着蛇,长着虎一样的脑袋,人一样的身子,有四只蹄子,肘部很长,名字叫强良。

【注释】

①大荒:荒远的地方;边远地区。　②北极天櫃:山名,具体所指未详。櫃:有的本子作"柜"。
③九凤:传说中的一种鸟。　④强良:传说中的神名。

九凤

强良

17.15　大荒之中,有山名曰成都载天①。有人珥(ěr)②两黄蛇,把两黄蛇,名曰夸父③。后土④生信,信生夸父。夸父不量力,欲追日景(yǐng)⑤,逮⑥之于禺谷⑦,将饮河而不足也,将走大泽,未至,死于此。应龙⑧已杀蚩(chī)尤⑨,又杀夸父⑩,乃去南方处之,故南方多雨。

【译文】

大荒之中有一座山,名叫成都载天。有一个人,耳朵上挂着两条黄蛇,手中握着两条黄蛇,名叫夸父。后土生了信,信生了夸父。夸父不自量力,想要追赶太阳,并终于在禺谷追上了

【注释】

①成都载天:山名,具体所指未详。
②珥:耳饰,这里作动词。
③夸父:见8.10注①。　④后土:传说是共工的儿子句龙。
⑤日景:即"日影",指太阳。
⑥逮:及;达到。　⑦禺谷:又叫

国学经典详注·全译·精解

▲夸父逐日图,选自明代蒋应镐绘制的《山海经(图绘全像)》。

太阳,他因口渴,想喝黄河中的水,但黄河水不够他喝,便想去喝大泽中的水,还没有赶到大泽,就死在了这个地方。应龙杀了蚩尤以后,又杀了夸父,就跑到南方去居住,所以南方多雨水。

禺渊,传说中太阳落下后进入的地方。　⑧应龙:古代传说中善兴云作雨的神。　⑨蚩尤:见14.31注④。　⑩夸父:见14.31注⑤。此夸父与上面所说的夸父不同。

【解读】

在实际的观察中,古人已认识到了南方比北方多雨的事实,但对于造成这一事实的原因,因囿于认识水平,古人无法解释,便把它归于应龙居住在南方。应龙是传说中善于兴云作雨的神,他居住在南方,南方的雨自然就会比北方多了。这反映了人类早期认识和解释自然现象的一种思路。

17.16　又有无肠之国①,是任姓,无继②子,食鱼。

【译文】

又有一个无肠国,国中之人姓任,他们是无继国人的后代,以鱼为食物。

【注释】

①无肠之国:见8.8注①。　②无继:传说中的国名。一说无继即无臂(qǐ),见8.2注①。

17.17　共工①臣名曰相繇(yóu)②,九首蛇身,自环③,食于九土④。其所歍(wū)⑤所尼⑥,即为源泽⑦,不辛⑧乃苦,百兽莫能处。禹⑨湮⑩洪水,杀相繇,其血腥臭,不可生谷,其地多水,不可居也。禹湮之,三仞(rèn)⑪三沮(jǔ)⑫,乃以为池,群帝⑬是因⑭以为台,在昆仑⑮之北。

【译文】

共工的一位臣子名叫相繇,长着九个脑袋,蛇一样的身子,盘成一团,从九个地方取食。他呕吐出来的东西或他停留的地方,都变成了沼泽,沼泽中的水不是辣就是苦,各种

【注释】

①共工:见8.6注①。

②相繇:即相柳氏,见8.6注②。

③自环:指身子盘绕在一起。

④九土:有的本子作"九山"。

⑤歍:恶心呕吐。　⑥尼:

野兽都无法在那里居住。禹治理洪水，杀死了相繇，相繇身上流出来的血腥臭不堪，凡是他的血浸泡过的土地都不能生长谷物，而且又有很多水，没法在那里居住。禹就把那个地方填埋了起来，但填满了三次，又塌陷了三次，禹便把它掘成了水池，众位帝王在那里筑起了台子，位于昆仑山的北边。

止。　⑦源泽：这里指沼泽。⑧辛：辣。　⑨禹：见5.212注①。　⑩湮：阻塞。⑪仞：通"牣(rèn)"，指满。⑫沮：毁坏，这里指向下陷。⑬群帝：指帝尧、帝喾(kù)、帝舜等帝王。　⑭是因：有的本子作"因是"。　⑮昆仑：山名，具体所指未详。

17.18　有岳之山①，寻竹②生焉。

【译文】

有一座岳山，山中长着寻竹。

【注释】

①岳之山：即岳山，山名，具体所指未详。
②寻竹：大竹。寻：长。

17.19　大荒①之中，有山名曰不句②，海水入焉。

【译文】

大荒之中有一座山，名叫不句山，海水流入这座山中。

【注释】

①大荒：荒远的地方；边远地区。
②不句：山名，具体所指未详。

17.20　有系昆之山①者，有共工②之台，射者不敢北乡③。有人衣青衣，名曰黄帝④女魃(bá)⑤。蚩(chī)尤⑥作兵⑦伐黄帝，黄帝乃令应龙⑧攻之冀州⑨之野。应龙畜水，蚩尤请风伯⑩、雨师⑪，纵大风雨。黄帝乃下天女曰魃，雨止，遂杀蚩尤。魃不得复上，所居不雨。叔均⑫言之帝，后置之赤水⑬之北。叔均乃为田祖⑭。魃时亡之，所欲逐之者，令曰："神北行！"先除水道，决通沟渎⑮。

【译文】

有一座系昆山，有一个共工台，射箭的人不敢向共工台所在的北方而射。有一个人，穿着青色的衣服，

【注释】

①系昆之山：即系昆山，山名，具体所指未详。　②共工：见8.6注①。　③乡：同"向"，

名叫黄帝女魃。蚩尤制作出金属兵器后去攻打黄帝，黄帝命令应龙在冀州的原野上与蚩尤作战。应龙把水蓄起来，蚩尤请来风伯和雨师，刮起了大风，下起了大雨。黄帝于是把一位名叫魃的天女从天上请了下来，魃从天上下来后，雨就停止了，于是杀了蚩尤。但是魃再也不能回到天上，凡是她所居住的地方就不会下雨。叔均把这件事告诉了黄帝，后来黄帝让她居住在赤水的北边。叔均被任命为主管田地的官。魃常常跑到别的地方去，人们想要把她赶走，就要下令说："请魃神往北走吧！"并要先清理水道，疏浚沟渠。

④黄帝：见 2.42 注⑨。　⑤女魃：神话中的旱神。魃：旱魃，传说中造成旱灾的鬼怪。　⑥蚩尤：见 14.31 注④。　⑦作兵：制造兵器。　⑧应龙：古代传说中善兴云作雨的神。⑨冀州：古代称中原地区。⑩风伯：神话传说中的司风之神。　⑪雨师：神话传说中的司雨之神。　⑫叔均：人名。　⑬赤水：水名，具体所指未详。　⑭田祖：主管田地的官。　⑮渎：水沟；沟渠。

指朝向。

女魃

【解读】

　　"蚩尤作兵伐黄帝"，这是中国历史传说中的著名事件，但是，因为缺乏可靠的文字资料，这一事件一直笼罩着浓厚的神话色彩。在此，我们总结以往的各种传说和相关资料，努力理出一个头绪来。大约在距今五千年前，居住在陕西黄土高原渭河边的炎黄部落开始沿黄河向东迁移，并来到了今河北、山东一带。在炎黄部落向东迁徙时，有一个名叫九黎的部落则正从山东的西南部向西北扩展势力。九黎部落由81个小部落联合而成，人数众多。它的首领名叫蚩尤，长相怪异，力大无穷，因此传说中称蚩尤铜头铁额，以沙石为粮食，并且发明了刀、戟、杖等金属武器。炎帝部落与九黎部落在扩张中遭遇后，为了争夺地盘，相互间很快就发生了冲突。由于九黎部落在武器上比炎帝部落先进，因此，炎帝部落很快就告失败，并不得不往北向黄帝部落求援。

对于兄弟部落的求援，黄帝很痛快地答应了下来。因为蚩尤的野心不断扩张，等到炎帝部落被征服后，下一个被征服的必将是黄帝部落。对此，黄帝有清醒的认识。但与此同时，黄帝也素知蚩尤英勇善战，并占有武器上的优势。而黄帝部落的军队虽训练有素，但他们的武器是以玉石制作的，无法与金属武器相抗衡。因此，当时的黄帝虽有应战的决心，但并无必胜的把握。

战争一开始，黄帝并没有想出对付蚩尤进攻的有效办法，他只是派应龙拦河蓄水，然后再决口冲向蚩尤的营地，以阻挡蚩尤的攻势。但蚩尤很快便冲破了应龙的水阵，向黄帝部落的中心地带——涿鹿（在今河北省）推进。

这样，决定炎黄部落和九黎部落命运的大决战就在涿鹿展开了。为了进行这次大决战，双方都投入了大量的兵力。但最终，蚩尤的军队不敌黄帝的军队，很快就溃散开来，黄帝立即率领部队向前追杀。于是，蚩尤此时的主要任务就不再是如何取得决战的胜利，而是如何逃脱黄帝的追杀。围绕这一点，有诸多的神话传说。据传蚩尤在走投无路之时，请来风伯和雨师相助，一霎时，天昏地暗，风雨交加，使黄帝的追击部队举步维艰。于是黄帝便请来旱神相助，顿时阳光普照，漫天风雨消失得无影无踪。蚩尤又赶紧作法，大地上大雾陡起，使黄帝的军队分辨不清方向。黄帝则利用早已准备好的指南车继续追击。走投无路的蚩尤最后只好束手就擒，并被黄帝斩杀。

17.21　有人方食鱼，名曰深目民之国①，盼（fēn）姓，食鱼。

【译文】

有人正在吃鱼，他们是深目民国的国民，姓盼，以鱼为食物。

【注释】

①深目民之国：即深目民国，也叫深目国，见8.7。

17.22 有钟山①者。有女子衣青衣,名曰赤水女子献②。

【译文】

有一座钟山。有一个女子,穿着青色的衣服,名叫赤水女子献。

【注释】

①钟山:山名,具体所指未详。 ②献:一说应作"魃(bá)",因魃也是"衣青衣",住在"赤水之北"。

17.23 大荒①之中,有山名曰融父山②,顺水③入焉。有人名曰犬戎④。黄帝⑤生苗龙,苗龙生融吾,融吾生弄⑥明,弄明生白犬,白犬有牝牡⑦,是为犬戎,肉食。有赤兽,马状,无首,名曰戎宣王尸⑧。

戎宣王尸

【译文】

大荒之中有一座山,名叫融父山,顺水流入这座山中。有一个人,名叫犬戎。黄帝生了苗龙,苗龙生了融吾,融吾生了弄明,弄明生了白犬,白犬有雌有雄,从而有了犬戎,以肉为食物。有一种红色的兽,形状像马,没有脑袋,名叫戎宣王尸。

【注释】

①大荒:荒远的地方;边远地区。
②融父山:山名,具体所指未详。 ③顺水:水名,具体所指未详。 ④犬戎:人名。犬戎亦为古族名,古戎人的一支。殷周时,游牧于泾渭流域(今陕西彬县、岐山一带),为殷周西边的劲敌。 ⑤黄帝:见2.42注⑨。 ⑥弄:有的本子作"卞"。
⑦白犬有牝牡:一说指白犬一身兼具雌雄两性;一说指有一雌一雄两条白犬。
⑧戎宣王尸:传说中的一种神兽。

17.24 有山名曰齐州之山、君山、鬶（qín）山、鲜野山、鱼山①。

【译文】
　　有几座山，名叫齐州山、君山、鬶山、鲜野山、鱼山。

【注释】
①齐州之山、君山、鬶山、鲜野山、鱼山：均为山名，具体所指未详。鬶：一说音qián。

17.25 有人一目①，当面中生。一曰是威姓，少昊②之子，食黍。

【译文】
　　有一种人，只有一只眼睛，而且长在脸的正中。一说他们姓威，是少昊的后代，以黍为食物。

【注释】
①有人一目：当指8.4中所说的一目国的国民。　②少昊：见2.52注③。

17.26 有继无①民，继无民任姓，无骨②子，食气③、鱼。

【译文】
　　有无继民，无继民姓任，是无骨的后代，他们以空气和鱼为食物。

【注释】
①继无：所指未详。应作"无继"，无继即无继国。②无骨：国名或部族名。一说无骨意为身上没有骨头。　③食气：古代的一种养生术，通过调节呼吸来摄取空气中的营养物质。

17.27 西北海外，流沙①之东，有国曰中轮②，颛顼（zhuānxū）③之子，食黍。

【译文】
　　西北海的外面，流沙的东边，有一个国家，名叫中轮，国中之人是颛顼的后代，以黍为食物。

【注释】
①流沙：沙漠。见2.44注③。②中轮：国名，具体所指未详。轮：有的本子作"輲（biàn）"。　③颛顼：见8.19注②。

17.28 有国名曰赖丘①。有犬戎②国。有神，人面兽身，名曰犬戎③。

【译文】

有一个国家，名叫赖丘。有一个犬戎国。有一位神，长着人一样的脸，兽一样的身子，名叫犬戎。

【注释】

①赖丘：国名，具体所指未详。

②犬戎：见 17.23 注④。

③犬戎：传说中的神名。

17.29 西北海外，黑水①之汜(sì)②，有人有翼，名曰苗民③。颛顼(zhuānxū)④生骦(huān)头⑤，骦头生苗民，苗民釐(xī)姓，食肉。有山名曰章山⑥。

苗民

【译文】

西北海的外面，黑水旁边，有一种人，身上长着翅膀，名叫苗民。颛顼生了骦头，骦头生了苗民，苗民姓釐，以肉为食物。有一座山，名叫章山。

【注释】

①黑水：水名，具体所指未详。　②汜：水边。有的本子作"北"。　③苗民：指三苗国的国民，见 6.12 注①。　④颛顼：见 8.19 注②。　⑤骦头：一说即 6.9 中的"讙(huān)头"。　⑥章山：山名，具体所指未详。一说疑在今甘肃境内。

17.30 大荒①之中，有衡石山②、九阴山③、灰野之山④，上有赤树,青叶赤华⑤,名曰若木⑥。

【译文】

大荒之中,有衡石山、九阴山和灰野山,山上长着一种红色的树,青色的叶子,开红色的花,名叫若木。

【注释】

①大荒:荒远的地方;边远地区。 ②衡石山:山名,具体所指未详。 ③九阴山:山名,具体所指未详。一说可能是今内蒙古的阴山。 ④灰野之山:即灰野山,山名,具体所指未详。灰:有的本子作"洇"。 ⑤华:同"花"。 ⑥若木:传说中的神木名。

17.31　有牛黎之国①。有人无骨,儋(dān)耳②之子。

【译文】

有一个牛黎国。有一种人,身上没有骨头,是儋耳的后代。

【注释】

①牛黎之国:即牛黎国,国名,具体所指未详。一说即8.5中所说的柔利国。 ②儋耳:见17.13注①。

17.32　西北海之外,赤水①之北,有辽尾山②。有神,人面蛇身而赤,直目③正乘④,其瞑⑤乃晦⑥,其视乃明,不食不寝不息⑦,风雨是谒⑧。是烛九阴⑨,是谓烛龙⑩。

【译文】

西北海的外面,赤水的北边,有一座辽尾山。有一位神,长着人一样的脸,蛇一样的身子,浑身红色,眼睛竖着长,它闭上眼睛,天下就变成了黑夜;睁开眼睛,天下就成了白天。它不吃东西,不睡觉,也不呼吸,能请来风雨。它能照亮幽渺之地,这就是烛龙。

【注释】

①赤水:水名,具体所指未详。 ②辽尾山:山名,具体所指未详。辽:有的本子作"章"。 ③直目:眼睛竖着长。一说前面当有"身长千里"四字。 ④正乘:所指未详。 ⑤瞑:闭眼。 ⑥晦:夜晚。 ⑦息:呼吸。 ⑧风雨是谒:能请来风雨(谒:请)。一说指以风雨为食(谒:即"噎",指吞噎)。谒:《宋本山海经》作"谓",应改。 ⑨九阴:幽渺之地。 ⑩烛龙:即"烛阴",见8.3注②。

海内经第十八

【解读】

在《山海经》十八章中，海内经是最杂乱的一章。首先是它涉及的地域极为广泛，大致包括今甘肃、新疆、四川、青海、贵州、湖南、河北等地，且无明显的系统或脉络。其次是有些内容亦可见诸海内经和大荒经，如窫窳（yàyǔ）兽，亦见于海内南经；苗民，亦见于大荒北经；流黄辛氏国，在海内西经中作流黄酆（fēng）氏国；赣巨人，在海内南经中作枭（xiāo）阳；等等。因此，有学者推测，本章中的一些内容系根据与前面的海内经、大荒经相同或相似的古图创作而成，但内容大多遗失，目前所见只是其中的一些残篇。

海内经中最值得我们重视的是18.30以后的内容，它向我们介绍了中华文明的起源，且内容比大荒西经要丰富得多。

海内经以大禹治水的历史故事结篇，把历史事实、神话、文明创造编织在一起，再一次告诉我们：《山海经》是一部奇书，它以真实的地理、历史为基础，又辅以丰富的想象，反映了我们的祖先极其宏富的创造力和独特的思维方式。

18.1　东海①之内，北海②之隅，有国名曰朝鲜③、天毒④，其人水居，偎⑤人爱人⑥。

【译文】

东海之内，北海的角上，有两个国家，名叫朝鲜和天毒，这两个国家的人都居住在水滨，喜欢与人亲近并相互友爱。

【注释】

①东海：水名，一说这里包括今黄海和东海。　②北海：水名，一说这里指渤海。　③朝鲜：位于今朝鲜半岛。　④天毒：国名，即天竺，又叫身毒，即今印度。但印度与朝鲜所处方位相差很大，这里置于一处，疑原文有误，或应作别解。　⑤偎：亲爱；亲近。　⑥人：有的本子作"之"。

18.2　西海①之内，流沙②之中，有国名曰壑市③。

国学经典详注·全译·精解

【译文】　　　　　　　　**【注释】**

　　西海之内,流沙之中,有一个国家,名叫壑市。

①西海:水名,具体所指未详。一说指今甘肃的居延海或新疆的罗布泊。　②流沙:沙漠。见2.44注③。　③壑市:国名,具体所指未详。

18.3　西海之内,流沙之西,有国名曰泛叶①。

【译文】　　　　　　　　**【注释】**

　　西海之内,流沙的西边,有一个国家,名叫泛叶。

①泛叶:国名,具体所指未详。

18.4　流沙之西,有鸟山①者②,三水③出焉。爰(yuán)④有黄金、璇(xuán)瑰⑤、丹货⑥、银、铁,皆流于此中。又有淮山⑦,好水⑧出焉。

【译文】　　　　　　　　**【注释】**

　　流沙的西边有一座鸟山,有三条河流发源于这里。河流中有黄金、璇瑰、丹货、银和铁。另外还有一座淮山,好水发源于这里。

①鸟山:山名,具体所指未详。　②者:《宋本山海经》作“碧”,应改。　③三水:三条河流。　④爰:这里;那里。　⑤璇瑰:美玉名。　⑥丹货:丹砂之类的东西。　⑦淮山:山名,具体所指未详。一说当在今新疆境内。　⑧好水:水名,具体所指未详。一说当在今新疆境内。

18.5　流沙之东,黑水①之西,有朝云之国②、司彘(zhì)之国③。黄帝④妻雷祖⑤,生昌意。昌意降⑥处若水⑦,生韩流⑧。韩流擢(zhuó)首⑨、谨耳⑩、人面、豕喙、麟身、渠股⑪、豚⑫止⑬,取⑭淖(zhuō)子⑮曰阿女⑯,生帝颛顼(zhuānxū)⑰。

【译文】　　　　　　　　**【注释】**

　　流沙的东边,黑水的西边,有朝云国和司彘

①黑水:水名,具体所指未详。《山海经》中有多条河流称为黑水,较多的是指西部发源于昆仑山的一条。　②朝云之国:即朝云国,国名,具体所指

国。黄帝的妻子雷祖生了昌意。昌意被降封到若水，生了韩流。韩流长着长长的头，小小的耳朵，人一样的脸，猪一样的嘴，麒麟一样的身子，罗圈腿，猪一样的脚。他娶了一位蜀山氏的女子，名叫阿女，生了帝颛顼。

未详。　③司彘之国：即司彘国，国名，具体所指未详。　④黄帝：见2.42注⑨。　⑤雷祖：即"嫘(léi)祖"，又作"累祖"，传说为西陵氏之女，黄帝正妃，是养蚕治丝方法的发明者。　⑥降：流放；放逐。这里当指降封的意思。　⑦若水：水名，具体所指未详。今四川雅砻(lóng)江与金沙江合流后的一段，古时亦称若水。　⑧韩流：传说中的人名，长相奇特。　⑨擢首：长头。　⑩谨耳：小耳。　⑪渠股：骈(pián)脚，即罗圈腿。　⑫豚：小猪；亦泛指猪。　⑬止：足；脚。　⑭取：通"娶"。　⑮淖子：即蜀（又作"浊"）山氏之女，是颛顼之母。　⑯阿女：传说中颛顼的母亲。　⑰颛顼：见8.19注②。

韩流

18.6 流沙之东，黑水之间，有山名不死之山①。

【译文】

流沙的东边，黑水岸边，有一座山，名叫不死山。

【注释】

①不死之山：即不死山，传说中的山名。一说即上面长有不死树的山，不死树见11.20。

18.7 华山①青水②之东，有山名曰肇山③。有人名曰柏高④，柏高上下于此，至于天。

【译文】

华山青水的东边有一座山，名叫肇山。山中有一个人，名叫柏高，柏高上下于这座山，可以升到天上去。

【注释】

①华山:山名,具体所指未详。一说可能指岷山。　②青水:水名,具体所指未详。一说疑即今四川的青衣江。　③肇山:山名,具体所指未详。　④柏高:传说中的仙人。

18.8　西南黑水①之间,有都广②之野,后稷③葬焉。爰(yuán)④有膏⑤菽(shū)⑥、膏稻、膏黍、膏稷⑦,百谷自生,冬夏播琴⑧。鸾鸟⑨自歌,凤鸟⑩自儛(wǔ)⑪,灵寿⑫实华⑬,草木所聚。爰有百兽,相群爰⑭处。此草也,冬夏不死。

【译文】

西南黑水的岸边,有一个都广野,后稷葬在这里。这一带有味美如膏的菽、稻、黍和稷,各种谷物在这里自然生长,无论冬季还是夏季都可以播种。在这里,鸾鸟在自由地歌唱,凤鸟在自在地跳舞,灵寿木开花结果,各种草木聚集生长。这里还有各种野兽成群相处。这里生长的草无论冬夏都不会死。

【注释】

①黑水:见18.5注①。　②都广:地名,具体所指未详。有的本子作"广都"。　③后稷:见2.45注⑲。　④爰:这里;那里。　⑤膏:形容味美如油脂。　⑥菽:豆类的总称。　⑦稷:见2.61注⑦。　⑧播琴:播种。　⑨鸾鸟:传说中凤凰一类的鸟。　⑩凤鸟:即凤凰。　⑪儛:跳舞。　⑫灵寿:木名,也叫椐(jū),多肿节,古时用来做马鞭或手杖。　⑬华:同"花"。　⑭爰:助词。

18.9　南海①之内②,黑水青水③之间,有木名曰若木④,若水⑤出焉。

【译文】

南海之内,黑水和青水之间,生长着一种树,名叫若木,若

【注释】

①南海:见15.1"解读"。　②内:有的本子作"外"。　③青水:见18.7注②。　④若木:神话中的神木名。　⑤若水:见

水发源于这一带。　　　18.5 注⑦。

18.10　有禺中之国①。有列襄之国②。有灵山③,有赤蛇在木上,名曰蝡(ruǎn)蛇④,木食。

【译文】

有一个禺中国。有一个列襄国。有一座灵山,山中的树上有一条赤蛇,名叫蝡蛇,以树木为食物。

【注释】

①禺中之国:即禺中国,国名,具体所指未详。　　②列襄之国:即列襄国,国名,具体所指未详。　　③灵山:见 **16.16** 注①。　　④蝡蛇:蛇名。

18.11　有盐长之国①。有人焉,鸟首,名曰鸟氏②。

鸟氏

【译文】

有一个盐长国。有一种人,长着鸟一样的头,名叫鸟氏。

【注释】

①盐长之国:即盐长国,神话传说中的古国名。　　②氏:有的本子作"民"。

18.12　有九丘,以水络①之:名曰陶唐②之丘、有③叔得④之丘、孟盈⑤之丘、昆吾之丘⑥、黑白之丘、赤望之丘、参卫之丘、武夫之丘、神民⑦之丘。有木,青叶紫茎,玄华⑧黄实,名曰建木⑨,百仞(rèn)⑩无枝,有九楇(zhú)⑪,下有九枸(gōu)⑫,其实如麻⑬,其叶如芒⑭,大皞(hào)⑮爰(yuán)过⑯,黄帝⑰所为⑱。

388

【译文】

　　有九座山丘,周围有水环绕,它们分别是陶唐丘、有叔得丘、孟盈丘、昆吾丘、黑白丘、赤望丘、参卫丘、武夫丘和神民丘。有一种树,青色的叶子,紫色的树干,开黑色的花,结黄色的果实,名字叫建木,高达百仞,树干上不长树枝,只在顶端长有九根弯曲的树枝,树脚那里则有九根盘错的树根,它结的果实像麻的籽实,叶子像芒叶,太昊正是通过这棵树上天的,它是由黄帝种植和培育的。

【注释】

①络:环绕。　②陶唐:指帝尧,尧初居于陶,后封于唐,故名。帝尧见6.23注②。

③有:一说为衍文。　④叔得:人名。

⑤孟盈:人名,有的本子作“盖盈”。

⑥昆吾之丘:即昆吾丘,也叫昆吾山,见5.22注①。这里的昆吾当指古代诸侯名。

⑦民:有的本子作“人”。　⑧玄华:黑色的花。　⑨建木:传说中的一种树。与10.14中的建木不同。　⑩仞:古时以八尺或七尺为一仞。　⑪有九欘:有九根弯曲的树枝。欘:树枝弯曲。一说前面应有“上”字。

⑫枸:盘错的树根。　⑬麻:草本植物,有大麻、亚麻等。　⑭芒:多年生草本植物,状如茅,叶片绒状披针形,果实多毛。

⑮大暤:即“大暤(hào)”,又作“太昊(hào)”,传说中的帝王名,即伏羲氏。　⑯爰过:一说指通过这棵树上天;一说指经过这里。

⑰黄帝:见2.42注⑨。　⑱为:种植;培育。

【解读】

　　学者们多认为此处的建木与10.14中的建木所指为同一物,此说值得商榷。因为10.14中的建木为“其状如牛,引之有皮……其叶如罗,其实如栾……”,而此处的建木则为“百仞无枝……其实如麻,其叶如芒……”,区别十分明显。

18.13　有窫窳(yàyǔ)①,龙首,是食人。有青②兽,人面,名曰猩猩。

【译文】

　　有一种兽,名叫窫窳,长着龙一

【注释】

①窫窳:古代传说中的一种怪

样的脑袋,会吃人。有一种青色的兽,长着人
一样的脸,名字叫狌狌。

兽。　　②青:一说
为衍文。

18.14 西南有巴国①。大暤(hào)②生咸鸟,咸鸟生乘釐,乘
釐生后照③,后照是始为巴人④。

【译文】

西南地区有
一个巴国。大暤生
了咸鸟,咸鸟生了
乘釐,乘釐生了后
照,后照就是巴人
的始祖。

【注释】

①巴国:古国名,主要分布在今重庆、湖北交界地
带。相传周以前居武落钟离山(今湖北长阳西北)
一带,后向川东发展。周武王建立周朝后封为子
国,称为巴子国。　　②大暤:见18.12注⑮。
③照:有的本子作“昭”。　　④始为巴人:指成
为巴人的始祖。

18.15 有国名曰流黄辛氏①,其域中方三百里,其出是尘
土②。有巴遂山③,渑(shéng)水④出焉。

【译文】

有一个国家,名叫
流黄辛氏,国土面积为
方圆三百里,这里生活
着不少麈。有一座巴遂
山,渑水就发源于这里。

【注释】

①流黄辛氏:国名,即11.7中的“流黄酆
(fēng)氏”。　　②尘土:一说当为“麈
(zhǔ)”字之讹(因“尘”字繁体作“塵”),麈
是鹿一类的动物。　　③巴遂山:山名,具体
所指未详。　　④渑水:古水名,在今四川。

18.16 又有朱卷之国①。有黑蛇②,青首,食象。

【译文】

另外有一个朱卷国。
有一种黑蛇,头部青色,能
吞吃大象。

【注释】

①朱卷之国:即朱卷国,国名,具体所指未
详。　　②黑蛇:一说即“巴蛇”,见
10.16。

18.17 南方有赣巨人①,人面长臂,黑身有毛,反踵
(zhǒng)②,见人笑亦笑③,唇蔽其面,因即逃④也。

【译文】

　　南方有一种赣巨人,长着人一样的脸,胳膊很长,黑色的身子,身上长满了毛,脚跟长在前面,看到别人笑,也会跟着笑,笑时长长的嘴唇遮住了脸,人可趁机逃走。

【注释】

①赣巨人:即 10.6 中的"枭(xiāo)阳"。　②踵:脚后跟。

③笑亦笑:一说应作"则笑"。

④因即逃:指人可趁机逃走,因为此时赣巨人的嘴唇遮住了眼睛。即:有的本子作"可"。

18.18　又有黑人①,虎首鸟足,四②手持蛇,方啖(dàn)③之。

【译文】

　　又有一种浑身黑色的人,长着虎一样的脑袋,鸟一样的脚,四只手抓着蛇,正在那里吃蛇。

【注释】

①黑人:全身黑色、形状奇特的人,不是今天所谓之黑种人。

②四:有的本子作"两"。

③啖:吃。

18.19　有赢民①,鸟足。有封豕②。

【译文】

　　有赢民,那里的人长着鸟一样的脚。有一种大猪。

【注释】

①赢民:传说中的国名或部族名。赢:有的本子作"嬴"。　②封豕:大猪。封:大;豕:猪。

18.20　有人曰苗民①。有神焉,人首蛇身,长如辕②,左右有首,衣紫衣,冠旃(zhān)③冠,名曰延维④,人主得而飨(xiǎng)食⑤之,伯⑥天下。

【译文】

　　有一种人,名叫苗民。有一位神,长着人一样的脑袋蛇一样的身子,身长如车辕,左右两侧各有一个脑袋,穿着紫色的衣服,戴着用毡做成的帽子,名叫延维,一个国家的君

【注释】

①苗民:见 17.29 注③。

②辕:车辕,车前驾牲畜的部分。　③旃:同"毡"。

④延维:即"委维",传说中的一种怪蛇。　⑤飨食:举行

主若能得到他并为他举行飨食之礼，就能称霸天下。

飨食之礼。　　⑥伯：通"霸"。

延维

18.21　有鸾鸟①自歌，凤鸟②自舞。凤鸟首文③曰德，翼文曰顺，膺④文曰仁，背文曰义。见(xiàn)则天下和。

【译文】

　　有鸾鸟在自由地歌唱，凤鸟在自在地跳舞。凤鸟头部的花纹像"德"字，翅膀上的花纹像"顺"字，胸部的花纹像"仁"字，背部的花纹像"义"字。只要这种鸟一出现，天下就会和平。

【注释】

①鸾鸟：传说中凤凰一类的鸟。　　②凤鸟：即"凤凰"，见1.31注⑤。

③文：通"纹"，指花纹。

④膺：胸。

18.22　又有青兽如菟(tù)①，名曰菌狗②。有翠鸟③，有孔鸟④。

【译文】

　　另外有一种青兽，形状像兔，名叫菌狗。还有翠鸟，有孔雀。

【注释】

①菟：同"兔"，指兔子。　　②菌狗：兽名，具体所指未详。菌：一说是"菌"的古字。　　③翠鸟：鸟名，羽毛青绿色，尾短。　　④孔鸟：即孔雀。

18.23 南海①之内,有衡山②,有菌山③,有桂山④。有山名三天子之都⑤。

【译文】

南海之内,有衡山、菌山和桂山。另外还有一座山,名叫三天子都。

【注释】

①南海:见15.1"解读"。 ②衡山:山名,即南岳,又叫岣嵝(gǒulǒu)山或虎山,在今湖南衡山县等境内,绵延百余里,山势雄伟。 ③菌山:山名,具体所指未详。 ④桂山:山名,具体所指未详。16.12中亦有桂山。 ⑤三天子之都:即"三天子鄣(zhāng)山",见10.3注①。

18.24 南方苍梧①之丘,苍梧之渊,其中有九嶷(yí)山②,舜③之所葬,在长沙④零陵⑤界中。

【译文】

南方有苍梧丘和苍梧渊,其中有一座九嶷山,是舜所葬之地,位于长沙零陵境内。

【注释】

①苍梧:古地区名,一说其地当在今湖南九疑山以南广西贺江、桂江、郁江区域。 ②九嶷山:又作"九疑山",又名苍梧山,见10.8注①。 ③舜:见10.7注②。 ④长沙:古郡国名,治临湘(今长沙市)。 ⑤零陵:古地名,在今湖南宁远东南。

18.25 北海①之内,有蛇山②者,蛇水③出焉,东入于海。有五彩之鸟,飞蔽一乡,名曰翳(yì)鸟④。又有不距之山⑤,巧倕(chuí)⑥葬其西。

【译文】

北海之内,有一座蛇山,蛇水发源于这里,向东流入大海。有一种五彩斑斓的鸟,在天空中成群飞翔,遮住了一个乡的上空,这种鸟名

【注释】

①北海:古代泛指北方最远僻之地。一说这里指贝加尔湖。 ②蛇山:山名,具体所指未详。与5.123中的蛇山不同。 ③蛇水:水名,具体所指未详。 ④翳鸟:凤凰一类的鸟。 ⑤不距之

叫鹝鸟。又有一座不距山，巧倕就葬在这座山的西边。

山：即不距山，山名，具体所指未详。⑥巧倕：相传尧时有巧匠名倕，故称。

18.26　北海之内，有反缚盗械①、带戈常倍②之佐③，名曰相顾之尸。

【译文】

北海之内，有被反绑着械盗之具、身上带着戈常常叛逆的军人，名叫相顾尸。

【注释】

①盗械：指械盗之具。械：拘系。一说指盗贼。　②倍：一说应作"陪"；一说通"背"，指背弃、背叛。　③佐：古代军职名。

18.27　伯夷父①生西岳，西岳生先龙，先龙是始生氐（dī）羌②，氐羌乞姓。

【译文】

伯夷父生了西岳，西岳生了先龙，先龙是氐羌族的始祖，氐羌族的人姓乞。

【注释】

①伯夷父：人名，一说是颛顼（zhuānxū）的老师。　②氐羌：我国古代少数民族氐族和羌族的并称。都居住在今西北一带。

18.28　北海①之内，有山名曰幽都之山②，黑水③出焉。其上有玄鸟④、玄蛇、玄豹、玄虎、玄狐蓬⑤尾。有大玄之山⑥。有玄丘之民⑦。有大幽之国⑧。有赤胫⑨之民。

【译文】

北海之内有一座山，名叫幽都山，黑水发源于这里。山上有黑鸟、黑蛇、黑豹、黑虎、尾巴蓬大的黑狐。有一座大玄山。有玄丘民。

【注释】

①北海：古代泛指北方最远僻之地。　②幽都之山：即幽都山，山名，具体所指未详。一说在今山西、河北北部，包括燕山及其以北诸山。③黑水：水名，具体所指未详。　④玄鸟：黑色的鸟。一说指燕子。　⑤蓬：蓬松；散乱。⑥大玄之山：即大玄山，山名，具体所指未详。⑦玄丘之民：一说指丘上的人物都为黑色。

有一个大幽国。有赤
胫民。

⑧大幽之国:即大幽国,传说中的古国名。
⑨赤胫:小腿呈红色。

18.29　有钉灵之国①,其民从膝已②下有毛,马蹄,善走。

钉灵国

【译文】

　　有一个钉灵国,国中
之人膝盖以下的部位都
生有长毛,长着马一样的
蹄子,擅长奔跑。

【注释】

①钉灵之国:即钉灵国,国名。钉灵也作丁
令、丁零等,是高车、回纥(hé)的先民,秦
汉时主要分布在贝加尔湖以南地区。
②已:通"以"。

18.30　炎帝①之孙伯陵②,伯陵同③吴权之妻阿女缘妇,缘
妇孕三年,是生鼓、延、殳(shū)。始为侯④,鼓、延是始为钟⑤,为
乐风⑥。

【译文】

　　炎帝的孙子名叫伯
陵,他与吴权的妻子阿女
缘妇私通,缘妇怀孕三年,
生下了鼓、延和殳三个儿
子。殳发明制作了箭靶,鼓
和延发明制作了钟,创制
了乐曲的格式。

【注释】

①炎帝:见3.65注⑤。　②伯陵:人
名,一说为殷之诸侯。　③同:即
"通",指男女通奸。　④始为侯:发明
制作了箭靶。侯:箭靶,用布或兽皮制成。
一说"始"前应有"殳"字。　⑤钟:乐
器名,用铜或铁制成。　⑥乐风:指乐
曲的格式。

18.31 黄帝①生骆明,骆明生白马,白马是为鲧(gǔn)②。

【译文】

黄帝生了骆明,骆明生了白马,白马就是鲧。

【注释】

①黄帝:见2.42注⑨。此节内容可参见17.23,从中反映出黄帝生某人之说多系传说,不必拘泥。　②鲧:见5.28注⑦。

18.32 帝俊①生禺号②,禺号生淫梁③,淫梁生番禺,是始为舟。番禺生奚仲④,奚仲生吉光,吉光是始以木为车。

【译文】

帝俊生了禺号,禺号生了淫梁,淫梁生了番禺,番禺发明制造了船。番禺生了奚仲,奚仲生了吉光,吉光开始用木头来制造车。

【注释】

①帝俊:见14.9注②。　②禺号:即"禺貌(hào)",传说中的海神名。
③淫梁:一说即"禺京",禺京见14.19注⑧。　④奚仲:传说中发明制造车的人,姓任,黄帝的后代,夏代为掌车的官。

18.33 少暤(hào)①生般,般是始为弓矢。

【译文】

少暤生了般,般发明制作了弓箭。

【注释】

①少暤:即"少昊",见2.52注③。

18.34 帝俊①赐羿(yì)②彤弓③素矰(zēng)④,以扶下国⑤,羿是始去恤⑥下地之百艰。

【译文】

帝俊赐给后羿红色的弓、系着丝绳的白色短箭,让他去扶助下界的国家,后羿于是去下界帮助民众解决各种困难。

【注释】

①帝俊:见14.9注②。　②羿:见6.19注①。　③彤弓:红色的弓。
④矰:古代射鸟用的拴着丝绳的短箭。
⑤扶下国:扶助下界的国家。
⑥恤:救济。

18.35 帝俊生晏龙①,晏龙是为琴瑟。

【译文】

　　帝俊生了晏龙,晏龙发明制作了琴和瑟。

【注释】

　　①帝俊生晏龙:14.11 中亦有该句文字。

18.36 帝俊①有子八人,是始为歌儛(wǔ)②。

【译文】

　　帝俊有八个儿子,这八个儿子开始创制了歌舞。

【注释】

　　①帝俊:这里指帝颛顼(zhuān xū)。　②儛:舞蹈;跳舞。

18.37 　帝俊生三身①,三身生义均②,义均是始为巧倕(chuí)③,是始作下民百巧。后稷④是播百谷。稷之孙曰叔均⑤,是始作牛耕。大比赤阴⑥,是始为国。禹⑦、鲧(gǔn)⑧是始布土⑨,均定九州⑩。

【译文】

　　帝俊生了三身,三身生了义均,义均是刚开始时的巧倕,他开始为下界的百姓发明了各种巧妙的工艺和技术。后稷发明了播种百谷的方法。后稷的孙子叔均发明了用牛来耕地。大比赤阴建立了历史上最早的国家。禹和鲧开始区分规划疆土,并划定了九州。

【注释】

　　①帝俊生三身:15.5 中有帝俊生三身人的说法。　②义均:一说即叔均,叔均见 15.2 注⑤。　③巧倕:相传尧时有巧匠名倕,故称。　④后稷:见 2.45 注⑲。⑤叔均:16.8 中称叔均“始作耕”,与此相同,但说叔均是后稷之弟台玺的儿子,而不是后稷的孙子。　⑥大比赤阴:人名,一说即 16.8 中的“赤国妻氏”。　⑦禹:见 5.212 注①。　⑧鲧:见 5.28 注⑦。　⑨布土:区分规划疆土。　⑩九州:传说中的中国上古行政区划,起于春秋战国时代,有各种不同的说法。

18.38 　炎帝①之妻、赤水②之子听訞(yāo)生炎居,炎居生节并,节并生戏器,戏器生祝融③。祝融降④处于江水,生共

▲鲧因窃息壤而被处死图，选自绘于清代的《钦定补绘萧云从〈离骚〉全图》。

工⑤。共工生术器,术器首方颠⑥,是复土壤⑦,以处江水。共工生后土⑧,后土生噎鸣,噎鸣生岁十有二⑨。

【译文】

炎帝的妻子、赤水的女儿听讹生了炎居,炎居生了节并,节并生了戏器,戏器生了祝融。祝融被降封到江水,生了共工。共工生了术器,术器的头顶呈方形,他恢复了原来的土地,到江水边居住。共工还生了后土,后土生了噎鸣,噎鸣把一年划分为十二个月。

【注释】

①炎帝:见 3.65 注⑤。 ②赤水:所指未详。一说指部族名。 ③祝融:见 6.24 注①。 ④降:流放;放逐。这里指降封。 ⑤共工:见 8.6 注①。 ⑥首方颠:头顶呈方形。 ⑦复土壤:指恢复原来的土地。壤:《宋本山海经》作"瀼(ráng)",应改。 ⑧后土:传说是共工的儿子句龙。 ⑨生岁十有二:指把一年划分为十二个月。一说指生了十二个儿子,按照一年中的十二个月来命名。

18.39 洪水滔天,鲧(gǔn)①窃帝之息壤②以堙(yīn)③洪水,不待帝命。帝令祝融杀鲧于羽郊④。鲧复生禹⑤。帝乃命禹卒布土⑥,以定九州⑦。

【译文】

大地上洪水滔天,鲧未经天帝同意,偷了天帝的息壤来堵塞洪水。天帝命令祝融把鲧杀死在羽山之郊。鲧死以后,从他的腹中诞生了禹。天帝于是命令禹治理洪水,禹最终区分规划了疆土,并划定了九州。

【注释】

①鲧:见 5.28 注⑦。 ②息壤:也叫息土,传说中一种能自己生长、永不耗减的土壤。 ③堙:堵塞。 ④羽郊:羽山之郊。羽山为山名,具体所指未详。 ⑤鲧复生禹:传说鲧死以后,尸体三年不腐,用刀剖开他的腹部后,诞生了禹。复:通"腹"。 ⑥布土:区分规划疆土。 ⑦九州:见 18.37 注⑩。

图书在版编目（CIP）数据

山海经 / 冯国超译注 . -- 北京：华夏出版社有限公司 , 2024.9
（国学经典详注·全译·精解丛书）
ISBN 978-7-5222-0620-2

Ⅰ . ①山… Ⅱ . ①冯… Ⅲ . ①《山海经》－译文②《山海经》－注释
Ⅳ . ① K928.626

中国国家版本馆 CIP 数据核字（2024）第 018968 号

山海经

译 注	冯国超	
责任编辑	陈小兰	
特约编辑	李增慧	
责任印制	周 然	

出版发行　华夏出版社有限公司
经　销　新华书店
印　装　三河市少明印务有限公司
版　次　2024 年 9 月北京第 1 版
　　　　2024 年 9 月北京第 1 次印刷
开　本　787×1092　1/16
印　张　25.75
字　数　328 千字
定　价　78.00 元

华夏出版社有限公司　地址：北京市东直门外香河园北里 4 号　　邮编：100028
　　　　　　　　　　　　网址：www.hxph.com.cn　　电话：（010）64663331（转）
若发现本版图书有印装质量问题，请与我社营销中心联系调换。